달라이 라마의 행복론

달라이 라마의 행복론

달라이 라마 · 하워드 커틀러
류시화 옮김

김영사

류시화

시집 〈그대가 곁에 있어도 나는 그대가 그립다〉 〈외눈박이 물고기의 사랑〉과 산문집
〈삶이 나에게 가르쳐준 것들〉, 엮은시집 〈지금 알고 있는 걸 그때도 알았더라면〉,
인도 여행기 〈하늘 호수로 떠난 여행〉 등이 있다. 〈성자가 된 청소부〉 〈나는 왜 너가
아니고 나인가〉 〈티벳 사자의 서〉 〈마음을 열어주는 101가지 이야기〉 〈가슴 뛰는 삶을
살아라〉 〈조화로운 삶〉 등을 번역하였다.

달라이 라마의 행복론

저자_ 달라이 라마 · 하워드 커틀러
역자_ 류시화

1판 1쇄 인쇄_ 2001. 11. 2.
1판 191쇄 발행_ 2006. 12. 11.

발행처_ 김영사
발행인_ 박은주

등록번호_ 제1-25호
등록일자_ 1979. 5. 17.

경기도 파주시 교하읍 문발리 출판단지 515-1 우편번호 413-834
마케팅부 031)955-3100, 편집부 031)955-3250, 팩시밀리 031)955-3111

값은 표지에 있습니다.
ISBN 89-349-0811-4 03840

독자의견 전화_ 031) 955-3104
홈페이지_ http://www.gimmyoung.com
이메일_ bestbook@gimmyoung.com

좋은 독자가 좋은 책을 만듭니다.
김영사는 독자 여러분의 의견에 항상 귀 기울이고 있습니다.

삶의 목표는 행복에 있다.
종교를 믿든 안 믿든, 또는 어떤 종교를 믿든
우리 모두는 언제나 더 나은 삶을 추구하고 있다.
따라서 우리의 삶은 근본적으로
행복을 향해 나아가고 있는 것이다.
그 행복은 각자의 마음 안에 있다는 것이
나의 변함없는 믿음이다.

— 달라이 라마

차 례

❦

행복을 위한 지침서

당신이 행복하지 않다면
집과 돈과 이름이 무슨 의미가 있겠는가.
그리고 당신이 이미 행복하다면
그것들이 또한 무슨 의미가 있겠는가.

벵갈의 성자 라마크리슈나

살아가면서 마음속에 떠오르는 끊임없는 질문들을 달라이 라마
와 마주앉아서 진지하게 던진다면 어떤 해답을 얻을 수 있을까?
왜 대부분의 사람들은 불행한가? 무엇이 진정한 사랑인가? 외로
움을 떨쳐버릴 수는 없을까? 인간은 왜 고통을 당해야만 하는가?
삶에서 풀기 힘든 문제들을 줄일 수는 없을까? 공평하지 못한 세
상에 대한 분노는? 또한 사랑하는 이의 죽음을 어떻게 감내해야
하는가?

미국의 저명한 심리학자이자 정신과 의사인 하워드 커틀러가
티벳의 영적 지도자 달라이 라마와 벌인 끈질긴 인터뷰에서 던진

질문들이 바로 이같은 것들이다. 언뜻 달라이 라마의 해답은 잠언서들이나 가벼운 명상서적들을 겉으로 훑었을 때처럼 아주 쉽게 들린다. '네게 정말로 필요한 것인가를 한 번 더 자신에게 물어보라'든가 '우리의 적은 우리의 스승이다' '이해심이야말로 마음의 평화를 가져다준다' 등등이 그것이다.

하지만 커틀러 박사는 더 끈질기게 파고든다. '어떤 이는 많은 것을 소유하고 또 행복하기도 하다' '인생이 고통이라는 말은 너무 염세적이며, 자신이 원하는 삶을 마음껏 살아보는 것도 행복의 요소가 아닌가?' 여기에 대해 달라이 라마는 '진정하고 영원한 행복이란 무엇인가'를 이야기한다. 무엇보다 그는 다른 모든 사람들 역시 나와 똑같이 고통받고 있고, 똑같이 행복을 추구하는 존재들임을 이해하는 일에서부터 시작하라고 말한다.

> 내가 사랑한 모든 것은, 내가 그것들을 이해했기 때문에 사랑한 것이다.
>
> 레오 버스커글리아

많은 이들이 삶에서 고통을 겪고 있고, 날마다 여러 가지 문제들에 시달린다. 나이를 먹거나 병에 걸리거나 죽음을 맞이하는 것과 같은 필연적인 고통들도 뒤따른다. 그것들을 피하기 위해 우리가 택하는 방법은 단순히 그것들에 대해 잊어버리는 일이다. 그것은 일시적인 위안을 가져다준다. 하지만 달라이 라마는 더 나은 방법이 있다고 말한다. 그 행복론이 바로 이 책이다.

다시 말해 이 책은 〈개인의 행복찾기 지침서〉이다. 인간의 마음의 문제를 다루는 최고의 전문가라 할 수 있는 정신과 의사와 티벳의 고승이 그 저자이다.

회교 신비가인 파리드가 델리의 아크바르 왕을 찾아갔다. 마침 신에게 기도를 드리고 있는 왕을 발견하고 파리드가 물었다.
"왕께선 무슨 기도를 하셨소?"
왕이 말했다.
"나에게 성공과 부, 그리고 장수를 달라고 기도했소."
그 말을 듣고 파리드는 궁정을 나서며 말했다.
"나는 왕을 만나러 왔는데, 정작 내가 만난 사람은 다른 걸인들과 다름없는 또 한 사람의 걸인에 불과하구나!"

이드리스 샤흐

처음 만난 자리에서 하워드 커틀러는 달라이 라마에게 "당신은 행복한가?" 하고 단도직입적으로 물었다. 그러자 달라이 라마는 조금도 망설임 없이 "그렇다"고 대답했다. 나라를 잃었으며 아직도 수많은 난민들과 함께 고통스런 상황에서 살아가고 있지만, 자신은 진정한 행복을 발견했다는 것이다.

또 그는 외롭지 않느냐는 물음에 "전혀 외롭지 않다"고 대답한다. 그 자신은 매순간 모든 인간 존재와 하나로 연결되어 있음을 느끼기 때문에 외롭지 않다는 것이다. "다른 이들을 볼 때 긍정적으로 보며, 늘 나와 공통된 점, 서로 연결되어 있는 것들을 발견하기 때문"이라고 그는 말한다.

이렇듯 치틀리 박히기 복잡히게 얽힌 심리적인 길꼬을 계속힐 때마다 달라이 라마는 '자기'라는 반경을 훌쩍 뛰어넘는 해답을 꺼내놓는다.

행복이란 무엇인가? 무지개 끝에 있는 보물상자를 발견하는 것인가? 아니면 사랑하는 사람과 함께 하는 것? 내 안에서 평화와 만족을 찾는 것? 또는 내가 될 수 있는 최고가 되는 것?

나아가 죽음, 이혼, 논쟁, 증오의 감정, 성공하기 위한 몸부림과 같은 수많은 고통으로부터 벗어나고자 하는 모든 사람에게 이 책은 큰 도움이 될 것이다.

명상과 예화, 종교와 심리학의 만남을 통해 달라이 라마는 우리로 하여금 매일같이 겪는 우울함, 걱정, 분노, 질투, 기분 나쁜 감정 등을 어떻게 다스릴 것인가를 보여준다. 마음의 평화를 잃지 않으면서 어떻게 삶의 힘든 문제들을 해결해나갈 것인가를 이야기한다.

인생에 주어진 의무는
다른 아무것도 없다네.
그저 행복하라는 한 가지 의무뿐.
우리는 행복하기 위해 세상에 왔지.

헤르만 헤세

이름은 널리 알려져 있으나 자세히 아는 이는 드물고, 불교 지도자이면서도 종교를 초월해 전세계적으로 가장 인기가 높은 달라이 라마. 그의 이름은 그를 만난 많은 이들에게 환한 미소와 거리낌없는 웃음, 구김살 없는 행복한 표정을 떠오르게 한다. 나아가 그는 의심할 여지없이 내적인 평화의 소유자이다.

그를 바라보는 거의 매순간, 그는 웃고 있거나 미소를 짓고 있다. 그리고 그는 자기 주위의 모든 사람을 미소짓게 만든다. 부자든 가난한 사람이든, 이름난 사람이든 평범한 사람이든, 왜 그는 그토록 많은 사람들에게 인기가 있는가? 그것은 그와 단 몇 분간만 앉아 있어도 점점 더 행복해지는 걸 어쩔 수 없기 때문이다.

호탕한 웃음, 자주 치켜올리는 짙은 눈썹, 공식적인 자리에서도 서슴없이 신발을 벗는 자연스러움, 그리고 금방 자세를 바로 하고 깊은 명상에 잠기는 모습 등이 매력을 더해준다.

이 책에서 달라이 라마는 행복이라는 목표를 우리가 이룰 수 있도록 자신의 지혜를 나누어주는 자비로운 인간이라는 인상을 준다. 그는 현명하며, 영감을 주고, 겸손하며, 깊이 생각하게 만드는 사람이다. 따라서 이 책은 달라이 라마의 책이지만, 단순한 불교 서적이 아니다. 이 책은 다름 아닌 행복에 대한 책이다.

류시화

1

행복에 대한 토론

사람들은 마음의 수행을 통해 차츰 고통을 가져다주는 것들을 버리고 행복을
가져다주는 것들을 키우기 시작한다. 이것이 바로 행복에 이르는 길이다.

"삶의 목표는 행복에 있습니다. 그것은 분명한 사실입니다. 종교를 믿든 안 믿든, 또는 어떤 종교를 믿든, 우리 모두는 삶에서 더 나은 것을 추구하고 있습니다. 따라서 나는 삶의 모든 행위가 행복을 향하고 있다고 믿습니다……."

미국 아리조나에 모인 구름떼 같은 청중 앞에서, 달라이 라마는 이와 같은 말로 자신이 전하려는 메시지에 다가갔다. 하지만 삶의 목표가 행복에 있다는 그의 주장을 들으면서 나는 한 가지 의문이 생겼다. 나중에 그와 단 둘이 이야기할 기회를 가졌을 때 내가 물었다.

"당신은 행복하십니까?"

그러자 달라이 라마는 망설임 없이 대답했다.

"물론입니다."

그는 잠시 말을 멈췄다가 분명한 어조로 덧붙였다.

"그렇습니다. 난 행복합니다."

그의 목소리엔 의심할 수 없는 평화로움과 진실이 담겨 있었다. 그의 표정과 눈빛에서도 진실함을 읽을 수 있었다.

내가 다시 물었다.

"하지만 우리 모두가 행복을 발견할 수 있을까요? 정말로 누구나 행복해지는 것이 가능할까요?"

그가 대답했다.

"그렇습니다. 누구나 마음의 수행을 통해 행복을 발견할 수 있습니다."

물론 행복이 노력을 통해 얻을 수 있다는 생각엔 나도 동의할 수밖에 없었다. 하지만 나는 정신과 의사로서 프로이드의 이론에 영향을 받은 까닭에 그런 생각을 쉽게 받아들이긴 어려웠다. 프로이드는 '신은 인간을 창조하면서 인간을 행복하게 만들려는 의도는 없었던 듯하다'라고 못박았다. 나와 같은 수많은 정신과 의사들은 줄곧 그런 교육을 받아왔기 때문에, 결국 인간이 기대할 수 있는 것은 고작해야 '마음의 고통을 평범한 불행으로 바꾸는 일'이라는 잔인한 결론에 이르게 되었다.

이런 시각에서 볼 때, 행복을 발견하는 분명한 길이 있다는 달라이 라마의 주장은 너무도 성급한 말처럼 들렸다. 여러 해 동안 정신 의학을 공부하면서, 나는 치료의 목적이 환자의 삶을 행복하게 하는 데 있다는 말은 거의 들어보지 못했다. 환자의 우울증이나 불안감을 줄이고, 심리적인 갈등과 인간 관계의 문제를 해결하기 위한 방법들을 놓고 수많은 이야기들이 오가긴 했지만, 환자의 행복을 분명한 목표로 언급하는 경우는 없었다.

서양에선 그동안 진정한 행복에 이른다는 것이 무슨 의미인지 잘 이해하지 못했다. 사실 '행복happy'이라는 단어조차도 운이나 기회를 뜻하는 아이슬란드의 '햅happ'이라는 단어에서 온 것이다. 우리들 대부분은 이처럼 행복이 수수께끼 같은 성격을 지니고 있다고 여긴다. 삶에서 즐거운 시간을 보낼 때면, 우울함을 벗어던진 상태가 곧 행복인 것처럼 느껴지기도 한다. 나 또한 서양인이기 때문에 행복이 단순히 마음의 수행을 한다고 해서 얻어질 수 있을 것처럼은 생각되지 않았다.

내가 그렇게 반론을 펴자, 달라이 라마는 곧바로 말했다.

"마음의 수행을 이야기할 때, 내가 말하는 마음은 단지 사람의 생각하는 능력, 다시 말해 머릿속의 지성만을 뜻하는 것이 아닙니다. 오히려 난 이 단어를 티벳어인 '셈'의 의미로 쓰고 있습니다. 셈이라는 단어는 훨씬 더 넓은 의미를 갖고 있으며, 오히려 정신이나 영혼에 가깝습니다. 또한 지성, 느낌, 생각을 모두 포함하고 있습니다.

우리는 수행을 통해 삶의 자세와 시각, 그리고 삶을 살아나가는 방식을 바꿀 수가 있습니다. 마음의 수행에는 물론 많은 내용과 여러 가지 방법이 있습니다. 하지만 기본적으로 마음의 수행은 우리에게 행복을 가져다주는 것들과 고통을 가져다주는 것들을 구별하는 일로부터 시작됩니다. 마음의 수행을 통해 사람들은 차츰 고통을 가져다주는 것들을 버리고 행복을 가져다주는 것들을 키우기 시작합니다. 이것이 행복에 이르는 길입니다."

달라이 라마는 자신이 어느 정도 개인적인 행복을 발견했다고 말한다. 실제로 그가 아리조나에 일주일 동안 머물고 있을 때, 나는 그가 주위 사람들에게 자신의 행복을 드러내는 것을 종종 볼 수 있었다. 그는 아주 짧은 순간 누군가와 마주칠 때도, 단순히 가까이 다가가는 행동만으로도 상대방에게 친밀감과 호감을 불러일으켰다.

어느 날 아침 달라이 라마는 강연을 마친 뒤, 자신이 묵고 있는 호텔 방으로 돌아가기 위해 복도를 따라 걷고 있었다. 물론 수행원들이 그를 에워싸고 있었다. 엘리베이터에 도착한 그는 옆에 호텔 여직원이 서 있는 것을 보고 물었다.

"어느 나라에서 오셨습니까?"

그녀는 오렌지색 승복을 입은 낯선 남자를 바라보며 처음엔 잠시 당황해했다. 수행원들이 그에게 다소곳이 경의를 표하고 있는 모습을 보면서 그녀는 어쩔 줄 몰라했다. 이윽고 그녀는 입가에 미소를 띠우며 수줍게 대답했다.

"멕시코에서 왔어요."

달라이 라마는 잠시 그녀와 이야기를 나눈 뒤, 흥분과 기쁨으로 얼굴이 상기된 그녀를 뒤로하고 발걸음을 옮겼다. 다음 날 아침, 그녀는 다른 호텔 여직원과 함께 같은 장소에 나타났다. 그리고 두 사람은 달라이 라마가 엘리베이터 안으로 들어갈 때 다정한 미소를 지으며 인사를 했다. 비록 짧은 만남이었지만, 두 여성은 행복한 얼굴로 자신의 일터로 돌아갔다. 그 뒤로 날마다 그 장소와 그 시간에 더욱더 많은 호텔 직원들이 나와 있었고, 마침내 한 주가 끝나는 날에는 회색과 흰색이 섞인 단정한 유니폼을 입은 2,30명의 호텔 여직원들이 달라이 라마를 열렬히 환영하듯 엘리베이터로 가는 복도에 정렬해 있었다.

우리가 살아갈 날들은 정해져 있다. 지금 이 순간에도 수만 명의 아이들이 세상에 태어나지만, 어떤 아이들은 며칠이나 몇 주밖에 살 수 없는 운명을 타고나, 병이나 그밖의 불행한 일들로 안타까운 죽음을 맞는다. 반면에 어떤 아이들은 100년 이상까지 장수하는 운명을 타고나 승리, 좌절, 기쁨, 미움, 사랑 등 삶의 온갖 것들을 두루 맛본다. 우리는 자신이 어떤 삶을 살게 될지 결코 알 수 없다. 하지만 하루를 살든 100년을 살든 삶에 있어서 중요한 질문은 언제나 이것이다. 우리는 무엇을 위해 사는가? 삶의 의미는 무엇인가?

'우리가 존재하는 목적은 행복을 찾기 위한 것이다.' 이 말은 언뜻 상식처럼 들리며, 아리스토텔레스에서 윌리엄 제임스에 이르는 서양의 사상가들도 그렇게 생각했다. 하지만 행복을 추구하는 삶이라는 것은 근본적으로 자기 중심적이고, 심지어 남들은 안중에도 없이 자기만을 생각하는 이기적인 삶이 아닐까?

대답은 반드시 그렇진 않다는 것이다. 수많은 연구를 통해 밝혀진 사실에 따르면 불행한 사람들이 훨씬 자기 중심적이고, 사회에서 종종 외톨이가 되며, 나아가 비판적이고 적대적인 성격을 갖기 쉽다는 것이다. 이와는 반대로 행복한 사람들은 대개가 더 친해지기 쉽고, 마음이 넓으며, 창조적이고, 나아가 불행한 사람보다 일상 생활에서 느끼는 좌절감을 더 쉽게 극복할 수 있다. 중요한 것은 행복한 사람이 불행한 사람보다 애정이 풍부하고 용서를 잘한다는 것이다.

심리학자들은 몇 가지 흥미로운 실험을 통해 행복한 사람들이 그렇지 않은 사람들보다 열린 마음을 갖고 타인에게 다가가 기꺼이 도와준다는 사실을 밝혀냈다. 예를 들면 이런 것이다. 연구자들은 먼저 실험 대상자가 공중 전화 박스에서 뜻밖의 돈을 발견하게 만들어 행복한 마음을 갖게 했다. 그리고 낯선 사람으로 가장한 연구원이 길을 가다가 우연히 서류 다발을 떨어뜨렸다. 그때 실험 대상자가 걸음을 멈추고 낯선 사람을 도와주는지 알아보려는 것이었다.

또다른 실험에선 재미있는 노래를 들려주어 실험 대상자의 기분을 좋게 만든 다음, 가난한 사람으로 하여금 그에게 다가가 돈을 빌려달라고 부탁하게 했다. 그 결과 연구자들은 마음이 행복한 실험 대상자들이 다른 실험 그룹보다 훨씬 쉽게 사람들을 도와주고 돈을 빌려준다는 사실을 발견했다. 실험 전에 기분이 좋아져 있지 않은 실험 그룹은 타인을 도와줄 기회가 똑같이 있었지만 행복한 사람보다 도와주는 경우가 적었다.

이런 실험들은 개인의 행복을 추구하는 사람은 이기주의와 자아 도취에 빠지게 된다는 생각이 틀렸음을 보여준다. 우리도 스스로 실험해볼 수 있다. 예를 들어 차가 밀려서 당신이 탄 차가 꼼짝 못하고 있다고 가정하자. 그렇게 20분이 흐른 뒤 마침내 당신 차가 아주 천천히 움직이기 시작한다. 그런데 다른 차가 당신 차 앞으로 끼어들려고 신호를 보내고 있다. 만일 당신이 기분 좋은 상태라면, 기꺼이 속력을 늦추고 앞으로 들어오라고 그에게 손짓할 것이다. 하지만 당신이 몹시 기분이 불쾌한 상태라면, 속력을 내서 앞차와의 간격을 좁혀버릴 것이다. 그리고 속으로 이렇게 말할 것이다.

'이봐, 난 이곳에서 꼼짝 못하고 계속 기다렸다구. 당신도 그래야 되는 거 아니야?'

삶의 목표가 행복을 추구하는 데 있다는 기본 전제로부터 우리는 이야기를 시작할 것이다. 그것은 행복을 삶의 진정한 목표로 보는 일이며, 행복을 발견하기 위해 누구나 지금 이 순간부터 첫 걸음을 내디딜 수 있다고 믿는 것이다. 그리고 우리는 무엇이 우리의 삶을 더 행복하게 하는가를 확인하면서, 행복의 추구가 한 개인뿐 아니라 가족과 사회 전체에도 도움을 준다는 사실을 알게 될 것이다.

2
단순한 지혜

어떤 순간에 행복이나 불행을 느끼는 것은 우리가 상황을 어떻게 받아들이며
자신이 가진 것에 얼마나 만족하는가에 달려 있다.

내가 아는 친구 하나가 2년 전 뜻밖의 횡재를 했다. 횡재를 하기 18개월 전에 그녀는 친구가 차린 조그만 건강 관리 회사에서 함께 일하기 위해 간호사를 그만두었다. 회사는 빠르게 성장했고 18개월 만에 어느 대기업에 엄청난 액수로 팔렸다. 회사에서 중요한 직책을 맡고 있던 내 친구는 회사의 주식을 받아 큰돈을 벌었다. 서른두 살의 나이에 은퇴해도 좋을 정도로 부자가 된 것이다. 나는 얼마 전 그녀를 만나, 은퇴 생활을 어떻게 즐기고 있는지 물어보았다. 친구는 대답했다.

"글쎄, 여행도 다니고 평소에 하고 싶었던 일을 할 수 있어서 정말 좋기는 해."

그러더니 이런 말을 덧붙였다.

"하지만 이상한 일은 그렇게 많은 돈을 벌면서 느꼈던 흥분감이 사라지자, 모든 것이 원래대로 돌아가버렸다는 거야. 새 집과 여러 물건을 사서 많은 것이 달라지긴 했지만, 전체적으로 전보다 훨씬 행복하단 느낌은 들지 않아."

그 친구가 횡재를 해서 떼돈을 벌고 있을 즈음, 나의 또다른 친구는 자신이 에이즈에 걸린 사실을 알게 되었다. 그는 횡재를 한 친구와 나이가 동갑이었다. 그는 자신이 에이즈에 걸린 상황에 어떻게 대처하고 있는지 내게 말해주었다.

"물론 처음엔 말할 수 없이 절망했어. 내가 에이즈에 걸렸다는 사실을 받아들이기까지 거의 1년이 걸렸어. 하지만 지난 1년을 보내면서 많은 것이 달라졌어. 요즘 난 하루하루를 지내면서 전보다 더 많은 걸 얻고 있어. 또 매순간 전보다 더 큰 행복을 느끼고 있어. 난 평범한 일들에 더 많이 감사하게 되었어. 그리고 지금까지 심각한 에이즈 증상이 나타나지 않고 있고, 내가 지금 가진 것들을 누릴 수 있어서 감사할 뿐이야. 물론 에이즈에 걸리지 않았더라면 좋았겠지만, 어느 면에서 보면 그 병이 내 삶을 더 좋은 쪽으로 변화시킨 건 분명해."

내가 물었다.

"이를테면 어떤 식으로 변화시켰는데?"

"글쎄, 예를 들자면 이런 거야. 자네도 알다시피 난 늘 유물론자의 성향을 갖고 있었어. 하지만 지난 1년 동안 내 자신이 죽을 수밖에 없는 운명임을 받아들이자, 완전히 새로운 세계가 열렸어. 생애 최초로 난 영적인 세계를 탐구하기 시작했어. 영적인 주제를 다룬 많은 책들을 찾아 읽고 다른 사람들과 대화도 나누었어. 그러면서 전엔 생각조차 할 수 없었던 많은 것들을 발견하게 되었어. 이제는 아침에 설레는 마음으로 일어나, 오늘 하루 동안 내가 무엇을 배울 수 있을까 기대할 정도가 되었어."

두 친구의 이런 예는 행복이 바깥에 있지 않고 마음 안에 있다는 중요한 사실을 일깨워준다. 성공을 하면 순간적으로 마음이 들뜨고, 반면에 비극적인 일을 겪으면 심한 우울증에 빠질 것이다. 하지만 얼마 안 가서 우리의 전체적인 행복은 기본 수준으로 돌아가는 경향이 있다. 심리학자들은 이런 과정을 '적응'이라 부른다.

우리는 누구나 그런 일을 경험할 수 있다. 월급이 오르고, 새 차를 사고, 동료들에게 인정을 받으면 잠시 기분이 좋아질 것이다. 하지만 우리는 곧 일상적인 수준의 행복으로 돌아간다. 마찬가지로 친구와 싸우고, 차가 고장나 수리를 하고, 몸에 병이 나면 불행한 기분이 들 것이다. 하지만 우리 마음이 원래 상태로 돌아가는 것은 단지 시간 문제일 뿐이다.

이것은 평범한 일만이 아니라, 대성공이나 큰 재난을 만나는 극단적인 경우도 마찬가지다. 심리 연구가들은 미국 일리노이 주의 복권 당첨자들과 영국에서 축구 도박으로 떼돈을 번 사람들을 조사한 결과 다음과 같은 사실을 알아냈다. 횡재를 한 사람들은 처음엔 상상할 수 없는 기쁨을 맛보지만, 그런 기분도 서서히 줄어들어 마침내 순간순간 일상적인 행복을 느끼는 수준으로 되돌아간다는 것이다. 또다른 연구는 암이나 중풍에 걸리고 실명을 하는 비극적인 일을 겪은 사람조차도 일정한 적응 기간이 지난 뒤엔 정상에 가까운 행복의 수준으로 돌아간다는 것을 보여주었다.

어떤 일이 일어나든 우리가 행복을 느끼는 원래의 기본 수준으로 돌아가는 성향이 있다면, 무엇이 이런 기본 수준을 결정하는 걸까? 더욱 중요한 질문은 이것이다. 그렇다면 행복의 기본 수준을 바꾸거나 더 높이 끌어올릴 수도 있을까? 최근 일부 연구가들은 사람들 각자가 느끼는 행복의 수준이 어느 정도는 유전적으로 결정된다고 주장했다. 쉬운 예 하나는 똑같은 유전 구조를 가진 일란성 쌍둥이는 함께 성장하든 따로 떨어져 자라든 상관없이 매우 비슷한 수준의 행복을 느낀다는 사실이다. 그래서 연구가들은 생물학적인 요소가 행복을 느끼는 기본 수준을 결정한다고 믿게 되었다. 태어나면서부터 행복을 느끼는 기본 수준이 뇌에 새겨져 있다는 것이다.

하지만 유전적인 성향이 행복을 느끼는 데 큰 역할을 한다는 의견이 있을지라도, 심리학자들은 타고난 행복의 수준과 상관없이 마음을 변화시켜 행복의 느낌을 더 많이 가질 수 있다는 데 동의한다.

그 이유는 매순간의 행복이 대개 우리가 세상을 어떻게 보는가에 달려 있기 때문이다. 사실 어떤 순간에 행복이나 불행을 느끼는 것은 주변 여건과는 거의 관계가 없고, 오히려 우리가 상황을 어떻게 받아들이며 자신이 가진 것에 얼마나 만족하는가에 달려 있다.

무엇이 삶에서 우리에게 만족감을 주고, 또 만족감의 정도를 결정하는가? 만족감은 우리가 가진, 비교하는 습관에 크게 영향을 받는다. 현재의 상황을 과거와 비교해 더 나아진 것을 발견하면 우리는 행복을 느낀다. 이를테면 연간 소득이 2만 달러에서 갑자기 3만 달러로 뛰어오를 때가 그런 경우다. 하지만 그것이 우리를 행복하게 만드는 변치 않는 소득은 아니다. 왜냐하면 새로운 소득 수준에 익숙해지면서 이제는 한 해에 4만 달러를 벌지 못하면 별로 행복하지 못하다고 느끼기 때문이다.

또 우리는 주변을 돌아보며 자신을 다른 사람과 비교한다. 당신이 아무리 많은 돈을 번다 해도 이웃 사람이 그보다 많이 번다면, 당신은 자신의 수입에 그다지 만족하지 못할 것이다. 프로 운동 선수들은 백만, 2백만, 심지어 3백만 달러에 이르는 자신의 연봉에 대해 몹시 불평한다. 자신이 받는 연봉보다 같은 팀에 있는 동료 선수가 더 많이 받기 때문에 불행한 것이다. 사람들의 이런 성향은 부유한 남자에 대해 H. L. 멘켄이 내린 정의를 뒷받침한다. 멘켄은 부유한 남자를 '자기 동서보다 한 해에 100달러 더 버는 남자'라고 정의했다.

이렇듯 우리는 삶의 만족감이 종종 자신을 누구와 비교하는가에 달려 있음을 알 수 있다. 물론 우리는 소득뿐 아니라 다른 것들도 비교한다. 자신보다 똑똑하고, 아름답고, 성공한 사람들과 자신을 끊임없이 비교하는 것 역시 시기심, 좌절감, 불행한 느낌을 불러일으킨다.

하지만 우리는 그것을 좋은 쪽으로 이용할 수도 있다. 다시 말해 불행한 사람들과 자신을 비교하거나, 자신이 현재 누리고 있는 모든 것들을 떠올림으로써 삶에 대해 더 큰 만족감을 얻을 수도 있다.

심리 연구가들은 많은 실험을 통해 사람들이 단순히 자신의 관점을 바꾸고, 자신의 일들이 더 나빠질 수도 있었다고 생각함으로써 더욱 만족하는 삶을 살 수 있음을 보여준다. 한 연구에선 밀워키에 있는 위스콘신 대학의 여학생들에게 20세기 초 밀워키의 극도로 열악한 생활 환경을 보여주었다. 또는 자신이 화상을 입거나 흉터가 생기는 비극적인 사고를 당했다고 상상하고 그것을 글로 쓰라고 요구했다. 이런 과정을 거친 뒤, 여학생들에게 자신의 삶을 평가하라는 숙제를 냈다. 물론 이 실험은 여학생들로 하여금 자신의 삶을 더욱 만족스런 것으로 느끼게 만들었다.

버팔로의 뉴욕 주립 대학에서 행해진 또다른 실험에선 실험 대상자들에게 '내가 ……가 아니라서 기쁘다'라는 문장을 완성하라

는 숙제를 냈다. 이 실험을 다섯 번 반복해서 받고나자, 실험 대상
자들은 자신의 삶에 전보다 더 많이 만족하게 되었다. 연구자들은
또다른 실험 집단에게 '내가 ……라면 좋을 텐데'라는 문장을 완
성하라고 요구했다. 이번에는 실험 대상자들이 자신의 삶에 더욱
큰 불만을 갖게 되었다. 이런 실험들은 우리가 자신의 관점을 바
꿈으로써 삶에 대해 더 많이 만족할 수도 있고, 더 적게 만족할 수
도 있음을 보여준다. 또한 행복한 삶을 사는 데는 마음 자세가 가
장 중요하다는 것을 분명하게 말해준다.

　달라이 라마는 말한다.

　"행복을 발견하는 것은 가능하지만, 행복은 그렇게 단순한 것이
아닙니다. 행복에는 여러 차원이 있습니다. 불교에선 행복하고 만
족스런 삶을 결정하는 네 가지 요소가 있다고 말합니다. 부와 세
속적인 만족, 영적인 성장, 깨달음이 그것입니다. 행복을 추구하
는 사람이 원하는 모든 것이 여기에 포함되어 있습니다.

　해탈이나 깨달음처럼 종교적이고 영적인 열망은 잠시 제쳐놓
고, 세속에서의 기쁨과 행복을 생각해봅시다. 세속의 관점에서 보
면, 우리가 흔히 기쁨과 행복을 주는 것으로 여기는 중요한 몇 가
지가 있습니다. 예를 들어 건강은 행복한 삶을 위해 꼭 필요한 것
중 하나입니다. 우리가 행복의 원천으로 여기는 또다른 것은 물질
적인 편리함입니다. 다시 말해 우리가 이뤄놓은 재산입니다. 여기
에 덧보탤 수 있는 것은 친구나 동반자를 갖는 일입니다. 누구든
지 충만한 삶을 즐기기 위해선 정신적인 교감을 주고받고, 또 믿
을 수 있는 친구가 필요합니다.

　사실 이 모든 것들이 행복을 가져다주는 것이라고 말할 수 있습

니다. 하지만 행복하고 만족스런 삶을 누리기 위해 그런 것들을 제대로 이용하려면 무엇보다 마음의 상태가 핵심적인 열쇠입니다. 이것은 매우 중요한 것입니다.

자신이 갖고 있는 건강과 재산을 남을 돕는 일에 이용한다면, 그것들은 우리가 더 행복한 삶을 사는 데 큰 도움이 될 것입니다. 물론 우리는 물질의 편리함이나 성공이 가져다주는 것들을 누릴 수가 있습니다. 하지만 마음의 자세와 자기 안의 것들에 관심을 갖지 않는다면, 길게 볼 때 그런 것들은 우리가 행복을 느끼는 데 아주 작은 영향만 미칠 것입니다.

예를 들어 당신이 미움이나 강렬한 분노를 마음 깊은 곳에 품고 있다면, 그것은 당신의 건강을 해칠 것입니다. 따라서 그런 마음은 행복의 요소 중 하나를 파괴합니다. 또한 당신이 정신적으로 불행과 좌절감을 느끼고 있다면, 몸이 아무리 편안해도 별로 행복을 느끼지 못할 것입니다. 반면에 고요하고 평온한 마음을 간직할 수 있다면, 건강이 좋지 않더라도 어느 정도는 행복할 수가 있습니다.

당신이 매우 값비싼 물건들을 갖고 있을지라도, 분노와 미움이 들끓는 순간에는 그것들을 던져서 깨부수고 싶을 것입니다. 그 순간에 당신이 가진 것들은 아무 의미가 없습니다. 오늘날 물질적으로 매우 발전한 나라들이 많지만, 그곳에 사는 많은 이들은 그다지 큰 행복을 누리지 못하고 있습니다. 물질의 풍요라는 아름다운 겉모습 밑에는 정신적 불안이 깔려 있고, 그런 마음은 사람들에게 좌절감을 심어주어 쓸데없는 싸움을 벌이게 하고, 마약이나 알코올에 빠져들게 합니다. 최악의 경우엔 자살로 몰고가기도 합니다.

따라서 물질만 갖고선 우리가 추구하는 기쁨이나 충만감을 누릴 수 있다는 보장이 없습니다. 친구에 대해서도 똑같이 말할 수 있습니다. 당신이 심한 분노와 미움을 느낄 때는 아주 가까운 친구조차도 어쩐지 냉정하게 보이고 멀게 느껴지고 귀찮게 여겨질 것입니다.

이 모든 것이 정신이 어떤 상태인가가, 다시 말해 마음이 어떠한가가 우리의 삶에 큰 영향을 미친다는 것을 말해줍니다. 따라서 우리는 마음에 대해 아주 진지하게 명상해야만 합니다. 영적 수행은 일단 제쳐놓더라도, 세속의 관점에서 날마다 행복을 느끼기를 원한다면, 당신의 마음이 고요하고 평화로울수록 행복하고 즐거운 삶을 누릴 가능성은 더욱 커집니다."

달라이 라마는 내가 그것들을 이해하기를 기다리듯 잠시 말을 멈췄다가, 이렇게 덧붙였다.

"고요하고 평화로운 마음에 대해 말할 때, 우리는 그것을 무감각하고 냉정한 마음과 혼동하지 말아야 합니다. 고요하고 평화로운 마음을 갖는다는 것은 마음이 완전히 텅 비어버리는 것을 의미하진 않습니다. 평화롭고 고요한 마음은 사랑과 자비심에 뿌리를 두고 있습니다. 또한 그런 마음에는 무척 예민한 느낌이 자리잡고 있습니다."

그는 자신의 말에 결론을 내리듯 말했다.

"마음을 고요하게 하는 내면의 수행이 뒤따르지 않는 한, 겉으로 보기에 아무리 편안한 환경 속에서 지내더라도 당신은 자신이 바라는 기쁨과 행복을 절대로 느낄 수 없습니다. 반면에 당신의 내면이 고요하고 평화롭다면, 행복에 필요하다고 여겨지는 갖가지 편리함을 누리지 못하더라도 당신은 변함없이 행복하고 즐거울 수가 있을 것입니다."

어느 날 오후 달라이 라마를 만나기 위해 호텔 주차장을 지나다가, 나는 신형 도요타 승용차를 보고 걸음을 멈추었다. 오래전부터 그런 차를 갖고 싶었기 때문이다. 달라이 라마와 만나 이야기를 하면서도 여전히 그 차가 머리를 떠나지 않았다. 그래서 내가 물었다.

"서양 문명 전체가 물질을 얻는 일에 바탕을 두고 있다는 생각이 드는군요. 우린 새로 나온 물건이나 최신형 차를 사라는 광고에 집중 공격을 받습니다. 이런 광고의 영향을 피하기는 사실 무척 어렵지요. 우리가 원하는 물건들이 세상엔 너무나 많습니다. 그것은 끝없는 욕망과 같습니다. 사람들의 이런 욕망을 당신은 어떻게 생각하십니까?"

그러자 달라이 라마가 말했다.

"나는 욕망에는 두 종류가 있다고 말합니다. 어떤 욕망들은 긍정적입니다. 행복을 위한 욕망, 이것은 절대적으로 옳은 것입니다. 평화를 위한 욕망, 그리고 세상을 더 조화롭고 인간애가 넘치는 곳으로 만들려는 욕망 역시 마찬가지입니다. 어떤 욕망들은 매우 쓸모가 있습니다.

하지만 어느 지점부터는 욕망은 이성을 잃을 수가 있습니다. 그것은 대개 문제를 일으키지요. 난 가끔 백화점에 들르곤 합니다. 난 백화점 구경을 무척 좋아하는데, 그 이유는 그곳에서 아름다운 것들을 많이 볼 수 있기 때문입니다. 다양한 물건들을 볼 때마다 내 안에 욕망이 싹트기 시작하고, 먼저 이런 충동이 생깁니다. '그래, 난 이것을 갖고 싶어. 저것도 필요해.' 그리고 나면 두번째 생각이 떠오르면서 난 마음속으로 이렇게 묻습니다. '아, 정말로 이것이 내게 필요할까?' 그 대답은 언제나 '노'입니다. 만일 당신이 그 첫번째 욕망을 따른다면, 다시 말해 최초의 충동을 따른다면 얼마 안 가 당신의 주머니는 텅텅 비어버릴 것입니다. 하지만 인간의 삶에 기본적으로 필요한 음식, 옷, 집을 원하는 것은 그런 것들과는 다른 차원의 욕망이며, 훨씬 더 합당한 욕망이라고 할 수 있겠지요.

때로는 어떤 사회나 환경에서 사는가에 따라 사람의 욕망이 지나친 것인가 아닌가를 판단할 수도 있습니다. 차가 있으면 일상생활에 도움을 주는 선진국에서 살고 있다면, 당신이 차를 갖고 싶어하는 건 결코 잘못된 일이 아닙니다. 하지만 차 없이도 잘 지낼 수 있는 인도의 가난한 마을에 살면서도 당신은 차를 원할 수 있습니다. 이때는 설령 당신이 차를 살 돈이 있더라도 차를 갖고 나면 결국 문제가 생깁니다. 이웃 사람들의 마음을 불편하게 만들 수가 있기 때문입니다. 당신이 더 잘사는 나라에 살면서 현재 갖고 있는 차 대신 더 비싼 차를 갖기 원한다면, 그것도 똑같은 문제를 일으킬 것입니다."

나는 얼른 반론을 폈다.

"하지만 충분히 차를 살 만한 형편이 되기 때문에 더 비싼 차를 구입했는데, 왜 그것이 문제가 되는지 모르겠군요. 이웃보다 비싼 차를 갖는 것이 이웃 사람들에게 문제가 될진 모르겠습니다. 그들은 질투심 같은 걸 느낄 수 있겠지요. 하지만 새 차는 그것을 소유한 사람에겐 만족과 기쁨을 주지 않을까요?"

달라이 라마는 머리를 흔들며 단호하게 말했다.

"아닙니다. 자기 만족만으론 그 욕망이나 행동이 긍정적인가 부정적인가를 판단할 수 없습니다. 살인자는 자신이 살인을 저지르는 순간엔 만족감을 느낄 것입니다. 하지만 그렇다고 그것이 그 행동을 정당화시켜주진 않습니다. 모든 부도덕한 행위들, 이를테면 거짓말, 도둑질, 성범죄 같은 것을 저지르는 사람들도 그 순간엔 만족을 느낍니다. 어떤 욕망이나 행동이 긍정적인가 아닌가를 판단하는 기준은 그것이 그 순간에 당신에게 만족을 주는가가 아닙니다. 그것이 궁극적으로 가져오는 결과가 긍정적인가 부정적인가에 있습니다.

당신이 더 비싼 걸 갖고 싶어하는 경우에, 그것이 단지 더 많은 것을 원하는 마음에서 나오는 것이라면, 당신은 마침내 자신이 가질 수 없는 한계에 다다를 것입니다. 언젠가는 현실에 부딪치고 말 것입니다. 그리고 그 한계에 부딪쳤을 때, 당신은 모든 희망을 잃고 절망에 빠지고 말겠지요. 그런 욕망을 따라가면 그 위험을 피할 길이 없습니다.

그런 식의 지나친 욕망은 결국엔 탐욕으로 발전한다고 난 생각합니다. 탐욕이란 기대가 지나쳐 생긴 욕망입니다. 잘 살펴보면, 탐욕은 결국엔 좌절감과 실망을 안겨주고 많은 혼란과 문제를 일으킵니다. 탐욕은 어떤 특징을 갖고 있습니다. 무엇인가를 가지려는 욕망에서 탐욕이 생기지만, 그것을 가진다고 탐욕을 만족시킬 순 없다는 것입니다. 따라서 이런 마음은 끝없는 욕심으로 변해 결국 문제를 일으키게 마련입니다.

사람은 만족을 얻기 위해 탐욕을 갖지만, 뜻밖에도 바라는 것을 얻은 뒤에도 여전히 만족하지 못합니다. 그것이 탐욕의 흥미로운 점입니다. 탐욕의 반대는 무욕이 아니라 만족입니다. 당신이 큰 만족감을 갖고 있다면, 어떤 것을 소유하는가 아닌가는 문제가 안 됩니다. 어떤 경우에도 당신은 변함없이 만족할 수 있습니다."

그렇다면 우리는 이렇게 내면의 만족을 얻을 수 있을까? 두 가지 방법을 생각할 수 있을 것이다. 첫번째 방법은 우리가 바라는 모든 걸 손에 넣는 것이다. 세상의 모든 돈과 집과 차, 그리고 완벽한 배우자와 육체를 갖는 것이다. 달라이 라마는 이미 이런 접근법은 도움이 안 된다는 것을 지적했다. 우리의 바램과 욕망을 억제하지 못한다면, 조만간 우리는 간절히 원하지만 얻을 수 없는 무엇인가를 만나게 될 것이다. 좀더 믿음이 가는 두번째 방법은 우리가 원하는 걸 갖는 것이 아니라, 우리가 현재 갖고 있는 것을 원하고, 또 그것에 감사하는 일이다.

지난 밤에 나는 〈슈퍼맨〉의 주인공 크리스토퍼 리브가 텔레비전에 나와서 인터뷰하는 장면을 보았다. 영화 배우로 활약하던 리브는 1994년 말에서 떨어져 척추를 다치는 큰 사고를 당해, 목 아래가 완전히 마비되었다. 그는 숨 쉬는 것조차도 산소 공급 장치의 도움을 받아야 했다. 사회자가 리브에게 신체 장애를 겪으면서 생긴 우울증을 어떻게 이길 수 있었냐고 묻자, 그는 병원의 중환자실에 있을 동안엔 말할 수 없이 깊은 절망에 빠졌었다고 솔직히 고백했다. 하지만 그런 절망감은 비교적 빨리 지나갔고, 지금은 자신을 '운이 좋은 사람'이라고 진심으로 생각하게 되었다고 그는 말했다. 리브는 사랑하는 아내와 아이들이 곁에 있는 것은 큰 축복이라고 말하고, 현대 의학의 급속한 발달에도 고마움을 표시했다. 그는 자신이 몇 해 전에만 다쳤어도 그 사고로 죽었을 것이라고 말했다. 또한 리브는 현대 의학이 앞으로 10년 안에 척추 부상에 대한 치료법을 발견할 것이라고 믿고 있었다.

리브는 전신 마비에 적응해가는 과정을 설명하면서, 절망감은 어느 정도 빨리 없어졌지만, 처음엔 사람들이 무심코 하는 말에 질투심이 일어나서 종종 고통스러웠다고 고백했다. 이를테면 '내가 이층으로 뛰어가서 가져올게' 같은 말에 상처를 받곤 했다는 것이다. 리브는 점차 그런 느낌에 대처하는 법을 배워나갔다고 하면서 말했다.

"난 삶을 헤쳐나가는 유일한 방법이 무엇인지 깨달았습니다. 그것은 자신이 갖고 있는 것들을 돌아보고, 아직도 할 수 있는 일이 무엇인지 아는 겁니다. 내 경우엔 운 좋게도 뇌를 다치지 않아서 여전히 머리를 쓸 수 있다는 것이지요."

크리스토퍼 리브는 자신에게 남은 능력을 소중히 여기면서 척추 부상에 대한 대중의 경각심을 높이고, 다른 사람들을 돕는 일에 자신의 머리를 쓰기로 결심했다. 그는 계속 글을 쓰고 영화도 감독할 생각이고, 대중 강연도 계획하고 있었다.

지금까지 우리는 마음을 어떻게 갖는가 하는 것이 부, 지위, 심지어 건강 같은 외적인 요소들을 갖추는 것보다 행복에 더 많은 영향을 미친다는 것을 살펴보았다. 마음으로 행복을 찾는 또다른 방법은 자신의 가치를 깨닫는 일이다. 물론 그것은 내면의 만족감과도 깊은 관계가 있다.

달라이 라마는 자신의 가치를 깨닫는 일에 대해 설명했다.

"나에게 인간의 감정을 깊이 느끼는 능력과 좋은 친구들을 쉽게 사귀는 능력이 없었다고 해봅시다. 그런 능력이 없었다면, 나라를 잃고 티벳에서 누리던 정치적인 권위가 사라졌을 때, 내가 망명자가 되기로 마음먹기는 아주 어려웠을 것입니다. 내가 티벳에 있었을 때, 그곳의 전통에 따라 달라이 라마의 직위에는 어느 정도의 존경심이 주어져 있었습니다. 따라서 나에게 진정한 애정을 갖고 있는 것과는 상관없이 티벳인들은 나의 지위 때문에 나를 존경했습니다. 하지만 그것이 티벳 민중들과 나를 연결해주는 유일한 끈이었다면, 나라를 잃었을 때 내가 민중들과 다시 이어지긴 매우 어려웠을 겁니다.

당신이 다른 인간 존재들과 연결될 수 있는 또다른 중요한 이유가 있습니다. 그것은 바로 당신 역시 한 사람의 인간이라는 것입니다. 인간이라는 이 연대감을 당신은 나눠 가질 수 있습니다. 그리고 그것만으로도 당신은 충분히 가치 있고 존엄성을 가진 존재입니다. 모든 걸 잃는다 할지라도 우리는 이런 연대감으로부터 위안을 받을 수가 있는 것입니다."

달라이 라마는 잠시 말을 멈추고 차를 한 모금 마셨다. 그리고 고개를 저으며 덧붙였다.

"불행히도 역사를 살펴보면 정치적 격변이 일어나 자리에서 쫓겨난 황제나 왕들은 자기 나라를 떠난 뒤 결말이 별로 좋지 않았습니다. 다른 인간에게 애정을 느끼지 못하고 가까운 관계를 맺지 못한다면 우리의 삶은 매우 힘들어질 것입니다.

두 종류의 사람이 있습니다. 첫번째는 많은 사람들에 둘러싸인 부유하고 성공한 사람들입니다. 만일 그 사람의 존엄성과 가치가 단지 물질에서 오는 것이라면, 재산이 그대로 있는 한 그는 안정된 삶을 누릴 수 있을 것입니다. 하지만 재산이 줄어드는 순간, 그는 위안을 받을 다른 것이 없기 때문에 고통스러울 것입니다. 반면에 똑같이 많은 돈을 벌어 상당한 재력을 갖고 있지만, 동시에 따뜻한 마음과 자비심을 가진 사람이 있을 수 있습니다. 이 사람은 자신의 가치와 존엄성을 물질에 두고 있지 않을 뿐 아니라 마음을 의지할 곳을 갖고 있기 때문에 재산을 잃는 일이 생기더라도 그렇게 슬퍼하진 않을 것입니다. 이런 이야기를 통해서 우리는 인간적인 따뜻함과 애정을 갖는 일이 얼마나 중요한가를 알 수 있습니다."

달라이 라마가 미국 아리조나에서 강연을 하고 두세 달이 지났을 때, 나는 북인도 다람살라에 있는 그의 거처를 방문했다. 찌는 듯이 무덥고 습도도 높은 7월의 어느 오후였다. 마을을 출발해 얼마 걷지도 않았는데 그의 집에 도착했을 때는 이미 땀에 흠뻑 젖어 있었다. 건조한 기후에서 살다 온 나는 그날의 습기를 정말 참기가 힘들었다. 대화를 시작하기 위해 자리에 앉았지만 내 기분은 여전히 나아지지 않았다. 그런데 어찌된 일인지 달라이 라마는 생기가 넘쳐 있었다. 이야기를 시작한 지 얼마 안 돼 쾌락이 대화의 주제로 떠올랐다. 이야기를 하던 중에 그는 매우 중요한 생각을 말했다.
"가끔 사람들은 행복을 쾌락과 혼동합니다. 얼마 전 내가 인도의 라지푸르에서 강연을 할 때의 일인데, 내가 삶의 목표가 행복에 있다고 말하자 청중 속의 한 사람이 말하더군요. 어떤 구루(영적 스승)가 사람은 성적인 행동을 하는 순간에 가장 행복하므로 섹스를 통해 행복해질 수 있다고 가르친다는 것이었습니다."

달라이 라마는 껄껄 웃으며 말했다.

"그 사람은 내가 그 점에 대해 어떻게 생각하는지 알고 싶었던 겁니다. 난 내 생각을 말해주었습니다. 더 이상의 고통이 없는 해탈의 단계에 이를 때 인간은 가장 행복하다고 말입니다. 그것이 진정한 행복이고, 영원한 행복입니다. 진정한 행복은 마음과 가슴에 더 깊은 관계가 있습니다. 육체적인 쾌락에 의존하는 행복은 불안정합니다. 어느 날엔 그곳에 있지만, 그 다음 날엔 없어질 수도 있는 행복입니다."

겉으로 보기에 달라이 라마의 관찰은 매우 타당한 듯했다. 물론 행복과 쾌락은 서로 다르다. 하지만 우리는 거의 습관적으로 두 가지를 혼동한다.

미국의 집으로 돌아온 지 얼마 안 돼, 나는 한 환자를 치료하면서 그렇듯 간단한 깨달음이 얼마나 큰 힘을 발휘하는지 실감할 수 있었다.

헤더는 피닉스에서 카운셀러로 일하는 젊은 여성이었다. 그녀는 문제아들을 상담하는 자신의 일을 좋아하긴 했지만, 언제부턴가 그 지방에 사는 것이 불만스러워지기 시작했다. 피닉스는 사람도 많고 교통도 혼잡하고 여름철엔 숨이 막힐 듯이 덥다고 그녀는 자주 불평을 터뜨렸다. 그 무렵 산자락의 아름다운 작은 마을에 위치한 회사로부터 그녀에게 함께 일하자는 제안이 들어왔다. 사실 그녀는 그 마을에 여러 차례 놀러간 적이 있었고, 늘 그곳으로 이사하는 것이 꿈이었다. 그 마을은 더 이상 바랄 게 없는 이상적인 곳이었다. 다만 문제가 있다면 그녀가 제안받은 일에는 성인을 상담하는 일도 들어 있다는 것이었다. 그녀는 그것이 마음에 걸렸다. 2,3주 동안 그녀는 새로운 일자리를 받아들여야 할지 말아야 할지 고민했다.

그녀는 어떤 쪽으로도 마음을 정할 수 없었다. 그곳으로 이사가는 일의 장단점을 모두 종이에 적어보았지만, 그것을 보면 더 짜증스러울 뿐이었다.

그녀는 자신의 심정을 이렇게 말했다.

"이곳에서 하는 일보다 새로운 일이 더 재미없을 거라는 건 나도 알고 있어요. 하지만 그것은 그 마을에서 살면서 누리는 순수한 쾌락으로 충분히 보상받을 수 있을 거예요! 난 그 마을을 정말로 좋아하거든요. 그곳에 있기만 해도 그냥 기분이 좋아져요. 그리고 난 이곳의 더위에 질려버렸어요. 정말 어떻게 해야 할지 모르겠어요."

그녀가 말한 쾌락이라는 단어를 들으면서 나는 달라이 라마의 말이 떠올랐고, 좀더 자세히 알아보기 위해 그녀에게 물었다.

"만일 그곳으로 이사간다면, 당신은 행복과 쾌락 중 어느 것을 얻는다고 생각합니까?"

그녀는 잠시 아무 말이 없었다. 질문을 어떻게 이해해야 할지 모르는 듯했다. 마침내 그녀는 대답했다.

"잘 모르겠지만…… 행복보다는 쾌락을 가져다줄 것 같군요……. 난 성인 고객들과는 정말로 행복하게 일할 수 없을 거예요. 아이들과 함께 일하는 것이 난 더없이 행복하거든요."

그녀가 처한 딜레마를 '그 일이 나에게 행복을 가져다줄 것인가?'라는 관점으로 새롭게 바라보자, 문제가 어느 정도 분명해졌다. 갑자기 그녀는 결정을 하기가 훨씬 쉬워졌다. 그녀는 피닉스에 남기로 결심했다. 여전히 그녀는 여름의 찌는 듯한 더위에 불평을 하고 있었다. 하지만 자신의 느낌에 따라 그곳에 남기로 결정했기 때문에 그녀는 전보다 더 행복하고, 더위도 어느 정도 참을 만해졌다.

날마다 우리는 수많은 결정과 선택을 해야 한다. 그리고 아무리 노력한다 해도, 우리는 종종 자신에게 가장 좋은 것을 선택하지 못한다. 그 이유 중 일부는 때로 올바른 선택이 어렵다는 사실과 관계가 있다. 올바른 선택을 하려면 우리가 누리고 싶은 쾌락을 어느 정도 희생해야 하기 때문이다.

시대를 막론하고 사람들은 삶에서 쾌락이 갖는 의미를 정의내리기 위해 끊임없이 노력했다. 수많은 철학자, 신학자, 심리학자들이 인간과 쾌락의 관계를 탐구했다. 기원전 3세기 에피쿠로스는 자신의 철학을 세우면서 다음과 같은 과감한 주장을 폈다. '쾌락은 축복받은 삶의 처음이자 마지막이다.' 하지만 에피쿠로스조차도 상식과 중용이 중요하다는 것을 인정했으며, 자제력 없이 감각적인 쾌락에 빠지는 것은 쾌락 대신 고통을 안겨줄 수 있음을 설파했다.

19세기의 마지막 몇 년 동안 지그문트 프로이드는 쾌락에 대한 이론을 세우는 데 몰두했다. 프로이드는 인간의 심리를 움직이는 근본 동기는 내면의 긴장을 풀려는 소망에서 생긴다고 주장했다. 그리고 내면의 긴장은 충족되지 않은 본능적 욕구에서 오는 것이라고 말했다. 다시 말해 인간은 쾌락을 추구하려는 본능적인 충동을 갖고 있다는 것이다.

20세기의 많은 연구가들은 한 걸음 물러서서 쾌락에 대해 한층 더 철학적인 사색을 폈으며, 이것과는 달리 많은 신경 해부학자들은 전극을 이용해 뇌의 시상하부를 철저히 조사한 끝에, 전기 자극을 받을 때 쾌락의 느낌을 만들어내는 지점을 찾아냈다.

사실 우리는 쾌락을 이해하기 위해 이미 죽은 그리스 철학자나 19세기의 정신 분석가, 그리고 20세기 과학자들의 도움을 받을 필요는 없다. 쾌락을 느낄 때 우리는 그것을 알 수 있다. 사랑하는 연인을 만지거나 그 사람의 미소를 바라보면서, 비가 오는 추운 오후에 욕조에 누워 따뜻한 물로 편안하게 목욕을 하면서, 그리고 아름다운 일몰을 지켜보면서 우리는 즐거움과 기쁨을 느낀다. 하지만 우리 중에는 마약에 빠져 황홀함을 느끼면서, 술에 취해 흥청대면서, 끊임없이 성에 탐닉하면서, 라스베가스에서 돈을 따면서 쾌락을 느끼는 사람들도 많이 있다. 이런 것은 아주 현실적이고 세속적인 쾌락이며, 우리 사회의 많은 이들이 익숙해져 있는 쾌락이다.

그런 파괴적인 쾌락을 쉽게 피해갈 방법은 없지만, 다행히도 우리는 해결의 실마리를 갖고 있다. '삶에서 우리가 찾고 있는 것은 행복'이라는 아주 단순한 말을 떠올리는 일이다. 달라이 라마가 지적하듯이 그것은 너무나 틀림없는 사실이다. 삶을 살면서 이 말을 떠올리며 여러 선택을 한다면, 순간적인 쾌락을 안겨줄지라도 궁극적으로 해를 끼치는 것들을 우리는 더 쉽게 포기할 수 있을 것이다.

우리가 '노'라고 말하는 것이 어려운 이유는 '노'라는 단어 속에서 찾을 수 있다. '노'라고 말하는 것은 무엇인가를 거부하고, 어떤 것을 포기하고, 스스로를 부정하는 느낌을 주기 때문이다.

하지만 여기에 좋은 방법이 있다. 어떤 결정을 내리기 전에 스스로에게 이렇게 묻는 것이다. '이것이 나에게 진정한 행복을 가져다줄 것인가?' 이 단순한 질문이 우리가 삶을 살면서 여러 상황에 마주칠 때마다 지혜롭게 행동하도록 큰 도움을 줄 수 있다. 그것은 단지 마약을 할 것인가 말 것인가, 또는 바나나 파이를 더 먹을 것인가 말 것인가를 결정하는 데 도움을 주는 것만이 아니다. 그 방법은 사물에 대한 새로운 시각을 심어준다. 우리가 날마다 어떤 결정이나 선택을 할 때 앞의 질문을 마음속으로 던진다면, 우리 행동의 중심은 무엇인가를 부정하는 것에서 어떤 것을 추구하는 쪽으로, 곧 삶의 궁극적인 행복을 추구하는 쪽으로 옮겨갈 것이다.

달라이 라마가 말하는 행복은 순간적인 쾌락이 아니라 영원하고 지속적인 행복이다. 그 행복은 삶이 상승과 추락을 거듭하고 기분이 끊임없이 동요해도 우리 존재의 굳건한 받침대로 변함없이 존재하는 그런 행복이다. 이런 시각을 가지면 올바른 결정을 내리기가 훨씬 쉬워진다. 왜냐하면 우리가 행동하는 것은 자신에게 무엇인가를 주기 위한 것이지, 무엇인가를 거부하거나 스스로를 억제하기 위한 것이 아니기 때문이다. 그것은 무엇인가를 피하는 것이라기보다는 무엇인가를 향해 나아가는 태도다. 삶을 거부하는 것이 아니라 받아들이는 태도인 것이다. 이와 같이 우리 자신이 행복을 향해 나아가고 있다는 생각은 우리의 삶에 큰 영향을 준다. 그것은 우리가 더욱 열린 마음으로 삶의 기쁨들을 받아들일 수 있게 해준다.

3

행복에 이르는 길

마음의 수행이란 긍정적인 생각들을 키우고, 부정적인 생각들을 물리치는 일이다.
이 과정을 통해 진정한 내면의 변화와 행복이 찾아온다.

행복에는 마음의 상태가 가장 중요하다고 하더라도, 음식과 옷과 집에 대한 우리의 기본적인 욕구까지 무시해야 한다는 건 아니다. 하지만 일단 그런 기본적인 욕구가 채워지면, 이제 우리가 무엇에 귀를 기울여야 하는가는 분명하다. 우리는 행복해지기 위해 더 많은 돈, 성공이나 명예, 완전한 육체, 심지어 완벽한 배우자가 필요한 것이 아니다. 바로 지금 이 순간 우리는 마음을 갖고 있으며, 마음이라는 기본 도구만으로도 우리는 완전한 행복에 이를 수가 있다.

달라이 라마는 이렇게 말을 시작했다.

"마음 또는 의식을 말할 때, 거기에는 많은 것들이 들어 있습니다. 외부의 물질이나 상황처럼 마음속의 어떤 것들은 매우 쓸모가 있지만, 어떤 것들은 매우 해로우며, 또 그 중간에 해당하는 것들도 있습니다.

외부에 있는 물질의 경우, 우리는 먼저 여러 물질 중에서 어떤 것이 도움이 되는가 알아낸 뒤, 그것들을 키우고, 늘리고, 이용합니다. 물론 해로운 물질들은 제거할 것입니다. 그것과 마찬가지로 마음에 대해 말할 때, 거기에는 수천 가지의 서로 다른 생각과 마음들이 있습니다. 그것들 중 어떤 것들은 매우 도움이 됩니다. 우리는 그것들을 받아들이고 키워야만 합니다. 또 어떤 것들은 부정적이고 매우 해롭습니다. 그것들은 줄이려고 노력해야만 합니다.

따라서 행복을 찾는 첫번째 단계는 '배움'입니다. 우리는 먼저 부정적인 감정이나 행동이 우리에게 얼마나 해로운가를, 그리고 긍정적인 감정은 얼마나 이로운가를 배워야 합니다. 또 우리는 이 부정적인 감정들이 한 개인에게만 매우 나쁘고 해로운 것이 아니라, 사회와 세계의 미래에도 해롭다는 것을 깨달아야 합니다. 그 것을 깨달을 때 우리는 부정적인 감정을 물리치겠다고 더욱 의지를 다질 수 있습니다.

그 다음에는 긍정적인 감정과 행동이 주는 이로운 점을 깨닫는 일입니다. 일단 그것을 깨달으면, 우리는 어떤 어려움이 있다 해도 긍정적인 감정을 소중히 여기고, 그것을 더욱 키워 나가겠다고 결심하게 됩니다. 내면에서 자연스럽게 의지가 생겨납니다.

따라서 이러한 배움의 과정을 통해 어떤 생각과 감정이 쓸모가 있으며 어떤 것이 해로운가를 이해하면서, 우리는 서서히 변화의 의지를 다지게 됩니다. 그리고 이렇게 느낄 것입니다.

'나의 행복과 미래는 내 손에 달려 있어. 이 기회를 절대로 놓쳐선 안 돼!'

불교에선 인과 법칙을 하나의 자연 법칙으로 받아들입니다. 진리를 다룰 때, 당신은 반드시 이 법칙을 기억해야 합니다. 예를 들어 삶에서 당신이 바라지 않는 어떤 일들이 있다고 합시다. 그 일들이 일어나지 않게 하는 가장 확실한 방법은 그런 일을 일으키는 상황을 더 이상 만들지 않는 것입니다. 마찬가지로 어떤 특별한 경험이나 사건이 일어나기를 바란다면, 그런 사건을 일으키는 원인과 조건을 찾아 그런 상황을 만드는 것이 합리적인 방법입니다.

마음의 상태나 경험 역시 마찬가지입니다. 당신이 만일 행복을 원한다면, 행복을 가져오는 원인을 찾아야만 합니다. 그리고 고통을 원하지 않는다면 고통을 일으키는 원인과 조건이 더 이상 생기지 않도록 해야 합니다. 이런 인과 법칙을 이해하는 것은 대단히 중요합니다.

지금까지 우리는 마음이야말로 행복에 이르는 가장 중요한 요소라는 것을 말했습니다. 따라서 그 다음 할 일은 우리가 경험하는 다양한 마음 상태에 대해 이해하는 일입니다. 우리는 서로 다른 마음의 상태를 분명하게 구별할 필요가 있습니다. 그리고 그것들을 행복으로 인도하는 것인가 아닌가에 따라 구분하고 나눌 필요가 있습니다."

내가 물었다.

"다양한 마음 상태라는 것은 구체적으로 예를 든다면 어떤 것인가요? 그리고 그것들을 나누는 방법은 무엇인가요?"

달라이 라마는 말했다.

"예를 들어 미움, 시기, 분노 같은 것은 해롭습니다. 이런 감정들은 우리의 정신적인 행복을 파괴하기 때문에 우리는 그것을 부정적인 마음의 상태로 여깁니다. 당신이 누군가를 향해 나쁜 마음을 먹거나 미움의 감정을 갖는 순간, 당신 자신을 미움과 부정적인 감정으로 가득 채우는 순간, 그때 다른 사람들 역시 당신에게 적대적이 될 것입니다. 그 결과 더 많은 두려움, 더 큰 자기 억압과 망설임, 그리고 불안감이 찾아옵니다. 그것들은 점점 커져가고, 타인에 대한 적대감 때문에 당신은 세상 한가운데 홀로 고립된 느낌이 들 것입니다. 이 모든 부정적인 느낌들은 미움 때문에 생겨납니다. 반면에 친절과 자비 같은 마음은 분명히 매우 긍정적입니다. 그것들은 매우 쓸모가 있고……."

그의 말이 끝나기도 전에 내가 말했다.

"한 가지 궁금한 게 있습니다. 당신은 수천 가지 다른 마음 상태가 있다고 말합니다. 그렇다면 마음이 건강하고 조화로운 사람을 어떻게 정의할 수 있습니까? 그 정의를 참고해서 우리는 어떤 마음 상태를 키우고, 제거해야 할지 알 수 있을 테니까요."

달라이 라마는 웃으며 특유의 겸손한 태도로 말했다.

"정신과 의사인 당신이 마음이 건강한 사람에 대해 더 훌륭한 정의를 내릴 수 있을 텐데요."

"하지만 전 당신의 견해를 듣고 싶습니다."

"글쎄요. 난 자비롭고, 따뜻하고, 친절한 마음을 가진 사람이 건강한 사람이라고 생각합니다. 당신이 자비심과 친절한 마음을 갖고 있다면, 저절로 내면의 문이 열릴 것입니다. 그렇게 되면 당신은 다른 사람들과 훨씬 쉽게 의사 소통을 할 수 있습니다. 마음에 있는 따뜻한 느낌은 당신의 마음을 열어줍니다. 당신은 모든 인간 존재가 당신과 같다는 것을 발견하게 되고, 사람들과 더욱 쉽게 관계를 맺을 수 있습니다. 이런 관계 속에서 당신은 인간애를 더 많이 가질 수가 있습니다. 이제 당신은 사람들에게 숨길 것이 적어지고, 그 결과 두려움과 의심이 자연스럽게 사라집니다. 또한 당신이 이런 마음을 가지면 다른 사람들도 당신을 믿게 됩니다.

그러면 이것과 반대되는 상황을 예로 들어봅시다. 당신이 매우 능력 있는 사람을 발견했다고 합시다. 당신은 그 사람의 능력이 믿을 만하다는 걸 알고 있습니다. 하지만 그가 친절한 사람이 아니라는 걸 눈치챘다면, 당신은 한 걸음 물러서서 생각하지 않을 수 없습니다. 당신은 이렇게 생각할 것입니다. '글쎄, 이 사람이 일은 잘하겠지만 정말 믿을 수 있을까?' 결국 당신은 불안한 마음이 가시지 않아서 그 사람과 거리를 둘 것입니다. 따라서 친절과 자비심 같은 긍정적인 마음을 키우면 분명히 마음도 건강해지고 더 행복해질 수 있다고 난 생각합니다."

달라이 라마의 말을 들으며, 나는 행복을 발견하기 위한 그의 접근법이 호소력이 있다고 생각했다. 매우 실제적이고 이성적인 접근법이었다. 그의 방법은 무엇이 긍정적인 마음인가를 확인해 키워나가고, 부정적인 마음 상태를 가려내서 제거하는 것이었다. 우리가 경험하는 여러 가지 마음 상태를 체계적으로 분석하는 것으로 시작된 그의 이야기는 처음에는 다소 무미건조하게 들렸다. 하지만 나는 점차 그의 차분하고 이성적인 말에서 발산되는 힘에 매혹되었다. 그리고 그가 여러 가지 마음 상태와 감정, 욕망들을 구분하면서 '탐욕은 죄악이다' '미움은 악이다'와 같은 도덕적 판단을 이용하지 않고, 우리를 궁극적으로 행복하게 해주는가 아닌가 하는 단순한 기준으로 그것들을 긍정적인 것으로, 또는 부정적인 것으로 결론내리는 것이 마음에 들었다.

다음 날 오후, 대화를 다시 시작하면서 내가 물었다.

"친절한 마음 같은 긍정적인 마음을 키우는 것으로 행복해질 수 있다면, 왜 그토록 많은 사람들이 불행한 걸까요?"

달라이 라마는 말했다.

"진정으로 행복해지려면 삶을 바라보는 시각과 사고 방식을 바꿔야 하는데, 그것은 그렇게 간단한 문제가 아닙니다. 당신은 행복을 발견하기 위한 오직 한 가지 열쇠와 비결이 있다고 생각해선 안 됩니다. 또한 한 가지만 얻으면 모든 것이 해결된다는 생각도 금물입니다. 행복을 발견하는 것은 몸을 돌보는 일과 비슷합니다. 건강한 몸을 지키려면 다양한 비타민과 영양소가 필요합니다. 한두 가지론 충분하지 않지요.

마찬가지로 행복에 이르려면 여러 가지 복잡한 부정적인 마음을 물리칠 수 있는 접근법들이 필요합니다. 당신이 부정적인 사고방식을 물리치려고 한다면, 단순히 어떤 사상을 받아들이거나 어떤 기법을 한두 번 써보는 것만으론 그 일에 성공할 수 없습니다. 변화에는 시간이 걸립니다. 몸이 변화하는 데도 시간이 걸리듯이.

당신이 만일 기후가 다른 지역으로 이사를 간다면, 몸이 새로운 환경에 적응할 때까지 시간이 필요할 것입니다. 마음을 바꾸는 데도 시간이 걸립니다. 부정적인 마음은 간단치가 않기 때문에, 그것들을 관찰하기란 쉬운 일이 아닙니다. 여러 방법을 반복해서 실천할 필요가 있으며, 그런 수행에 익숙해지려면 시간이 걸립니다. 이것이 바로 배움의 과정입니다.

하지만 시간이 지나면서 당신은 긍정적으로 변화할 수 있습니다. 날마다 잠자리에서 일어나자마자 당신은 진실되게 긍정적인 마음을 떠올릴 수 있습니다. 이를테면 이렇게 생각하는 것입니다. '난 오늘을 긍정적인 마음으로 보낼 것이다. 오늘 하루를 헛되이 낭비해선 안 된다.' 그리고 그날 밤 잠자리에 들기 전에 하루를 되돌아보며 스스로에게 묻는 것입니다. '오늘 하루를 내가 마음먹은 대로 보냈는가?' 만일 긍정적인 대답을 할 수 있다면, 당신은 매우 기쁠 것입니다. 하지만 뭔가 잘못이 있었다면, 당신은 그날 자신이 한 일을 반성해야 할 것입니다. 따라서 이와 같은 방법을 통해 당신은 차츰 긍정적인 마음을 키울 수가 있습니다.

내 경우를 예로 든다면, 불교 승려인 나는 불교를 믿을 뿐만 아니라 스스로의 경험을 통해서도 불교의 수행이 내게 큰 도움이 된다고 여기고 있습니다. 하지만 수많은 전생을 살면서 얻은 습관 때문에 분노와 집착 같은 감정이 생기기도 합니다. 난 그와 같은 감정이 생길 때마다 이렇게 대처하곤 합니다. 먼저 열심히 수행할 것을 굳게 결심하고 그 결심을 실천에 옮기려고 노력합니다. 처음엔 수행이 매우 힘들고, 따라서 부정적인 영향력이 강하게 남아 있겠지요. 하지만 수행이 오랫동안 계속되면, 마침내 부정적인 행동들은 저절로 줄어듭니다.

실제로 다르마(진리)*의 실천이란 내면에서 끊임없이 전투를 벌

*다르마라는 말은 많은 뜻을 갖고 있지만, 영어에는 정확히 일치하는 단어가 없다. 이 말은 붓다의 가르침과 교리를 일컫는 것으로 자주 쓰인다. 이따금 불교도들은 이 단어를 넓은 의미로 사용한다. 일반적인 영적 수행이나 종교적인 수행, 보편적인 영적인 법칙, 또는 현상계 배후에서 작용하는 진정한 법칙의 의미로도 사용한다.

또한 불교에선 신앙 생활에서 따라야 할 원칙과 수행을 특별히 '붓다 다르마(불법)'라고 부르기도 한다. 산스크리트어인 '다르마'는 '붙잡다'라는 뜻의 어원을 갖는다. 다시 말해 사람의 행동을 자제시키거나, 고통의 원인을 없애 고통을 겪지 않게 하는 모든 행동이나 분별력을 뜻한다.

이는 것입니다. 과거에 있던 부정적인 상태나 습관을 긍정적인 새로운 상태로 바꾸는 것이기요."

그는 계속해서 말했다.

"어떤 행동이나 수행이든 꾸준히 계속하면 쉬워지게 마련입니다. 수행을 통해 우리는 바뀔 수 있습니다. 우리 스스로를 바꿀 수 있습니다. 불교 수행에는 마음이 흔들릴 때 평온을 유지하는 여러 가지 방법이 있습니다. 그 방법들을 반복해서 실천함으로써 우리는 마음의 동요가 일어나더라도 부정적인 영향이 마음의 표면에만 미치게 할 수 있습니다. 그것은 마치 파도가 바다의 표면에만 일어날 뿐 깊은 곳에는 크게 영향을 주지 않는 것과 같습니다.

작은 경험에 불과할지라도, 나는 수행을 통해 마음의 평화를 유지할 수 있음을 발견했습니다. 따라서 내가 어떤 참담한 소식을 듣는다면, 그 순간엔 마음이 약간 흔들리겠지만, 그런 마음은 순식간에 사라질 것입니다. 짜증이 나고 화가 치밀어오를 때도 있지만, 그런 감정 역시 순식간에 사라집니다. 내 마음 깊은 곳에는 어떤 영향도 미치지 못합니다. 그곳엔 어떤 미움도 없습니다. 나는 꾸준한 수행을 통해 그런 마음에 이를 수 있었습니다. 그것은 하룻밤 사이에 일어난 일이 아닙니다."

달라이 라마의 말은 틀림없는 사실이다. 그는 불과 네 살밖에 안 된 어린 시절부터 열심히 수행을 쌓았기 때문이다.

마음의 수행이란 긍정적인 생각들을 신중하게 가려내고, 부정적인 생각들을 물리치는 일이다. 또한 이 과정을 통해 진정한 내면의 변화를 일으키고 행복을 이루는 것이다. 이런 마음의 수행이 가능한 것은 바로 우리 뇌의 구조와 기능 때문일 것이다. 우리는 유전적으로 본능적인 행동 양식이 배선처럼 깔려 있는 뇌를 갖고 태어난다. 다시 말해 살아남을 수 있도록 주변 환경에 정신적, 감정적, 육체적으로 적응하는 능력을 갖고 태어나는 것이다. 이런 기본 명령들이 우리가 날 때부터 갖고 태어난 수많은 신경 세포속에 부호처럼 새겨져 있다. 또한 어떤 사건과 경험에 반응해 열을 내는 뇌세포의 특별한 결합 속에도 그 명령들이 들어 있다.

하지만 우리 뇌의 배선은 정지해 있거나 고정되어 있어서 절대로 달라질 수 없는 것이 아니다. 우리의 뇌는 적응력을 갖고 있다. 신경 과학자들은 뇌가 새로운 정보가 들어오면 그것에 반응해 새로운 행동 양식을 설계하고, 새로운 신경 세포와 신경 전달 장치의 결합을 만들어낼 수 있음을 입증했다(신경 전달 장치란 신경 세포 사이에 메시지를 전달하는 화학 물질을 말한다). 사실 우리의 뇌는 놀라운 적응력이 있어서 계속 변화하고, 새로운 생각과 경험에 따라 자신의 배선을 바꾼다. 새로운 정보를 학습하면 신경의 역할에 변화가 생기고, 이렇게 변화된 신경은 전기 신호를 더욱 쉽게 전달한다. 과학자들은 뇌가 선천적으로 갖고 있는 이 변화의 능력을 적응성이라고 부른다.

이렇게 뇌가 배선을 변화시켜 새로운 신경 연결망을 만드는 능력은 한 실험으로 증명되었다. 국립 정신 건강 연구소의 에이비 카르니 박사와 레슬리 언더라이더 박사가 바로 그 실험을 했다. 이들은 실험 대상자에게 손가락으로 톡톡 두드리는 단순한 동작을 반복하게 했다. 그리고 MRI 검사로 뇌의 어느 부분에서 그 일을 처리하는지 확인했다. 실험 대상자가 4주 동안 매일 그렇게 손가락 운동을 하자, 날이 갈수록 동작이 민첩하고 빨라졌다. 4주가 지난 뒤 다시 뇌 검사를 하자, 그 일을 처리하는 뇌의 부분이 확대된 것을 볼 수 있었다. 이 실험은 한 가지 동작을 규칙적으로 반복하면 새로운 신경 세포가 보충되고, 처음 그 일에 관계했던 신경 연결망이 달라진다는 것을 보여주었다.

인간 뇌의 이 주목할 만한 특징은 우리 마음이 변화할 수 있다는 주장을 신경학적으로 뒷받침해준다. 생각을 통해 새로운 사고 방식을 연습하면, 우리는 신경 세포를 재구성할 수 있고 뇌가 움직이는 방식을 바꿀 수 있다. 새로운 학습 과정을 통해 마음의 부정적인 상태를 긍정적인 상태로 변화시킬 수 있는 것이다. 따라서 마음의 수행을 통해 행복에 이를 수 있다는 주장은 실현 가능성이 매우 높은 것이다.

다음 만남에서 마음의 수행에 대해 말하면서 달라이 라마는 말했다.

"붓다와 같은 위대한 영적 스승들은 건강한 행동을 하고, 건강하지 못한 행동에 빠지지 말라고 우리에게 충고합니다. 우리의 행동이 건강한가 건강치 못한가는 그것이 수행을 한 마음에서 나온 행동인가 아닌가에 달려 있습니다. 수행을 한 마음은 사람을 행복으로 인도하고, 수행이 안 된 마음은 고통으로 인도합니다. 사실 마음의 수행이 붓다의 가르침의 핵심이라고 말할 수 있습니다.

내가 말하는 수행이란 자발적인 것이지, 누군가의 강요에 의해 억지로 하는 것이 아닙니다. 또한 그 수행은 자신의 부정적인 성향을 바꾸기 위한 것입니다. 갱들도 성공적인 강도짓을 위해 훈련이 필요하겠지만, 그런 훈련은 쓸모없는 것입니다."

달라이 라마는 잠시 말을 멈췄다. 차분하게 생각을 정리하는 듯했다. 아니면 자신의 생각에 맞는 적당한 영어 단어가 있는지 찾고 있는 것도 같았다. 어느 쪽인지는 알 수 없었다. 하지만 그날 오후 그가 잠시 숨을 돌리고 있는 사이에 우리가 나눈 대화를 떠올리자, 진정한 행복과 영적인 성장, 내면의 완전한 변화라는 고상한 목표와 비교할 때 배움과 수행의 중요성을 강조하는 그의 얘기가 다소 진부하다는 생각이 들었다. 행복이란 좀더 자연스런 과정이 되어야 할 것만 같았다.

나는 이 문제에 대해 불쑥 말을 꺼냈다.

"당신은 부정적인 감정과 행동은 건강하지 못하고, 긍정적인 행동은 건강하다고 말합니다. 또한 수행이 안 된 마음은 일반적으로 부정적이거나 건강치 못한 행동을 일으키며, 따라서 긍정적인 행동을 하기 위해선 스스로 배우고 수행을 해야 한다고 말합니다. 여기까진 저도 납득할 수 있습니다. 하지만 저를 괴롭히는 문제가 한 가지 있군요. 그것은 부정적이고 건강치 못한 행동이 우리를 고통으로 인도한다는 당신의 말과 관계가 있습니다. 당신은 건강한 행동은 행복으로 인도하는 행동이라고 말합니다. 또한 모든 존재는 자연히 고통을 피하고 행복해지기를 원한다는 기본적인 가정을 하고 있습니다. 다시 말해 이런 바램은 타고난 것이어서 배울 필요가 없다는 것이죠.

그렇다면 이런 문제를 생각할 수 있습니다. 고통을 피하고 싶은 것이 자연스러운 일이라면, 왜 우린 성장하면서 부정적이고 건강치 못한 행동을 자연스럽게 물리치지 못하는 걸까요? 그리고 행복해지기를 바라는 것이 자연스런 일이라면, 어째서 우린 삶을 살아가면서 자연스럽게 건강한 행동에 이끌려 행복해지지 못하는 걸까요? 전 당신에게 묻고 싶습니다. 건강한 행동이 자연스럽게 우리를 행복으로 인도하며 또한 우리가 행복을 원한다면, 왜 이런 일이 자연스런 과정 속에서 일어나지 않는 걸까요? 왜 우린 그런 일이 일어나게 하기 위해 그토록 많은 교육과 수행을 거쳐야만 할까요?"

달라이 라마는 고개를 저으며 말했다.

"전통적인 시각으로 보더라도 교육은 성공적이고 행복한 삶을 보장해주는 매우 중요한 요소입니다. 그리고 지식은 저절로 얻어지는 것이 아닙니다. 우리는 훈련을 받아야 합니다. 체계적인 훈련 프로그램을 거쳐야 합니다. 우린 대개 전통적인 학교 교육을 받는 것을 아주 힘들다고 생각합니다. 그렇지 않다면 왜 학생들이 방학을 그토록 애타게 기다리겠습니까? 하지만 우리는 그 교육이 행복하고 성공적인 삶을 위해 더할 나위 없이 중요하다고 알고 있습니다.

마찬가지로 우리는 자연스럽게 건강한 행동을 할 수 없기 때문에, 그렇게 하기 위해 의식적으로 수련을 해야만 합니다. 현대 사회에서 이것은 더욱 두드러진 사실입니다. 과거에는 건강한 행동과 건강치 못한 행동의 문제, 다시 말해 무엇을 하고 무엇을 하지 말아야 하는가에 대한 문제를 종교가 담당했습니다. 어떤 행동이 건강하고 건강치 못한가를 구분하는 일은 종교가 책임질 문제였습니다. 하지만 현대 사회에서 종교는 어느 정도 위엄과 영향력을 잃어버렸습니다. 그렇다고 종교의 공백을 메워줄 세속적인 윤리가 나타나지도 않았습니다. 그 결과 사람들은 건강한 생활을 해야할 필요성을 전보다 적게 느끼고 있습니다. 바로 이런 상황 때문에 건강한 행동에 필요한 지혜를 얻기 위해 의식적으로 노력해야하는 것입니다.

난 개인적으로 인간의 본성이 평화롭고 자비롭다고 믿지만, 그것으로 충분한 건 아니라고 생각합니다. 바꿔 말해 우리는 인간의그러한 면이 소중하다는 것을 분명하게 깨달아야 합니다. 배움과이해를 통해 긍정적인 사고 방식을 갖는 것은 다른 사람을 대하고일상 생활을 해나가는 데 실제로 큰 영향을 줄 수 있습니다."

나는 악마의 대변자가 되어 계속 반론을 폈다.

"여전히 당신은 전통적인 학교 교육과 훈련을 비유로 들어 말하고 있습니다. 그것은 물론 일리 있는 말입니다. 하지만 행복으로인도하는 것은 건강하고 긍정적인 행동이고 다른 행동은 고통으로 인도한다고 한다면, 그런 행동을 구별하는 데 왜 그렇게 많은지식이 필요하며, 긍정적인 행동을 실천하고 부정적인 행동을 거부하는 데 왜 그토록 많은 수련을 거쳐야 하는 걸까요?

당신이 손을 불 속에 넣으면 화상을 입을 것입니다. 당신은 얼른 손을 빼면서 그런 행동이 고통을 준다는 걸 알게 됩니다. 이처럼 불 속에 손을 넣지 말아야 한다는 사실을 깨닫기 위해 열심히배우거나 수행을 거칠 필요는 없습니다. 우리에게 고통을 주는 모든 행동과 감정을 불처럼 생각할 순 없을까요? 당신은 분노와 미움이 분명히 부정적인 감정이고, 궁극적으로 고통을 가져온다고말합니다. 하지만 왜 그런 감정을 없애기 위해 분노와 미움의 해로운 영향에 대해 교육을 받아야만 하죠? 분노는 처음부터 불편한 감정 상태를 일으키게 되어 있고, 그 불편함을 직접 느끼긴 너무나 쉽습니다. 그런데 왜 사람들은 그 다음부터 자연스럽게 그것을 피하지 않을까요?"

달라이 라마는 열심히 내 말에 귀를 기울이고서, 내 순진한 질문에 약간 놀랐는지 아니면 재미가 있었는지 지적으로 보이는 눈을 약간 크게 치켜떴다. 이윽고 그는 호탕하게 웃으며 따뜻한 목소리로 말했다.

"인간에게 궁극적인 자유를 주는 지식에 대해 말할 때, 우리는 여러 단계의 지식이 있음을 이해해야 합니다. 예를 들어 석기 시대의 인간은 고기를 요리해 먹는 법을 몰랐지만, 그것을 먹고 싶은 생리적인 욕구는 있었기 때문에 야생 동물처럼 고기를 날로 먹었습니다. 인간은 진보를 거듭하면서, 요리를 하고 음식에 양념을 넣는 법을 배워 다양한 음식을 만들어 먹을 수 있었습니다. 그리고 현재도 특별한 병에 걸려 고통받을 때면, 우리는 어떤 음식은 좋지 않다는 지금까지 배운 지식을 통해 그것이 먹고 싶더라도 참습니다. 따라서 우리의 지식이 더욱 세밀할수록, 더욱 효과적으로 자연 환경에 대처할 수 있습니다.

당신은 또한 자기 행동이 가져올 결과를 판단하고, 비교하는 능력을 가져야 합니다. 분노를 이기는 것을 생각해봅시다. 동물들도 분노를 느끼지만, 그들은 분노가 파괴적이라는 것을 이해할 수 없습니다. 하지만 인간의 경우엔 동물과는 수준이 달라서 분노가 일어나면 그것이 자신을 해친다는 것을 깨닫는 자의식이 있습니다. 그러므로 당신은 분노가 파괴적이라고 판단할 수 있습니다. 당신은 그런 추론을 할 수 있어야 합니다. 따라서 그것은 손을 불에 넣고 화상을 입고 나서 다신 그렇게 하지 말아야지 하고 생각하는 것처럼 간단한 일이 아닙니다. 자신을 행복으로 인도하는 것과 고통을 일으키는 것에 대해 더욱 높은 차원의 가르침을 받아 지혜가 커질수록, 더욱 큰 행복에 이를 수 있습니다. 바로 이런 이유 때문에 내가 가르침과 지혜가 매우 중요하다고 말하는 것입니다."

내면의 변화를 위해서는 가르침이 꼭 필요하다는 자신의 생각에 내가 계속 반대하고 있다고 느꼈는지, 달라이 라마는 다시 말했다.

"현재 우리 사회가 안고 있는 한 가지 문제는 교육에 대한 우리의 태도입니다. 즉 사람들이 교육만 받으면 똑똑하고 영리해지는 것처럼 생각하는 것이지요. 때로는 고등 교육을 못 받아 지식이 부족한 사람이 더 순수하고 정직한 것 같습니다. 우리 사회가 강조하고 있진 않지만, 지혜와 배움은 건강한 행동을 하고 마음을 닦는 일의 중요성을 깨우쳐줄 때 정말로 필요한 것입니다. 지성과 지혜를 적절히 이용하면, 우리는 내면의 변화를 통해 선한 마음을 가질 수가 있습니다."

4

인간이란 무엇인가

타인들도 나와 똑같이 고통받고 있고, 똑같이 행복을 원하고 있다.
이러한 사실을 이해하는 것이 진정한 인간 관계의 시작이다.

"인간은 행복을 추구하는 존재입니다. 그리고 사랑, 애정, 친밀감, 자비심이 행복을 가져다준다는 것은 분명합니다. 난 우리들 각자가 행복해질 수 있는 기본 능력을 갖고 있으며, 행복을 가져다주는 따뜻한 마음과 자비심을 키울 수 있다고 믿습니다."

달라이 라마는 계속해서 말했다.

"내가 가진 근본적인 믿음 중 하나는 우리에겐 원래 자비를 베풀 수 있는 타고난 능력이 있으며, 인간의 성격은 기본적으로 평화롭다는 것입니다."

내가 물었다.

"어떤 근거에서 그런 믿음을 갖고 계시죠?"

"불성에 대한 불교의 교리를 보면 모든 생명 가진 존재의 근본 성격이 평화롭고 공격적이지 않다는 것을 알 수 있습니다."

불교에서 '불성'은 마음의 근본을 이루는 본성을 말한다. 모든 인간 존재 속에 있는 이 마음의 근본 자리는 부정적인 감정이나 생각에 조금도 물들지 않은 순수한 존재 상태다.

"불성에 대한 불교의 교리에 의지하지 않더라도 우리는 그 생각을 받아들일 수 있습니다. 인간의 사랑이나 자비심에 관한 이야기가 오로지 종교적인 문제만은 아니라고 난 생각합니다. 그것은 인간의 일상 생활 속에서 피할 수 없는 부분입니다.

먼저 어린 시절부터 죽음을 맞이할 때까지 우리가 살아가는 모습을 살펴보면, 타인의 사랑 때문에 우리가 성장한다는 것을 알수 있습니다. 세상에 태어나서 우리가 처음으로 하는 행동은 엄마의 젖을 먹는 일입니다. 이것은 사랑과 자비심에서 우러난 행동입니다. 이런 행동이 없다면 우린 생존할 수가 없습니다. 이것은 너무나도 분명한 사실입니다. 아기와 엄마 사이의 사랑이 없다면 이런 행동은 일어날 수 없습니다. 아기 입장에서 보면, 젖을 주는 사람에 대한 애정이나 친밀감을 느끼지 않는다면 아마 젖을 빨지 않을 것입니다. 엄마 또한 아기에게 사랑이 없다면 젖이 나오지 않을 것입니다. 이것이 인간이 사는 방식이자 삶의 진실입니다.

이렇게 우리의 신체 구조는 사랑과 자비의 느낌에 더 끌리도록 되어 있습니다. 우리는 평화롭고, 다정하고, 밝은 마음이 건강에 얼마나 좋은 영향을 미치는지 알 수 있습니다. 반대로 좌절과 두려움, 불안과 분노의 느낌은 건강을 해칠 수 있습니다.

우리는 또 사랑의 감정이 정신 건강에 좋다는 것을 알 수 있습니다. 이것을 이해하려면 다른 사람들이 우리에게 따뜻한 애정을 보여줄 때 우리가 어떤 느낌을 받는지 생각해보면 됩니다. 아니면 우리가 갖고 있는 따뜻한 느낌이나 태도가 사연스럽게 사신의 내면에 어떤 영향을 미치는지 관찰해보면 됩니다. 따라서 인간은 기본적으로 평화로운 본성을 가졌다고 난 믿습니다. 이것이 사실이라면, 우리 존재가 기본적으로 갖고 있는 평화로운 성격에 맞게 살려고 하는 것이 더 이치에 맞는 일입니다."

내가 물었다.

"우리가 근본적으로 친절하고 자비로운 성격을 갖고 있다면, 당신은 우리 주변에서 일어나는 온갖 갈등과 공격적인 행동들을 어떻게 설명할 수 있습니까?"

달라이 라마는 진지한 표정으로 고개를 끄덕이고 나서 말했다.

"물론 우리는 갈등과 긴장이 존재한다는 것을 무시할 수 없습니다. 그것은 개인의 마음뿐 아니라 가족 안에도 있습니다. 사회, 국가 그리고 전 지구적 차원에서도 갈등과 긴장이 일어나고 있습니다. 이런 모습을 보면서 어떤 이들은 인간의 본성이 기본적으로 공격적이라는 결론을 내립니다. 그들은 인간의 역사를 가리키며, 다른 동물과 비교할 때 인간의 행동이 훨씬 공격적이라고 주장합니다. 또 그들은 이렇게 주장합니다. '맞다. 우리 마음의 일부에는 자비심이 있다. 하지만 분노 또한 우리 마음의 일부를 차지하고 있다. 이런 감정도 우리의 성격의 똑같은 일부다. 두 가지 성격이 거의 똑같은 비중을 차지하고 있다.' 그럼에도 불구하고……."

그는 긴장을 늦추지 않는 단호한 표정을 하고서, 의자에 앉은 채로 몸을 앞으로 기울이며 말했다.

"그럼에도 불구하고 인간의 본성이 근본적으로 자비롭고 평화롭다는 내 신념엔 변함이 없습니다. 인간은 그 성격을 더 많이 갖고 있습니다. 분노와 공격적인 마음도 분명히 생길 수 있지만, 그것은 이차적이거나 보다 표면적인 수준에 머물러 있습니다. 어떤 의미에서 그런 마음은 우리가 사랑과 애정을 가지려고 노력했지만 실패했을 때 일어납니다. 그것은 우리 마음의 근본 바탕을 이루는 본성에는 포함되지 않습니다.

우리는 공격적인 마음을 가질 수 있지만, 그런 마음은 인간의 본성이라기보다는 인간이 지능을 갖고 있기 때문에 생기는 것입니다. 그것은 균형을 잃은 인간의 지능, 지능의 잘못된 사용, 그리고 인간의 상상력 때문입니다. 인간의 진화를 살펴보면서, 난 인간이 육체가 다른 동물들에 비해 아주 약했을 것이라고 생각합니다. 하지만 인간의 지능이 발전한 덕분에, 우리는 다양한 도구를 이용하고 적대적인 환경을 이겨내기 위한 많은 방법을 발견할 수 있었습니다.

인간이 사는 사회와 환경이 점점 복잡해지면서, 환경의 늘어나는 요구에 맞춰 우리의 지능과 인식 능력은 더 큰 역할을 담당해야 했습니다. 따라서 우리 인간은 근본적으로 평화로운 성격을 갖고 있으며, 지능은 나중에 발전한 것이라고 난 믿습니다. 그리고 인간의 이런 능력, 곧 인간의 지능이 자비심에 의해 적당한 균형을 이루지 못하고 불균형하게 된다면 파괴적인 영향을 줄 수가 있습니다. 다시 말해, 재난을 부를 수 있습니다.

하지만 여기서 깨달아야 할 중요한 것이 있습니다. 사람들 사이의 갈등이 지능의 잘못된 사용으로 일어나는 것이라면, 우리는 그 지능을 갈등을 극복하는 수단으로도 사용할 수 있다는 점입니다. 인간의 지능과 선하고 따뜻한 마음을 함께 이용할 때, 모든 인간은 긍정적으로 행동할 것입니다."

달라이 라마는 잠시 말을 멈추고, 손목시계를 들여다보았다. 그리고 나서 이렇게 결론을 내렸다.

"따라서 이 세상에 폭력적인 사건과 좋지 않은 일들이 수없이 벌어진다 할지라도, 우리가 겪는 갈등을 해결하는 방법은 인간의 기본적인 성격인 평화롭고 자비로운 마음으로 돌아가는 것이라고 난 믿습니다."

그는 다시 시계를 보고 다정하게 미소를 지으며 말했다.

"오늘은 여기서 대화를 끝내야 할 것 같군요. 참으로 긴 하루였습니다!"

그는 대화하는 동안 벗어놓았던 신발을 집어들고 방으로 들어갔다.

인간 존재가 근본적으로 자비심을 갖고 있다는 달라이 라마의 생각은 지난 몇 해 동안 서구 사회에서 서서히 설득력을 얻고 있는 듯하다. 물론 반대 의견도 만만치 않다. 인간은 본질적으로 이기적으로 행동하며, 우리 모두는 기본적으로 자신만을 위한다는 생각이 서양인들의 머릿속에 박혀 있다. 또한 인간은 타고나기를 이기적이며, 공격성과 적개심이 인간 본성의 일부라는 생각이 지난 수백년 동안 우리 문화를 지배해 왔다.

물론 역사 속에는 이와 정반대되는 생각을 가진 사람들도 많이 있었다. 1700년대 중반 데이빗 흄은 인간 존재의 타고난 자비심에 대해 많은 글을 썼다. 100년 뒤 찰스 다윈조차도 인간이라는 종이 동정의 본능을 갖고 있다고 생각했다. 하지만 몇 가지 이유로 인간성에 대한 더욱 비관적인 견해가 우리 문화에 뿌리내리기 시작했다. 적어도 17세기 이후로 토마스 홉스 같은 철학자들의 영향 아래 그런 생각이 가지를 뻗고 있었다. 홉스는 인간이라는 종에 대해 매우 어두운 생각을 갖고 있었다. 인간이라는 종족은.폭력적이고 경쟁심이 강해서 끊임없이 싸움을 벌이며, 오직 자신의 이익에만 관심이 있다고 그는 생각했다. 홉스는 인간이 기본적으로 친절하다는 생각에 콧방귀를 뀌는 것으로 유명했다. 그런데 한번은 그가 길거리의 거지에게 돈을 주는 모습이 목격되었다. 어떻게 거지에게 관대한 마음을 갖게 됐느냐는 질문에 그는 말했다.

"난 거지를 도우려고 돈을 준 게 아니오. 단지 인간의 빈곤을 보며 고통을 느끼는 내 마음을 편하게 하려고 그렇게 한 것뿐이오."

20세기 초 스페인 출신의 철학자 조지 산타야나도 비슷한 말을 했다. 그는 자신의 책에 이렇게 썼다.

"인간이 자비와 친절을 베풀고 싶은 충동을 느낄 순 있지만, 그것은 인간의 성격 중에서 가장 약하고 순간적이며 불안정하다. 그 밑을 조금만 더 파보면 대단히 이기적인 인간성이 뿌리 깊이 박혀 있는 것을 발견할 수 있을 것이다."

불행히도 서양의 과학과 심리학은 그런 생각에 사로잡혀, 이기적인 시각을 인정할 뿐 아니라 부추기기까지 한다. 현대의 과학적인 심리학이 처음 출발할 때, 이 학문의 기초를 이루는 하나의 가정이 있었다. 그것은 모든 인간의 동기는 궁극적으로 이기적이며 순전히 자신의 이익만을 추구하고 있다는 것이었다.

인간이 본질적으로 이기적이라는 가정을 받아들인 이후 지난 수백 년 동안 많은 유명한 과학자들이 인간의 본질적인 공격 성향에 대한 믿음을 뒷받침해주었다. 프로이드는 주장했다.

"인간의 공격 성향은 원초적이며, 본래부터 존재하는 본능적인 성격이다."

20세기 후반 로버트 아드리와 콘라드 로렌즈라는 두 작가는 약탈적인 행동을 하는 동물을 조사한 뒤 다음과 같은 결론을 내렸다. 인간 또한 기본적으로 약탈자이며, 영토를 차지하려는 본능 때문에 싸움을 벌인다는 것이었다.

하지만 최근에 이처럼 인간성을 비관적으로 보는 시각에 반대하는 사람들이 늘어나면서, 인간이 평화롭고 자비로운 본성을 갖고 있다는 달라이 라마의 시각에 가까이 다가서고 있다. 지난 2, 30년 동안 말 그대로 수백 번이 넘게 행해진 과학적 연구는 다음과 같은 사실을 말해주고 있다. 인간은 처음부터 공격 성향을 타고난 것이 아니며, 폭력적인 행동은 생물학적, 사회적, 환경적 요소에 영향을 받는다는 것이다. 1986년 발표된 폭력에 관한 세비유 선언이 최근의 연구 가운데 가장 분명하게 인간의 본성에 대해 밝히고 있다. 이 선언은 전세계의 최고 과학자 20명이 작성하고 서명한 것이다. 세비유 선언에서 과학자들은 인간이 폭력적인 행동을 한다는 것을 인정했다. 하지만 그렇다고 해서 인간이 전쟁을 일으키고 폭력적으로 행동하는 성향을 타고났다고 말하는 것은 과학적으로 올바르지 않다고 주장했다. 또한 그런 행동은 유전적으로 전해지는 본성이 아니라고 그들은 선언했다. 그들은 인간이 폭력적인 행동을 하게 되는 신경 기관을 갖고 있긴 하지만, 그런 행동은 저절로 일어나지는 않는다고 말했다.

우리의 신경 생리 기관에는 우리에게 폭력적인 행동을 강요하는 요소는 없다. 현재 인간의 근본적인 성격을 연구하는 대부분의 연구가들은 기본적으로 인간은 온건하고 친절하지만, 폭력적이고 공격적인 사람으로 변할 잠재력을 갖고 있다고 생각한다. 어느 충동이 더욱 강하게 나타나는가는 대체로 훈련의 문제라는 것이다.

현대의 연구가들은 인간이 공격성을 타고났다는 주장을 반박할 뿐 아니라, 인간이 선천적으로 이기적이라는 생각도 받아들이지 않는다. 아리조나 주립 대학의 C. 다니엘 벳슨과 낸시 아이젠버그 같은 연구가들은 지난 수년 동안 인간의 이타적인 성향을 입증하는 많은 연구를 했다. 린다 윌슨 같은 사회학자를 비롯한 몇몇 과학자들은 왜 인간이 이타적으로 행동하는가를 밝히려고 했다. 윌슨 박사는 우리가 기본적인 생존 본능 때문에 이타적으로 행동할 수 있다는 이론을 제시했다. 이 이론은 인간이 생존 본능 때문에 적대감과 공격성을 갖는다고 주장한 초기 사상가들의 생각과는 정반대되는 것이었다. 백여 차례에 이르는 자연 재해를 검토한 결과, 윌슨 박사는 재난의 희생자들 속에서 강한 이타주의적인 성향을 발견할 수 있었다. 마치 그것이 재난에서 회복되는 하나의 과정처럼 보였다. 그녀는 사람들이 서로를 위해 행동함으로써, 나중에 정신적 충격 때문에 생길 수 있는 심리적 문제에서 쉽게 벗어날 수 있음을 발견했다.

다른 사람들에게 가까이 다가가고, 자신뿐 아니라 타인의 행복을 위해 행동하려는 것은 인간의 본성에 깊이 뿌리내린 성향인지도 모른다. 또는 오래전부터 서로 힘을 합쳐 집단적으로 행동한 사람들이 살아남는 확률이 높아지면서 생긴 성향일 수도 있다. 이처럼 사회적으로 친밀한 관계를 가질 필요성은 오늘날에도 여전히 존재한다. 게리 쉐비츠 박사는 심장병을 일으키는 요소를 조사하면서, 자신에게만 관심이 있는 사람들이 심장병에 걸리기 쉽다는 사실을 발견했다(그런 사람들은 인터뷰를 하면서 '나는' '나를' '나의' 같은 말을 자주 사용했다). 이들에게 건강에 해로운 다른 행동을 하지 못하게 했을 때도 결과는 마찬가지였다. 과학자들은 사회적으로 친밀한 관계를 맺지 못하는 사람들이 병에 잘 걸리고, 스스로를 불행하게 느끼고, 스트레스도 잘 받는다는 것을 밝혀냈다.

손을 내밀어 타인을 돕는 것은 의사 소통을 원하는 우리의 본능

만큼 기본적인 건지도 모른다. 언어의 발달 과정을 비유로 이것을 설명할 수 있다. 언어 사용 능력은 자비심과 이타적인 능력처럼 인간이라는 종족이 갖고 있는 위대한 특징 중 하나다. 뇌의 특정 부분이 언어 능력을 키우는 데 이용된다. 우리가 올바른 환경 속에 있다면, 즉 말을 할 수 있는 사회 속에 있다면, 이 사려 깊은 뇌의 일부분이 발달하기 시작하면서 우리의 언어 능력 또한 커진다.

마찬가지로 모든 인간은 내면에 자비심의 씨앗을 품고 있을 것이다. 적절한 환경에 있다면 그 씨앗은 싹을 틔우고 자라날 것이다. 집이나 사회의 전체적인 환경이 좋고, 아울러 우리가 열심히 노력한다면 말이다. 연구 결과 과학자들은 어린아이에게 좋은 환경 몇 가지를 말하고 있다. 아이의 부모가 자신의 감정을 조절할 수 있고, 타인을 돌보는 모습을 몸으로 보여주며, 아이의 행동을 적절히 제한하고, 아이가 자신의 행동에 책임을 지도록 이끌어줄 때 좋은 환경이 만들어진다는 것이다. 또한 아이가 타인의 감정 상태에 관심을 갖고, 자신의 행동이 타인에게 미칠 영향에 대해 생각하도록 이성적으로 인도해주는 것도 중요하다는 것이다.

인간 본성에 대한 과거의 가정을 수정한다면, 다시 말해 인간이 타인을 적대시하지 않고 서로 돕는 본성을 갖고 있다고 믿는다면 새로운 가능성이 열릴 수 있다. 모든 인간 행동이 이기심에서 비롯된다고 본다면, 갓난아기가 이 주장을 뒷받침하는 완벽한 증거일 것이다. 세상에 나올 때 아기의 마음속에는 오직 한 가지만 담겨 있는 것처럼 보인다. 그것은 자기 욕구를 만족시키는 일이다. 자기 배를 채우고 편히 있고 싶은 욕망이 그것이다.

하지만 인간이 기본적으로 이기적이라는 가정을 버리면, 우리는 완전히 새로운 그림을 그릴 수가 있다. 생각만 바꾼다면 우리는 '아기가 다른 사람들에게 기쁨을 주며, 또 그렇게 할 수 있는 능력을 갖고서 태어난다'고 쉽게 말할 수 있을 것이다. 실제로 건강한 아기를 관찰해보면, 인간 존재가 본래 평화로운 성격을 갖고 있음을 부인하기 어렵다.

인간을 긍정적으로 보는 시각을 갖는다면, 우리는 아이가 자신을 돌보는 사람에게 기쁨을 주는 능력을 갖고 태어난다는 사실을 충분히 증명할 수 있다. 신생아의 후각은 성인에 비해 5퍼센트밖에 발달해 있지 않고 미각도 조금만 발달해 있다. 하지만 신생아의 감각은 젖의 냄새와 맛에 대해선 기막히게 반응한다. 젖을 주는 행동은 엄마가 아기에게 단지 영양분만을 주는 것이 아니다. 아기는 가슴에 편히 안긴 모습을 엄마에게 보여줌으로써 태어나면서부터 엄마를 기쁘게 만드는 능력을 갖고 있다고 할 수 있다.

아기는 또한 생리적으로 사람의 얼굴을 알아보고 반응하는 능력을 갖고 있다. 해맑은 얼굴로 자기 얼굴을 바라보며 미소를 짓는 어린아이를 보면서 진정한 기쁨을 느끼지 못하는 사람은 아마 없을 것이다.

어떤 행동 생물학자들은 이것을 하나의 이론으로 만들어 세상에 발표했다. 그 이론에 따르면 아기가 자신을 보살피는 사람에게 미소를 짓거나 그 눈을 직접 바라볼 때, 아이는 자기 마음 깊이 새겨진 생물학적인 청사진을 따라 행동한다는 것이다. 그것은 자신을 돌보는 사람으로부터 평화롭고 다정하고 관심 어린 행동을 끌어내려는 본능이다. 아기를 돌보는 사람도 똑같이 이 본능적인 명령에 복종해 아기를 애정으로 대하게 된다. 인간 존재의 본성에 대해 객관적인 사실을 발견하려고 노력하는 학자들이 더욱 많아지면서, 아기가 먹고 잠자는 것밖에 모르는 이기심 덩어리라고 보는 생각이 차츰 물러가고 있다. 그 대신 아기가 다른 사람에게 기쁨을 주는 선천적 능력을 갖고 세상에 태어난다는 새로운 시각이 자리를 차지하고 있다. 그리고 아이들은 단지 타고난 자비심의 씨앗이 싹이 트고 자라기에 알맞은 환경을 요구할 뿐이라는 것이다.

일단 인간의 본성이 공격적이 아니라 자비롭다는 결론을 내리면, 우리와 우리를 둘러싼 세계와의 관계는 곧바로 달라진다. 사람들이 적대적이고 이기적인 마음을 갖고 있다고 보는 대신 그들이 기본적으로 자비심을 갖고 있다고 생각할 때, 우리는 안심하고 그들을 믿을 수 있고 편한 마음으로 생활할 수 있다. 또한 이런 마음은 우리를 더욱 행복하게 만든다.

일주일 동안 달라이 라마는 아리조나의 사막에 앉아 과학자처럼 정밀하게 인간의 본성을 탐구하고 인간의 마음을 조사했다. 그의 말 속에서 단순한 진실 하나가 밝게 빛나며 우리가 대화를 나눈 모든 것을 설명해주는 듯했다. 그것은 우리 삶의 목적이 행복이라는 것이었다. 비록 간단한 말이지만, 이 말은 우리가 삶의 크고 작은 문제를 해결하는 데 많은 도움을 줄 수 있을 것이다. 우리가 그러한 생각을 갖는다면 해야 할 일은 분명하다. 고통으로 인도하는 것은 물리치고 행복으로 인도하는 것은 받아들이는 것이다. 이것을 날마다 실천한다면 진정으로 행복으로 인도하는 것과 그렇지 않은 것을 구별하고 이해하는 능력이 차츰 커질 것이다.

삶이 너무 복잡해서 답답한 느낌이 들 때는 한 걸음 물러서서 우리의 궁극적인 목적이 무엇인지 떠올려보는 것이 도움이 될 것이다. 자신이 정체되어 있는 듯하고 삶이 혼란스런 느낌이 들 때면 한 시간, 어느 오후, 또는 며칠 시간을 내어 자신에게 진정으로 행복을 가져다줄 수 있는 것들을 생각하고, 그것을 바탕으로 자신에게 중요한 것들의 순서를 정하는 것도 도움이 되리라. 그것을 통해 우리는 삶을 올바른 궤도에 올려놓고, 삶에 대해 새로운 시각을 갖고, 앞으로 어떤 방향으로 가야 할지를 가늠할 수가 있다.

때때로 우리는 삶 전체에 영향을 미칠 아주 중요한 결정을 해야 하는 순간에 부딪친다. 결혼을 하거나 아이를 낳겠다고 마음먹고, 변호사, 화가, 전기 기사가 되기 위해 공부를 시작하겠다고 결심할 때이다. 행복해지겠다는 확고한 결심, 다시 말해 행복으로 인도하는 것들을 발견해 더욱 행복한 삶을 위해 긍정적인 발걸음을 내딛겠다는 결심 또한 그것과 비슷한 결심일 것이다. 행복을 확고한 목표로 정하고, 체계적인 수행으로 행복을 추구하겠다고 의식적으로 결심하는 것은 삶을 근본적으로 바꿔놓을 수 있다.

달라이 라마가 인간을 궁극적인 행복으로 인도하는 요소들에 대해 잘 알고 있는 것은 평생 자신의 마음을 세밀히 관찰하고 인간의 본성을 탐구한 결과다. 그러한 이해를 바탕으로 달라이 라마는 어떤 행동과 생각이 가치 있는 것인가에 대해 분명한 결론에 이르렀다. 그는 자신의 믿음을 다음과 같이 들려주었다. 우리는 달라이 라마의 이 말을 명상의 화두로 삼을 수 있을 것이다.

"이따금 오랜 친구를 만날 때면 얼마나 세월이 빠른지 생각하게 됩니다. 그리고 우리가 시간을 올바로 사용했는지 스스로에게 묻게 됩니다. 시간을 잘 쓰는 것은 매우 중요합니다. 우리가 인간의 몸과 특히 놀라운 뇌를 갖고 있는 동안에는 모든 순간이 값지다고 난 생각합니다. 앞날에 대한 희망 때문에 우리는 하루하루를 더욱 힘차게 살아갑니다. 물론 미래에 대한 어떤 보장도 없지만 말입니다. 내일이 되었을 때, 오늘과 똑같은 시간에 우리가 다시 이곳에 있으리라는 보장은 전혀 없습니다. 하지만 순전히 희망에 의지해서 우리는 자신의 일을 꾸준히 해나가고 있습니다.

따라서 우리는 자신의 시간을 정말로 잘 사용할 필요가 있습니다. 시간을 잘 사용한다는 의미는 이런 것입니다. '할 수만 있다면 다른 사람과 다른 생명 가진 존재들을 도와주라. 만일 그렇게 하지 못한다면 적어도 그들을 해치지는 말라.' 나는 이것이 내 철학의 기초라고 생각합니다.

우리 삶에서 진정으로 가치 있는 것이 무엇이며, 무엇이 우리 삶을 의미 있게 만드는가 깊이 명상합시다. 그 결과에 따라 우리에게 중요한 것들을 순서대로 정해야 합니다. 우리 삶의 목적은 긍정적이어야 합니다. 우리는 문제를 일으키고 다른 사람을 해치기 위해 세상에 태어난 것이 아닙니다. 우리의 삶을 가치 있게 만들기 위해 인간이 가진 선한 성격을 키워야 합니다. 그것은 따뜻하고 친절한 마음, 그리고 자비심 같은 것입니다. 이런 마음을 가질 때, 우리의 삶은 더욱 의미 있고, 평화롭고, 마침내 더 행복해질 수가 있습니다."

5

서로 가까워지는 것에 대해

고립감과 외로움을 극복하고자 한다면 우리의 근본적인 태도가 바뀌어야 한다.
태도를 바꾸기 위한 최고의 방법은 친절한 마음으로 다른 사람을 대하는 일이다.

달라이 라마가 머물고 있는 호텔 방의 거실로 들어가자, 그가 나에게 앉으라고 손짓을 했다. 차를 따르는 동안 그는 황갈색 신발을 벗고 커다란 의자에 편히 몸을 기댔다. 편안한 어조로, 하지만 무엇이든 말할 준비가 되어 있는 듯한 자신에 찬 목소리로 그는 말했다.

"자, 시작할까요?"

그리고 나서 그는 미소를 지은 채 잠시 침묵을 지켰다. 그냥 기다리고 있을 뿐이었다.

그 방에 들어서기 전에 나는 대화를 시작할 시간을 기다리며 호텔 로비에 앉아 있었다. 그러다가 무심코 친구나 애인을 구하는 광고가 펼쳐져 있는 한 신문을 집어들었다. 나는 지면을 빽빽이 채우고 있는 광고를 훑어보았는데, 여러 페이지에 걸쳐 짝을 찾는 광고가 실려 있었다. 사람들은 다른 인간 존재와 연결되기를 간절히 바라고 있었다. 달라이 라마와 대화를 시작하기 위해 자리에 앉으면서도 여전히 그 광고들이 내 머리를 떠나지 않았다. 그래서 나는 갑자기 준비된 질문을 제쳐놓고 이렇게 물었다.

"당신도 외로움을 느낄 때가 있습니까?"

"없습니다."

그는 간단히 대답했다. 내가 미처 예상치 못한 대답이었다. 나는 그가 이런 식으로 대답하리라고 생각했다.

'물론 나도 외로울 때가 있습니다. 모든 인간은 이따금 외로움을 느끼지요……'

그러면 나는 어떻게 외로움에 대처하느냐고 물어볼 작정이었다. 외로움을 전혀 느끼지 않는 사람과 만난다는 건 상상도 할 수 없는 일이었다.

"외로운 적이 없다구요?"

도저히 믿기지 않는다는 듯 내가 다시 물었다.

"없습니다."

"어떻게 전혀 외롭지 않을 수가 있죠?"

달라이 라마는 잠시 생각하더니 이렇게 말했다.

"그 이유 중 하나는 내가 모든 인간 존재를 긍정적으로 바라보기 때문입니다. 난 사람들의 긍정적인 면을 발견하려고 노력합니다. 이런 태도를 가지면 곧바로 그 사람과 가까운 관계에 있는 듯한 감정을 느끼게 됩니다.

내가 어떤 행동을 하면 상대방이 나에 대한 존경심을 잃거나 나를 이상한 사람으로 볼까 봐 불안해하고 두려워하는 마음이 있을 수 있는데, 내게는 그런 마음이 비교적 적은 것도 외롭지 않은 이유 중 하나일 것입니다. 난 그런 두려움과 불안감을 느끼지 않기 때문에 상대방에게 마음을 열 수가 있습니다. 이것이 내가 외로움을 느끼지 않는 가장 큰 이유라고 생각합니다."

그런 태도를 갖기가 얼마나 어려울까 생각하며 내가 물었다.

"다른 사람이 자신을 싫어하거나 판단하는 것에 대해 불안해하거나 두려워하지 않고 편한 마음을 가지려면 어떻게 해야 할까요? 보통 사람이 그런 태도를 갖기 위한 특별한 방법이 있을까요?"

그러자 그가 확신에 찬 목소리로 말했다.

"기본적으로 당신은 먼저 자비심이 가치가 있다는 것을 깨달아야 합니다. 이것이 핵심적인 열쇠입니다. 일단 자비심이 유치하고 감상적인 마음이 아니라는 것을 받아들이고, 자비심이 정말 가치가 있다는 것을 깨닫는 순간, 당신은 곧바로 그런 마음을 키우고 싶은 생각이 들 것입니다. 그리고 일단 당신이 자비심을 가지려는 마음을 강하게 먹으면, 다른 사람에 대한 당신의 태도는 저절로 변합니다. 자비로운 마음을 갖고 다른 사람에게 접근하면 자연히 두려움이 줄어들고, 그 사람에게 마음을 열 수가 있습니다.

자비심을 가지면 타인으로부터 따뜻하고 긍정적인 반응을 얻을 수 있는 관계를 당신이 먼저 만들 수 있습니다. 물론 당신이 그런 태도를 보였음에도 불구하고 상대방이 다정하고 긍정적인 반응을 보이지 않을 수도 있습니다. 그렇다 하더라도 적어도 당신은 열린 마음으로 그 사람에게 다가갔기 때문에 당신은 융통성 있게 그 사람을 대할 수가 있습니다. 이와 같은 열린 마음은 적어도 다른 사람과 의미 있는 대화를 할 수 있는 가능성을 열어줍니다. 하지만 자비로운 마음이 없다면, 다시 말해 배타적이고 화가 나고 냉담한 느낌을 갖고 있다면, 가장 친한 친구가 다가와도 당신은 불편한 생각만 들 것입니다.

대부분의 경우, 사람들은 상대방이 먼저 자신에게 긍정적으로 대해주길 기대합니다. 상대방이 긍정적으로 나올 수 있는 분위기를 자신이 먼저 만들려고 하지 않습니다. 그것은 잘못된 태도입니다. 그런 태도는 문제를 일으키고, 단지 다른 사람들로부터 더욱 큰 고립감을 느끼게 합니다. 따라서 고립감과 외로움을 극복하기를 바란다면 당신의 근본적인 태도가 바뀌어야 합니다. 당신의 태도를 바꾸기 위한 최고의 방법은 자비로운 마음으로 다른 사람을 대하는 일입니다."

자신이 전혀 외롭지 않다는 달라이 라마의 말에 내가 놀란 이유는 우리 사회의 수많은 사람들이 외로움을 느끼고 있기 때문이다. 내가 이렇게 믿는 것은 단지 내 자신이 외로움을 느끼고, 내게서 정신 치료를 받는 환자들에게서 공통적으로 외로움을 발견할 수 있기 때문만이 아니다.

지난 20년 동안 심리학자들은 과학적인 방법으로 외로움에 대해 연구했다. 그 결과 외로움이라는 주제에 대해 많은 조사와 연구가 이루어졌다. 그 연구들 중에 가장 눈에 띄는 것은 실제로 거의 모든 사람들이 과거에 외로움을 느꼈거나, 현재 느끼고 있다고 답했다는 것이다. 많은 이들을 대상으로 한 조사를 보면, 미국 성인의 4분의 1이 조사를 받기 전 2주 동안 적어도 한 번은 극심한 외로움을 느꼈다고 답했다. 우리는 흔히 썰렁한 아파트나 양로원의 초라한 방에서 떨어져 지내는 노인들만이 끊임없이 밀려드는 외로움으로 고통받을 거라고 생각하지만, 조사 결과를 보면 10대나 2,30대의 성인들도 노인들만큼 외로움을 느끼고 있었다.

대다수의 사람들이 외로움을 겪는다는 사실을 확인한 심리 연구가들은 외로움의 원인이 될 수 있는 여러 가지를 조사하기 시작했다. 연구가들은 외로운 사람들이 대개 자신을 표현하는 데 문제를 갖고 있으며, 다른 사람과 대화를 하는 데도 어려움을 겪고 있고, 타인의 이야기를 집중해서 듣지 못한다는 사실을 발견했다.

또한 이들은 대화 중에 상대방의 신호를 받아들여 반응하는 사교적 기술이 모자랐다. 이를테면 언제 고개를 끄덕이고, 적절한 반응을 보이고, 입을 다물어야 하는지를 모르는 것이다. 이 연구는 그런 사교적인 기술을 익히는 것이 외로움을 극복하는 한 가지 방법이 될 수도 있음을 말해준다.

하지만 달라이 라마가 말하는 방법은 사교적인 기술이나 외면적인 행동을 바꾸는 일을 무시하는 것처럼 보였다. 그는 곧바로 사람의 마음으로 들어가는 방법을 좋아했다. 자비심의 가치를 깨닫고 그것을 키우는 일이 그것이다.

처음에 나는 외롭지 않다는 그의 말을 듣고 놀랐지만, 그가 확신을 갖고 말하는 것을 들으면서 그가 결코 외롭지 않다는 사실을 의심하지 않게 되었다. 나는 이런 자신의 말을 뒷받침하는 그의 모습을 종종 목격하곤 했다. 그가 낯선 사람과 처음 만나는 장면을 자주 보았는데, 그때마다 그는 상대방을 매우 긍정적인 태도로 대하곤 했다. 그가 긍정적으로 사람을 대하는 것은 단순한 우연이 아니었고, 그가 원래 다정한 성격을 갖고 있어서도 아니었다. 시간이 지나면서 나는 그 점을 더욱 분명히 알 수 있었다. 나는 그가 자비심의 중요성을 생각하고, 그것에 대해 명상하면서 많은 시간을 보낸다는 것을 알 수 있었다. 또한 그는 매일매일을 풍요롭고 평화로운 마음으로 지내기 위해 자비심을 이용하고, 그런 마음을 더욱 키워 다른 사람들을 긍정적으로 대하려고 했다. 사실 이것은 외로움으로 고통받는 모든 이들이 시도해볼 수 있는 방법이었다.

달라이 라마는 조용히 귀를 기울이고 있는 청중들에게 자비심에 대해 이야기했다.

"모든 존재 안에는 자기 완성을 위한 씨앗이 들어 있습니다. 하지만 우리 마음에 있는 그 씨앗이 싹을 틔우고 자라기 위해선 자비심이 필요합니다……"

그곳에는 1,500명이 넘는 청중이 있었고, 그들 속에는 독실한 불교 신자도 꽤 많았다. 달라이 라마는 '공덕의 밭'(복전福田)에 대한 불교 교리에 대해 말하기 시작했다.

불교에서 공덕은 사람의 마음에 새겨진 긍정적인 흔적으로 설명된다. 다시 말해 공덕은 긍정적인 행동을 한 결과가 '정신으로 연결된 것'이다. 달라이 라마는 '공덕의 밭'이란 사람이 공덕을 쌓을 수 있는 근원이나 토대라고 설명했다. 불교 교리에 따르면, 그것은 사람이 미래에 환생하는 데 유리한 조건을 만들어주는 개인이 가진 공덕의 저장소이다.

불교 교리에는 두 가지 '공덕의 밭'이 있다고 달라이 라마는 설명했다. 하나는 붓다들의 세계와, 또다른 하나는 생명 가진 다른 존재들의 세계이다. 공덕을 쌓는 한 가지 방법은 깨달음의 존재인 붓다들 속에서 존경과 믿음과 신뢰를 이루는 일이다. 또다른 방법은 친절과 관용과 인내심을 갖고 행동하고, 살생, 도둑질, 거짓말 같은 부정적인 행동을 의식적으로 자제하는 것이다. 공덕을 쌓는 두번째 방법에선 붓다들보다는 다른 사람과의 관계가 필요하다. 그렇기 때문에 달라이 라마는 다른 사람들이 우리가 공덕을 쌓는 데 큰 도움이 될 수 있다고 말했다.

다른 사람들이 나의 공덕의 밭이 된다는 달라이 라마의 설명은 아름답고 감상적으로 들렸다. 그것은 많은 상상력을 불러일으켰다. 그의 명쾌한 논리는 말 속에 담긴 굳은 신념과 하나가 되어 그 날 오후 그의 강연에 특별한 힘과 효과를 불어넣었다. 강당 안을 둘러보자 많은 청중들이 진정으로 감동한 표정으로 앉아 있었다.

나는 사실 그들만큼 몰두해 있지는 않았다. 강연에 앞서 그와 나눈 대화를 통해 나는 자비심의 중요성에 대해 기본적으로 이해하고 있었기 때문이다. 하지만 나는 오랫동안 익숙해져온 이성적이고 과학적인 사고에 여전히 큰 영향을 받고 있었고, 이런 내 성향에 비춰볼 때 친절과 자비심에 대한 말은 약간 감상적으로 들렸다. 달라이 라마가 강연을 하는 동안 내 마음은 산만해지기 시작했다. 나는 남몰래 강당 안을 둘러보며 유명 인사들과 내가 잘 아는 사람들의 얼굴을 찾기 시작했다. 강연 전에 식사를 많이 한 탓인지 졸음이 밀려왔다. 나는 꿈과 현실 사이를 오가고 있었다. 그러던 어느 순간, 그의 말이 내 마음을 울리며 들려오기 시작했다.

"며칠 전 나는 행복하고 즐거운 삶을 위해 필요한 요소들을 말씀드렸습니다. 그것은 건강, 물질, 친구 같은 요소들이었습니다. 자세히 살펴보면, 당신은 그 모든 것들이 다른 사람에게 의존해 있음을 발견할 것입니다. 건강을 유지하기 위해 당신은 다른 사람이 만든 약에 의지하고, 다른 사람이 제공하는 건강 관리 프로그램에 참여합니다. 삶을 즐기기 위해 당신이 이용하는 모든 편리한 물건들을 살펴봐도, 그 물건 중에서 다른 사람과 관련되지 않는 것이 거의 없습니다. 잘 생각해보면, 당신은 그 모든 물건들이 많은 사람들이 직접 간접적으로 노력했기 때문에 생겨났다는 걸 알 것입니다. 많은 사람들이 그것을 가능하게 만들었습니다. 행복한 삶을 위한 또 하나의 필수적인 요소가 좋은 친구와 동료를 갖는 것이라고 말할 때, 그것이 다른 생명 가진 존재, 곧 모든 인간과의 관계를 의미한다는 것은 새삼 말할 필요도 없습니다.

다른 사람들의 노력과 협력에 의해서만 이 모든 요소들을 얻을 수 있음을 우리는 알 수 있습니다. 타인은 없어선 안 될 존재들입니다. 따라서 다른 사람들과 관계를 가지면서 서로 다투고 미워하는 어려운 일을 겪을 수도 있지만, 행복한 삶을 살기 위해선 다른 존재들에 대해 다정하고 따뜻한 마음을 가져야만 합니다."

그가 그렇게 말하는 동안 나는 본능적인 거부감을 느꼈다. 나는 늘 친구와 가족을 가치 있게 여기고 그들의 존재를 기쁘게 받아들였지만, 동시에 나 자신이 독립적인 인간이라고 생각해왔다. 나는 자립적인 인간이었다. 사실 나는 나의 그런 면에 대해 자부심을 느끼고 있었다. 나아가 남에게 심하게 의존하는 사람들을 나약하다고 생각하고 남몰래 경멸하곤 했다.

하지만 그날 오후 달라이 라마의 말에 귀를 기울이는 동안 이상한 변화가 일어났다. '다른 사람에 대한 의존'은 내가 좋아하는 이야기가 아니었기 때문에 내 마음은 다시 산만해지기 시작했다. 나는 부심코 셔츠 소매에서 풀려나온 실을 뜯고 있었다. 그런데 어느 순간 달라이 라마의 말이 가슴에 다가오면서 어느새 그의 말에 귀를 기울이고 있었다. 그는 우리가 갖고 있는 물건들을 만드는 일과 관련된 많은 사람들에 대해 말하고 있었다. 나는 내 셔츠를 만드는 데 얼마나 많은 사람들이 관련되어 있을지 생각하기 시작했다. 먼저 면화를 키운 농부를 상상하기 시작했다. 다음으로 밭을 일굴 수 있도록 농부에게 트랙터를 판매한 세일즈맨이 생각났다. 그러자 그 트랙터를 만드는 데 관계한 수백, 수천 명의 사람들과 트랙터의 부품을 이루는 금속을 만들기 위해 광산에서 광석을 캐낸 광부들도 떠올랐다. 트랙터를 설계한 사람들도 있었을 것이다. 물론 면화를 가공한 사람들과 그것을 천으로 짠 사람들, 그 천을 자르고 염색하고 바느질한 사람들도 있었을 것이다. 셔츠를 가게로 운송한 인부와 트럭 운전사들 그리고 셔츠를 나에게 판 점원도 있었을 것이다. 실제로 내 삶의 모든 것이 다른 사람들의 노력의 결실이라는 생각이 들었다.

내가 애착을 갖는 자립적인 존재라는 것은 순전히 환상이었다. 이런 깨달음에 이르면서 모든 존재가 서로 연결되고 의존하고 있다는 심오한 느낌이 내 가슴 가득히 밀려왔다. 내 마음이 누그러지고 있었다. 그 순간 나에게 어떤 일이 일어났지만, 그것이 무엇인지는 알 수 없었다. 그런 느낌은 나를 울고 싶게 만들었다.

우리는 다른 사람을 필요로 하지만 거기엔 역설이 담겨 있다. 우리 문화 속에는 강한 독립심을 찬양하는 분위기가 팽배해 있는 반면에, 동시에 우리는 특별히 사랑하는 한 사람과 가까운 관계를 갖기를 열망한다. 우리는 자신의 외로움을 치유해줄 한 사람을 발견하기 위해 온 힘을 기울이지만, 다른 한편으론 우리가 여전히 독립적이라는 환상을 버리지 않는다. 사실 한 사람과 각별히 친한 관계를 갖는 것도 쉽지 않은데, 달라이 라마는 많은 사람들과 가까이 지내는 능력을 갖고 있다. 또한 그는 가능한 많은 사람들과 가까이 지내라고 권한다. 사실 그의 목표는 모든 사람들과 연결되는 것이다.

어느 날 오후 늦게 그가 머무는 아리조나의 호텔 방에서 그와 대화를 나누면서, 나는 이런 질문을 던졌다.

"어제 오후 강연에서 당신은 다른 사람들의 중요성을 말하면서 그들을 '공덕을 쌓는 밭'으로 표현하셨습니다. 하지만 다른 사람들과의 관계를 살펴보면 우리가 관계를 맺을 수 있는 방식이 너무도 다양하고, 성격이 다른 관계도 많이 있습니다."

그가 말했다.

"맞는 말입니다."

내가 다시 말했다.

"예를 들어 서양에서 매우 가치 있게 여기는 관계가 있습니다. 그것은 두 사람 사이에 깊은 친밀감이 존재하는 관계입니다. 다시 말해 마음 깊은 곳에 있는 느낌과 두려움을 함께 나눌 수 있는 특별한 한 사람을 갖는 것입니다. 사람들은 그런 관계를 갖고 있지 않으면, 자신의 삶에서 무언가 빠진 듯한 느낌을 받습니다. 사실 서양의 심리 치료에선 그런 특별한 관계를 발전시키는 방법을 사람들에게 가르쳐주려고 노력합니다."

달라이 라마는 내 말에 동의하며 말했다.

"그렇습니다. 나 또한 그런 친밀감을 긍정적인 것으로 봅니다. 어떤 사람으로부터 그런 친밀감을 빼앗는다면 문제가 생길 것입니다."

내가 말했다.

"그런데 궁금한 점은…… 당신이 티벳에서 성장할 당시에 사람들은 당신을 왕이나 심지어 신처럼 여겼습니다. 사람들이 당신을 경외하고 심지어 당신 앞에서는 몸둘 바를 모르고 두려워했을 거란 생각이 듭니다. 그런 상황 때문에 다른 사람들과 감정적인 거리감이나 고립감을 느끼진 않았습니까? 또한 당신은 가족들과 떨어져서 어린 시절부터 승려로 키워졌고, 승려가 되면서 결혼도 하지 않았습니다. 이 모든 것들이 다른 사람들로부터 동떨어진 느낌을 갖게 하진 않았나요? 다른 누군가와, 또는 배우자 같은 특별한 한 사람과 개인적으로 깊은 관계를 가질 기회가 없었다고 느끼진 않습니까?"

그는 주저하지 않고 대답했다.

"그렇지 않습니다. 난 내가 사람들과 친밀한 관계를 맺지 못했다곤 결코 생각지 않습니다. 물론 아버지는 오래전에 돌아가셨지만, 난 어머니와 선생님과 개인 교사 그리고 다른 사람들에게 깊은 친밀감을 느꼈습니다. 나의 가장 깊은 속마음과 두려움, 관심을 그 사람들과 함께 나눌 수 있었습니다. 내가 티벳에 있을 때, 나라의 경축일이나 대중적인 행사가 열릴 때면 일정한 의식을 치르고 전례를 지켰지만 항상 그런 건 아니었습니다.

그런 일이 없을 때면 주방에서 한가로이 시간을 보내며 주방 사람들과 매우 가깝게 지냈습니다. 우린 농담을 섞어가면서 잡담을 하고, 서로의 마음에 있는 이야기를 거리낌없이 털어놓을 수 있었습니다. 우리는 어떤 형식도 없고 거리도 두지 않으면서 아주 편안한 관계로 지냈습니다. 따라서 내가 티벳에 있을 때나 망명객이 된 뒤로도 내 마음을 털어놓을 사람들이 없다고 느낀 적은 한 번도 없었습니다. 이렇게 될 수 있었던 큰 이유는 내 성격과 관계가 있겠지요. 난 너무 쉽게 다른 사람들에게 속마음을 털어놓습니다. 한마디로 비밀을 못 지키는 것이지요!"

그는 웃음을 터뜨리며 계속 말했다.

"물론 그런 성격이 때로는 좋지 않을 수도 있습니다. 예를 들어 비밀에 부쳐야 할 일에 대해 캐샤(티벳 망명 정부의 내각)에서 이면 논의를 한다면, 난 바로 그 일을 다른 사람에게 이야기할 것입니다. 하지만 개인적으로 볼 때 마음속을 털어놓는 것은 매우 유익한 점이 있습니다. 이런 성격 덕분에 난 친구들을 더 쉽게 사귈 수 있습니다. 단지 사람들을 알고 피상적인 대화를 나누는 것이 아니라, 나의 깊은 문제와 고통을 함께 나누는 관계를 말하는 것입니다. 좋은 소식을 듣는 경우에도 사정은 마찬가지입니다. 난 곧바로 그 사실을 다른 사람들에게 말합니다. 그래서 난 많은 친구들과 친밀한 관계를 갖고 있다고 자부합니다. 물론 사람들이 '성인 달라이 라마'에게 자신의 고통과 기쁨을 말하는 것을 아주 행복하게 생각하기 때문에 그들과 친밀한 관계를 맺기가 쉬운 점도 있습니다."

그는 자신의 직위를 대수롭지 않게 여기는 것처럼 다시 웃음을 터뜨렸다.

"어쨌든 난 많은 사람들과 속마음을 털어놓을 만큼 친밀한 관계를 맺고 있다고 느낍니다. 과거에 티벳 정부의 정책에 대해 실망하고 불만을 갖거나, 중국의 침략 위험 등을 걱정할 때면 난 내 방으로 가서 방을 청소하는 사람에게 그 일을 털어놓곤 했습니다. 어떻게 보면 티벳 정부의 최고 책임자인 달라이 라마가 나랏일에 대처하면서 청소부와 의논한다는 것이 어처구니없게 보일지도 모릅니다."

그는 다시 한 번 웃음을 터뜨렸다.

"하지만 개인적으로 난 그렇게 하는 것이 매우 도움이 된다고 느낍니다. 왜냐하면 다른 사람이 그 일에 참여하면 내가 가진 문제나 고통에 함께 대처할 수 있기 때문입니다."

인간 관계를 연구하는 사람들은 친밀한 관계가 우리 존재에 중요한 역할을 한다는 데 동의한다. 영향력 있는 영국의 심리 분석가 존 보울비는 자신의 책에다 다음과 같이 썼다.

"다른 존재에 대한 애정을 중심으로 인간의 삶은 돌아간다. 애정으로부터 인간은 에너지와 삶의 기쁨을 얻으며, 또한 다른 사람에게 친밀하게 다가가는 것을 통해 그 사람에게 힘과 기쁨을 준다. 이 점에 있어선 현대 과학과 전통적인 지혜가 일치한다."

친밀감이 육체와 정신을 건강하게 해주는 것은 분명하다. 친밀한 관계가 건강에 미치는 영향을 조사하면서 의학 분야의 연구가들이 발견한 것이 있다. 자신을 인정해주고 공감과 애정을 느낄 수 있는 가까운 친구나 동료가 있는 사람들이 심장마비에 걸리거나 대수술을 받는 어려운 상황에서도 살아날 확률이 높으며, 암이나 호흡기 질환 같은 병에도 덜 걸린다는 것이다. 듀크 대학 메디컬 센터는 천 명이 넘는 심장병 환자를 연구한 끝에 배우자나 친한 친구가 없는 사람들이 결혼을 하거나 가까운 친구가 있는 사람보다 심장병에 걸린 후 5년 안에 죽을 확률이 세 배나 높다는 사실을 발견했다.

캘리포니아 주의 알라메다 카운티에 사는 수천 명의 주민들을 대상으로 9년이 넘게 조사한 또다른 연구를 보면, 사회에서 원만한 대인 관계를 맺고 있는 사람들이 그렇지 못한 사람들보다 전체적으로 사망률이 낮고 암 발생률도 적었다. 또한 네브라스카 의과 대학이 수백 명의 노인들을 대상으로 조사한 것에 따르면, 타인과 친밀한 관계를 맺고 있는 사람들이 면역력은 더 높고 콜레스테롤 수치는 더 낮았다. 지난 몇 해 동안 서로 다른 연구가들이 친밀감과 건강의 관계를 알아보기 위해 적어도 여섯 번의 폭넓은 조사를 실시했다. 수천 명의 사람들을 인터뷰한 뒤 다양한 연구가들은 똑같은 결론에 이르렀다. 친밀한 관계가 실제로 건강에 큰 도움을 준다는 것이다.

친밀감은 마음의 건강을 유지하는 데도 똑같이 중요하다. 심리 분석학자이자 사회 철학자인 에리히 프롬은 인류의 가장 근본적인 두려움은 다른 인간들과 멀어지는 것이라고 주장했다. 그는 유아기에 처음으로 다른 사람들과 떨어지는 경험을 하면 그것은 평생 동안 그 사람이 갖는 모든 불안의 원천이 된다고 믿었다. 존 보울비 또한 프롬의 생각에 동의하면서 그것을 뒷받침하는 많은 실험 증거와 연구 결과를 내놓았다. 보울비의 연구에 따르면 아기가 태어난 첫해에 엄마나 아빠처럼 자신을 보살피는 사람과 떨어지면 반드시 공포와 슬픔을 느낀다는 것이다. 다른 사람으로부터 분리되고 친밀한 관계를 잃는 일은 인간이 느끼는 두려움과 슬픔의 근원이 된다고 그는 말했다.

친밀감이 그토록 중요하다면 일상 생활에서 친밀한 관계를 가질 수 있는 방법은 무엇일까? 지난번 대화에서 달라이 라마가 말한 방법을 따른다면, 먼저 친밀감에 대해 배우는 것이 합리적일 듯하다. 다시 말해 친밀감이 무엇인지 이해하고, 친밀감에 대한 옳은 정의와 예를 찾는 일이다. 하지만 그 대답을 과학에서 찾는다면, 친밀감이 중요하다는 데는 연구가들의 의견이 일치하지만,

그것을 제외하고는 각자의 의견이 다르다는 것을 알 수 있다. 친밀감에 대한 연구를 대충 훑어만 봐도 친밀감에 대한 정의와 이론이 너무 다양하다는 것이 맨 먼저 눈에 띌 것이다.

그중에서도 가장 구체적인 것은 데스몬드 모리스의 이론일 것이다. 그는 동물 행동학에 대해 교육을 받은 동물학자의 시각으로 친밀감에 대한 책을 썼다. 〈친밀한 행동〉이라는 책에서 모리스는 친밀감을 이렇게 정의했다.

"친밀하다는 것은 가깝다는 의미다……. 내가 말하는 친밀한 행동은 두 사람이 신체 접촉을 할 때 일어난다."

순전히 신체 접촉의 관점에서 친밀감을 정의한 뒤 그는 계속해서 인간이 신체적 접촉을 할 수 있는 수없이 많은 방법을 연구한다. 단순히 등을 두드리는 것에서부터 가장 에로틱한 포옹까지. 그는 신체 접촉을 인간이 서로를 편안하게 해주는 수단으로 보았다. 우리는 서로 껴안거나 손을 꼭 잡기도 하며, 그렇게 할 수 없을 경우에는 매니큐어를 발라주는 것처럼 간접적으로 신체 접촉을 한다는 것이다. 그는 심지어 우리가 친밀감을 얻기 위해 사람 대신 주변에 있는 물건들, 이를테면 담배나 보석, 물침대 같은 것에 신체 접촉을 한다고 말한다.

대부분의 연구가들은 친밀감을 아주 구체적으로 정의하진 않지만, 친밀감이 신체적인 가까움을 넘어선다는 것에는 의견이 일치한다. 친밀감intimacy이라는 말의 어원이 '안' 또는 '가장 깊숙한'이라는 의미를 가진 라틴어 '인티마intima'라는 것을 떠올리면서, 연구가들은 친밀감이 보다 넓은 의미를 갖고 있다는 데 대체로 동의한다. 친밀감을 주제로 여러 권의 책을 쓴 댄 맥아담스 박사도 친밀함을 넓은 의미로 이해한다. 그는 친밀감을 이렇게 정의하고 있다.

"누군가와 가까워지려는 소망은 자신의 가장 깊은 자아를 다른 사람과 나누려는 소망이다."

친밀감에 대한 정의는 여기서 끝나지 않는다. 데스몬드 모리스의 의견에 반대하는 토마스 패트릭 말론과 패트릭 토마스 말론이라는 정신과 의사가 있다. 아버지와 아들 관계인 두 사람은 〈친밀한 관계를 위한 기술〉이라는 책에서 친밀감을 '두 존재의 연결성'으로 정의한다. 그들은 친밀감을 이해하기 위해 사람들 사이의 연결성을 철저히 조사하기 시작했다. 하지만 그들은 친밀감이 인간들 사이에만 있는 것은 아니라고 생각했다. 사실 그들의 정의는 너무 포괄적이어서 인간과 무생물과의 관계도 그 안에 포함된다. 이를테면 나무와 별 심지어 공간과도 친밀한 관계를 맺을 수 있다는 것이다.

어떤 방식의 친밀한 관계가 이상적인가에 대한 생각도 지역과 역사에 따라 다르다. 강한 친밀감을 느끼는 특별한 한 사람과 관계를 맺는다는 낭만적인 생각은 우리의 시대와 문화가 만든 것이다. 모든 문화가 그런 식의 친밀한 관계를 받아들인 것은 아니다. 일본에선 친밀감을 얻기 위해 우정에 더 많이 의존하는 것처럼 보이며, 반면에 미국인들은 남자 친구나 여자 친구, 또는 배우자와의 낭만적인 관계에서 친밀감을 찾으려고 한다. 이 점에 주목한 일부 연구가들은 아시아인들이 열정과 같은 개인적인 느낌에 몰두하기보다는 실용적인 태도로 사회적인 것에 더 애착을 느끼기 때문에 인간 관계가 붕괴되어도 환멸을 덜 느낀다고 주장했다.

여러 문화 속에서 친밀감이 다양하게 나타나는 것과 함께 친밀감에 대한 사람들의 생각 또한 시대에 따라 극적으로 변했다. 영국 식민지 시절의 미국인들은 일반적으로 지금보다 신체적으로 훨씬 가깝고 친밀한 관계를 갖고 있었다. 당시에는 가족들은 물론 낯선 사람까지도 가까운 공간에서 함께 생활하며 한방에서 같이 잠을 잤다. 또한 목욕하고, 먹고, 잠자는 공간까지 함께 이용했다. 하지만 당시 남편과 아내 사이의 일상적인 의사 소통 수준은 오늘날보다는 상당히 형식적이었다. 그것은 오늘날 친지나 이웃들끼리 이야기하는 방식과 별로 다르지 않았다. 하지만 불과 100년 만에 사랑과 결혼은 대단히 낭만적인 것이 되었고, 사랑하는 연인은 서로에게 친밀한 표현을 해야 하는 것으로 생각되었다.

무엇이 개인적이고 친밀한 행동인가에 대해서도 시대마다 생각이 달랐다. 16세기 독일에서는 신혼 부부가 그 결혼을 인정하는 증인들이 가져온 침대에서 신방을 차려야 하는 것으로 생각했다.

사람들이 자기 감정을 표현하는 방법도 달라졌다. 중세 사람들은 자신의 온갖 느낌을 공개적으로 드러내는 것이 자연스럽다고 생각했다. 그들은 기쁨, 분노, 두려움, 경건함, 심지어 적을 고문하고 죽이는 즐거움 같은 느낌을 상당히 강렬하고 직접적으로 표현했다. 중세 사람들은 미친 듯이 웃고, 격정적으로 울고, 폭력적으로 분노를 터뜨리면서 자기 감정을 표현했으며, 그런 일이 오늘날의 우리보다 훨씬 많았다. 하지만 중세 사회의 사람들이 너나없이 자신의 느낌과 감정을 표현하자, 사람들 사이에 감정적인 친밀감이 들어설 자리가 없어졌다. 자신의 모든 감정을 무분별하게 털어놓는다면, 특별히 가까운 사람에게 표현할 개인적인 느낌이 남아 있지 않을 것이다.

분명한 것은 친밀감에 대해 우리가 당연하게 여기는 생각들이 절대적이지 않다는 사실이다. 그런 생각들은 시대에 따라 변하고 때로는 사회 경제 문화 조건에 따라 달라진다. 우리는 현재 서양에서 말하는 친밀감에 대한 다양한 정의에 혼란을 느끼기 쉽다. 머리를 자르는 일에서부터 해왕성의 달과 인간과의 관계에 이르기까지 온갖 이론이 등장한다. 그렇다면 친밀감이 무엇인지 이해하려고 하는 우리는 이런 상황을 어떻게 받아들여야 할 것인가? 내가 생각할 때 이 상황이 우리에게 암시하는 것은 분명하다.

인간의 삶은 믿을 수 없을 만큼 다양하고, 사람들이 친밀감을 경험하는 방식도 무수히 많다. 이런 깨달음은 우리에게 큰 기회를 준다. 지금 이 순간 우리는 친밀감을 느낄 수 있는 무한한 자원을 갖고 있다는 것이다. 친밀감은 우리 주변 모든 곳에 있는 것이다.

오늘날 많은 사람들은 자신의 삶에서 무엇인가 빠진 듯한 느낌에 시달리고, 친밀한 관계를 갖지 못해 심한 고통을 겪는다. 특히 고통스러운 경우는 낭만적인 관계를 맺을 사람이 없이 인생의 한 때를 살아가거나 관계를 맺은 사람에 대한 열정이 식을 때다. 우리 문화에는 열정적이고 낭만적인 관계 속에서 친밀감이 가장 깊어진다는 관념이 널리 퍼져 있다. 이것은 다른 사람들과 구별되는 특별한 누군가와 관계를 맺는 것을 뜻한다. 이런 생각을 가지면 우리는 매우 좁은 시각으로 친밀감을 이해하게 되고, 친밀감을 줄 수 있는 또다른 것들로부터 멀어질 수 있다. 또한 '특별한 누군가'가 없을 경우엔 매우 비참하고 불행한 느낌을 가질 수 있다.

하지만 우리는 이런 상황을 피할 수 있는 방법을 마음 안에 갖고 있다. 삶 속에서 우리를 둘러싼 모든 것들이 우리와 가까운 관계에 있다고 느끼면서, 과감하게 생각의 폭을 넓히기만 하면 된다. 이렇게 친밀감을 넓게 이해하면, 우리는 마음의 문을 열고 새롭고도 똑같은 만족을 얻을 수 있는 수많은 인간 관계를 발견할 수 있다.

나는 이런 생각을 하면서 처음 달라이 라마와 외로움에 대해 얘기하던 일을 떠올렸다. 내가 우연히 신문에 난 '짝 찾기' 광고를 보면서 시작된 대화 말이다. 그 광고를 생각하니 한 가지 궁금증이 일었다. 그 사람들이 광고 문안을 작성하며, 그들의 삶에 낭만을 가져다주고 외로움을 몰아내줄 적당한 말을 찾고 있는 그 순간에, 그들 중 얼마나 많은 사람들이 이미 친구나 가족 또는 동료들에게 둘러싸여 있었을까? 또한 진실하고 깊은 만족을 주는 가능성을 가진 관계에 둘러싸여 있었을까? 모르긴 몰라도 그들 중 많은 사람들이 이미 그런 관계를 갖고 있었을 것이다.

우리가 삶에서 추구하는 것이 행복이라면, 친밀감은 행복한 삶을 위한 중요한 요소다. 따라서 되도록 많은 사람들과 친밀한 관계를 갖는 것이 좋다고 여기면서 사는 것이 분명히 합리적인 삶의 방식이다. 달라이 라마가 바람직하게 생각하는 친밀감은 많은 사람들, 다시 말해 가족, 친구 심지어 낯선 사람에게까지도 기꺼이 마음을 열고 모두 같은 인간 존재라는 생각 속에서 그들과 진실하고 깊은 관계를 맺는 일이다.

6

사랑한다는 것

변치 않는 관계를 만들기 위해서는 애정과 자비심, 그리고 서로 존중하는 마음으로
관계를 맺어야 한다. 그럴 때 우리는 연인이나 배우자뿐 아니라 친구와 친척,
낯선 사람과도 깊고 의미 있는 관계를 맺을 수 있다.

어느 날 오후 달라이 라마가 강연을 끝낸 뒤, 나는 우리가 매일 만나기로 한 시간에 맞춰 호텔에 도착했다. 내가 약속 시간보다 약간 일찍 도착하자, 방 앞에 있던 수행원이 조심스럽게 복도로 걸어나와 달라이 라마가 지금 방문객을 맞고 있어서 조금 시간이 걸릴 거라고 말했다. 그때 내가 종종 앉아 있던 복도 근처의 한 장소가 생각났고, 나는 그곳에서 우리의 만남을 위해 준비한 메모를 검토하며 시간을 보낼 수 있었다. 그것은 또한 경호원들의 의심스런 눈길을 피하는 방법이기도 했다. 달라이 라마의 경호원들은 잡지가 놓인 선반을 어슬렁거리는 학생을 주시하는 가게 점원처럼 나를 쳐다보곤 했던 것이다.

잠시 뒤 문이 열리면서 옷을 잘 차려입은 중년 부부가 모습을 드러냈다. 낯익은 얼굴이었다. 나는 며칠 전 누군가의 소개로 그들과 잠깐 인사를 나눈 일이 생각났다. 부인은 굉장한 유산을 상속받은 여자였고, 남편은 엄청난 부자에다 힘있는 맨하탄의 변호사라는 사실을 난 알고 있었다. 우리는 서로를 소개하며 겨우 인사말 정도만 나누었지만, 그들은 나에게 참을 수 없을 만큼 거만한 인상을 주었었다.

그들이 달라이 라마의 호텔 방에서 나오는 순간, 나는 놀라운 변화를 눈치챘다. 거만하고 잘난 체하는 표정이 사라지고 두 사람의 얼굴에는 부드럽고 다정한 느낌이 가득했다. 그들은 마치 두 명의 아이처럼 보였다. 그들의 얼굴에선 눈물이 하염없이 흘러내리고 있었다. 달라이 라마가 다른 사람에게 미치는 영향이 언제나 극적인 것은 아니지만, 사람들이 그를 대하고 나면 언제나 감정의 변화를 일으킨다는 걸 난 알고 있었다. 그는 어떤 계층의 사람과도 공감대를 형성하고, 그들의 감정에 깊고 의미 있는 변화를 일으키는 능력을 갖고 있었다. 나는 그런 모습을 보면서 끊임없이 감탄하지 않을 수 없었다.

아리조나에서 달라이 라마와 나는 인간의 따뜻한 마음과 자비심의 중요성에 대해 이야기했었다. 하지만 인간 관계에 대해 좀더 자세히 탐구할 기회는 몇 달 뒤 그의 거처가 있는 북인도 다람살라에서 가질 수 있었다.

나는 달라이 라마가 사람들과 관계를 맺을 때 염두에 두는 기본 원칙이 무엇인지 알고 싶었다. 낯선 사람, 가족, 친구 또는 연인과의 관계를 개선시킬 수 있는 원칙을 알고 싶었던 것이다. 빨리 이야기를 시작하고 싶은 마음에 나는 곧바로 질문을 던졌다.

"인간 관계에서 갈등을 줄이고 다른 사람과 의미 있는 관계를 맺을 수 있는 가장 좋은 방법이나 기술이 무엇이라고 생각하십니까?"

달라이 라마는 잠시 나를 조용히 바라보았다. 불편한 표정으로 나를 바라보진 않았지만, 그는 마치 달에서 가져온 흙의 정확한 성분을 알려달라는 부탁을 받은 것 같은 표정을 지었다.

잠시 후 그는 말했다.

"글쎄요, 사람들을 대하는 것은 매우 복잡한 문제입니다. 모든 문제를 풀 수 있는 한 가지 공식을 찾아낼 순 없지요. 이 문제를 푸는 방법은 요리를 하는 것과 다소 비슷합니다. 맛있고 특별한 음식을 요리하려면 당신은 여러 단계를 거쳐야 할 것입니다. 먼저 야채를 따로 삶고, 다시 그것을 볶고, 그 다음엔 특별한 방법으로 야채들을 섞고, 양념 등을 가미해야 하겠지요. 그러면 마침내 맛있는 음식을 얻게 될 것입니다. 마찬가지로 사람을 대하는 것에 능숙해지려면 여러 요소가 필요합니다. 단순히 '이것이 그 방법이다' 또는 '이것이 그 기술이다'라고 말할 순 없겠지요."

그것은 내가 바라던 대답이 아니었다. 나는 그가 대답을 회피하고 있으며, 틀림없이 좀더 구체적인 방법을 알고 있을 거라는 느낌이 들었다.

나는 계속 밀어붙였다.

"좋은 인간 관계를 맺는 유일한 방법이 없다 해도 도움이 될 만한 일반적인 지침은 있지 않을까요?"

그는 잠시 생각하더니 이렇게 말했다.

"네, 있지요. 우리는 앞에서 자비심을 갖고 사람들에게 접근하는 게 중요하다고 말했습니다. 정말로 그런 자세가 중요합니다. 물론 누군가에게 '자비심을 갖는 것이 정말 중요하다. 그러므로 당신은 더 많은 사랑을 간직해야 한다'라고 말하는 것만으로는 충분하지 않습니다. 이렇게 단순한 명령이 효과를 가져오긴 어렵습니다. 하지만 더욱 따뜻하고 자비로운 마음을 갖도록 가르쳐줄 수 있는 좋은 방법이 있습니다. 그것은 자비심의 가치와 실제적인 혜택에 대해 설명하고, 아울러 다른 사람들이 그에게 친절을 베풀었을 때 어떤 느낌을 받았는지 생각해보라고 가르치는 일입니다. 어떤 의미에서 이것은 사람들에게 자비심에 대한 기초 지식을 주는 일입니다. 그러면 사람들은 더 많은 자비심을 가지려고 꾸준히 노력할 테고, 효과도 더욱 커질 것입니다.

자비심을 키우는 여러 방법을 생각할 때, 감정 이입이 중요한 역할을 한다고 나는 생각합니다. 알다시피 감정 이입은 다른 사람의 고통을 이해하는 능력을 말합니다. 사실 자비심을 높이는 불교의 수행법 중에는 생명 가진 존재가 고통받는 상황을 상상하는 것이 있습니다. 예를 들어 푸줏간 주인이 막 도살하려고 하는 양을 상상하는 것입니다. 그 다음에는 양이 겪게 될 고통에 대해 상상하려고 노력하면서……."

달라이 라마는 잠시 말을 멈추고 생각에 잠기더니, 무심코 손으로 염주를 돌렸다. 이윽고 그는 말했다.

"마음이 얼음처럼 차가운 사람에겐 이런 방법이 큰 효과가 없겠지요. 그것은 푸줏간 주인에게 양의 고통을 상상하라고 요구하는 것과 같을 것입니다. 동정을 느끼기에는 푸줏간 주인의 마음은 너무 굳어 있고, 또 그는 그런 일에 너무 익숙해져 있습니다. 따라서 그 방법은 아무 효과도 없을 것입니다. 또한 사냥이나 낚시질을 하면서 여가를 즐기는 것에 익숙한 서양인들에겐 그런 방법을 설명해줘도 별로 소용이 없을 것입니다……."

내가 말했다.

"사냥꾼에게 자신이 잡은 동물의 고통을 상상하라고 요구하는 것은 효과적인 방법이 아니겠지요. 하지만 그가 아끼는 사냥개가 덫에 걸려 비명을 지르는 모습을 상상하게 해서 자비심을 일깨울 순 있을 것 같습니다."

달라이 라마가 내 말에 동의하며 말했다.

"맞습니다, 분명히 그럴 겁니다. 우리는 상황에 따라 방법을 변화시킬 수 있습니다. 동물의 고통을 느낄 수 없는 사람이라도 가까운 가족이나 친구의 고통은 어느 정도 느낄 수 있을 것입니다. 그 사람은 사랑하는 연인이 고통을 겪거나 비극적인 일을 당하는 상황을 마음에 그리며, 연인이 그 일에 어떻게 반응할 것인지 상상할 수 있을 것입니다. 이처럼 우리는 다른 사람의 느낌이나 경험을 자신의 것처럼 느끼려고 하는 노력을 통해 자비심을 키울 수 있습니다.

감정 이입은 자비심을 키우는 방법일 뿐 아니라 또다른 중요한 역할을 합니다. 대개 어느 경우든 사람을 대할 때면 어려움에 부딪칠 수 있습니다. 그럴 때는 자신을 그 사람의 입장에 놓고 생각한다면 큰 도움이 될 것입니다. 당신과 그 사람이 공통된 경험을 갖고 있지 않거나 생활 방식이 판이하게 다르더라도, 당신은 상상력을 발휘해 그렇게 할 수 있습니다. 따라서 당신은 다소 창조적일 필요가 있습니다. 이런 기술을 발휘하려면 자기 생각을 내세우는 일을 잠시 중단하고, 다른 사람의 관점에서 볼 수 있는 능력이 있어야 합니다. 또한 상대방 입장에 서서 그가 어떤 상황에 처해 있는지, 자신이라면 그 일에 어떻게 대처할 것인지 상상하는 능력도 필요합니다. 이 방법은 다른 사람의 느낌을 깨닫고 존중하는 마음을 기르는 데 도움이 됩니다. 그리고 그런 마음은 다른 사람과의 갈등을 줄여주는 중요한 요소입니다."

그날 오후의 인터뷰는 간단히 끝났다. 달라이 라마의 바쁜 일정의 맨 마지막에 우리 약속이 잡혀 있어서, 전에도 몇 번 그랬듯이 그날도 오후 늦게서야 이야기를 나눌 수 있었다. 대화를 나누는 사이에 해가 뉘엿뉘엿 지기 시작하면서, 방 안은 어슴푸레한 붉은 빛으로 가득 찼다. 햇살은 엷은 노란색 벽을 황토색으로 바꾸고, 방 안의 불상들을 황금색으로 찬란히 빛나게 만들었다. 달라이 라마의 수행원이 조용히 방으로 들어와 대화를 끝낼 때가 되었음을 알려주었다. 이야기를 마무리하는 의미에서 내가 물었다.

"이제 대화를 끝낼 시간이 되었군요. 끝으로 감정 이입을 하는 데 도움이 되는 충고의 말씀을 한마디 해주시겠습니까?"

몇 달 전 아리조나에서 했던 말과 비슷하게 달라이 라마는 단순하고 이해하기 쉽게 대답했다.

"사람들을 만날 때마다 난 언제나 우리 모두가 갖고 있는 가장 기본적인 것들을 생각합니다. 우리들 각자는 몸과 마음과 감정을 갖고 있습니다. 우리는 모두 똑같은 방법으로 태어났고, 모든 사람들은 예외 없이 죽습니다. 우리 모두는 행복을 원하며 고통을 원치 않습니다.

난 내가 티벳인이고, 남들과 피부색과 종교와 문화적 배경이 다르다는 별로 중요하지도 않은 차이점을 강조하기보다는 공통점이 훨씬 많다는 생각을 갖고 다른 사람들을 바라봅니다. 그러면 나와 똑같은 사람을 만나고 있다는 느낌을 갖게 됩니다. 이런 차원에서 사람들과 관계를 맺으면 서로 대화를 나누기가 훨씬 쉽지요."

이 말과 함께 그는 자리에서 일어나, 나와 간단히 악수를 나눈 뒤 잠자리로 향했다.

다음 날 아침, 달라이 라마의 거처에서 우리는 계속 대화를 나

넜다.

내가 말했다.

"아리조나에서 우리는 인간 관계에서 자비심을 갖는 것이 중요하다는 이야기를 많이 했고, 어제는 다른 사람과 관계를 맺는 데 감정 이입이 매우 중요한 역할을 한다는 걸 이야기했습니다."

달라이 라마가 고개를 끄덕이며 말했다.

"그렇습니다."

"그것 말고 인간 관계의 특별한 방법이나 기술이 없을까요?"

"글쎄요, 어제 말씀드렸다시피 모든 문제를 풀 수 있는 한두 가지 간단한 기술을 찾아낼 순 없습니다. 그럼에도 불구하고 다른 사람들을 대하는 데 필요한 몇 가지가 있다고 생각합니다. 첫째 당신이 만나는 사람들의 배경을 올바로 이해하는 것이 도움이 됩니다. 또한 다른 사람들을 대할 때 좀더 마음을 열고 정직한 자세를 갖는 것도 도움이 됩니다."

나는 다음 말을 기다렸지만 그는 더 이상 말이 없었다.

"나은 인간 관계를 위한 또다른 방법은 없나요?"

달라이 라마는 잠시 생각하고 나서 미소를 지으며 말했다.

"없습니다."

그의 특별한 충고는 사실 너무 단순하고 진부하게 느껴졌다. 하지만 그 순간 그가 하고 싶은 말은 그것이 전부인 듯했다. 그래서 우리는 주제를 다른 것으로 돌렸다.

그날 저녁 나는 다람살라에 사는 티벳인 친구들로부터 저녁 식사 초대를 받았다. 친구들은 무척 활기 넘치는 저녁 시간을 마련해놓고 있었다. 눈이 휘둥그레질 만한 특별한 음식들이 차려져나왔다. 그중에서도 만두처럼 생긴 티벳 음식 모모가 가장 눈에 띄었다. 식사를 하면서 사람들의 대화는 점점 활기를 띠어갔다. 곧 손님들은 술을 마시면서 자신이 겪은 당황스런 일들에 대해 서로 이야기하기 시작했다. 모임에는 서너 명의 다른 손님들도 초대되었는데 그중에는 유명한 독일인 부부도 끼어 있었다. 아내는 건축가이고 남편은 십여 권의 책을 쓴 작가였다.

책에 관심이 많은 나는 그 작가에게 다가가 말을 걸었다. 나는 그의 저서에 대해 물었다. 그 남자는 내 질문에 짧고 형식적으로 대답했으며, 말하는 태도도 무뚝뚝하고 냉정하기 짝이 없었다. 그가 불친절하고 잘난 체하는 사람이라는 생각이 들면서, 나는 곧바로 그가 싫어졌다. 적어도 그에게 다가가는 시도는 했다고 스스로를 위로할 수밖에 없었다. 그가 불쾌한 사람이라는 것을 확인한 것에 만족하며 나는 상대를 바꿔 좀더 상냥한 손님들과 대화를 나누었다.

다음 날 마을의 카페에서 우연히 한 친구를 만나, 커피를 마시며 어제 저녁에 있었던 일들을 자세히 들려주었다.

"난 어제 모든 사람들과 정말 즐겁게 어울려 놀았어. 롤프라는 작가만 빼고 말이야……. 그는 너무 거만하고 불친절하더라구."

내 친구가 말했다.

"그 친구와 난 여러 해 동안 서로 알고 지낸 사이지……. 그가 남들에게 그런 인상을 준다는 건 나도 알고 있지만, 그것은 그 친구가 수줍음을 타고 무엇보다 과묵하기 때문이야. 자네가 그 친구를 제대로 알게 된다면 그가 정말 훌륭한 사람이라는 걸 깨닫게 될 거야."

나는 친구의 말을 믿기 어려웠다. 친구는 계속해서 그 남자에 대해 설명했다.

"그는 성공한 작가지만, 자신의 삶에서 감당하기 어려운 일들을 겪었어. 롤프는 정말 많은 고통을 겪었지. 그의 가족은 2차 세계 대전 동안 나치에 의해 말로 표현할 수 없는 고통을 받았어. 그리고 그에겐 자기 몸처럼 아끼는 두 아이가 있는데, 그 아이들은 희귀한 유전병을 갖고 태어나 육체적 정신적으로 심한 장애를 갖고 있지. 하지만 그는 삶을 비관하며 고통스럽게 보내기보다는 다른 사람에게 손을 뻗어 자신의 문제에 적극적으로 대처했어. 여러 해 동안 자원 봉사자로 일하며 헌신적으로 장애인들을 도와주었지. 자네가 그 사람을 알게 된다면, 그 친구가 정말 특별하다는 걸 깨닫게 될 거야."

나는 주말에 롤프와 그의 아내를 다시 한 번 만나게 되었다. 그 지역에서 공항으로 이용하는 조그마한 들판에서 그들을 본 것이다. 우리는 같은 비행기편으로 델리로 갈 계획을 갖고 있었지만, 그 비행기가 취소되었다는 걸 알게 되었다. 델리로 가는 비행기가 그 이후로 며칠 동안 없었기 때문에, 우리는 함께 차를 타고 델리로 가기로 했다. 그것은 생각만 해도 끔찍한 열 시간의 긴 여행이었다.

내 친구가 알려준 약간의 정보 덕분에 롤프에 대한 내 느낌이 많이 달라져 있었다. 델리로 가는 긴 여행 동안 나는 좀더 열린 마음으로 그에게 다가갈 수 있었다. 그래서 나는 그와 계속 대화를 하려고 노력했다. 처음에 그는 전과 똑같은 태도를 보였다. 하지만 이해심을 갖고 조금 기다리자, 내 친구가 말한 것처럼 그가 냉정하게 보이는 이유는 거만함 때문이 아니라 부끄러움 때문이란 걸 곧 알 수 있었다. 찌는 듯이 무더운 날씨에 먼지 나는 북인도 시골길을 덜컹거리며 달리면서 우리는 점점 깊은 대화에 빠져들었다. 결국 나는 그가 따뜻하고 진실한 사람이며, 용감한 나의 동료 여행자라는 것을 분명히 알 수 있었다.

우리가 델리에 도착할 즈음 나는 '사람의 배경에 대해 이해하라'는 달라이 라마의 충고가 처음에 생각한 것처럼 상식적이고 고리타분한 말이 아님을 깨달았다. 언뜻 단순하게 보이지만 그것은 단순한 말이 아니었다. 우리는 그의 충고를 너무 순진한 생각이라고 무시해버리기 쉽지만, 때로 그것은 정말 근본적이고 피부에 와 닿는 충고이다.

며칠 뒤에도 나는 여전히 델리에 있었다. 집으로 돌아가기 전에 할 일이 있었던 것이다. 다람살라의 평화로움으로부터 멀어지면서 나는 불쾌하고 짜증스런 기분이 들었다. 숨 막힐 듯한 더위와 공해, 북적대는 사람들뿐 아니라, 사기와 속임수에 몸을 바친 도시의 약탈자들이 거리에 들끓고 있었기 때문이다. 열기로 이글거리는 델리 거리를 걸어가는 서양인과 외국인은 한 블록마다 서너 명씩 돌아다니는 사기꾼들의 표적이 되었다. 나는 마치 이마에 '얼간이'라고 써붙이고 돌아다니는 것 같은 기분이 들었다. 그것은 참으로 곤혹스런 일이었다.

그날 아침 나는 흔한 2인조 사기꾼에게 걸려들었다. 한 녀석이 내가 안 보는 사이에 내 구두에 빨간 페인트를 튀겨놓았다. 거리를 따라 내려가자 그의 공범인 순진하게 생긴 구두닦이 소년이 내 신발에 페인트가 묻은 것을 알려주면서, 싼 가격으로 내 신발을 닦아주겠다고 말했다. 그는 곧 능숙한 솜씨로 내 구두를 반짝반짝 광이 나게 닦았다. 일을 마치자 그 아이는 침착한 태도로 엄청난 액수를 요구했다. 그것은 델리에 사는 일반인들의 두 달치 월급에 해당하는 액수였다. 내가 돈을 주지 않자, 소년은 그 액수가 자신이 처음부터 말한 가격이었다고 우겼다. 그래도 내가 돈을 주지 않자, 소년은 고래고래 고함을 질러 사람들을 모아놓고는 구두를 닦아주었는데도 이 사람이 돈을 내지 않는다고 소리쳤다. 그날 오후가 되어서야 나는 그것이 관광객처럼 보이는 사람에게 흔히 쓰는 사기 수법이라는 걸 알았다.

그들이 쓰는 수법이란 대충 이런 것이었다. 구두닦이 소년은 먼저 엄청난 돈을 요구한 뒤 일부러 소동을 일으켜 군중들을 끌어모은다. 그러면 관광객은 당황하게 되고 어떻게든 그곳을 빠져나가려는 마음에서 돈을 내게 되는 것이다.

그날 오후 나는 내가 묵고 있는 호텔에서 친구와 점심을 먹었다. 그녀가 최근에 내가 달라이 라마와 인터뷰한 것에 대해 물어보자, 나는 아침에 당했던 일을 금세 잊어버렸다. 우리는 달라이 라마가 말한 감정 이입과 다른 사람의 입장에 서는 것의 중요성에 대해 열심히 이야기를 나누었다. 점심을 먹은 뒤 우리는 함께 알고 지내는 친구들을 만나러 가기 위해 택시를 탔다. 택시가 출발하는 순간 그날 아침에 있었던 구두닦이 사기단이 다시 떠오르면서 불길한 생각이 들었다. 그 순간 나는 무심코 요금 미터기를 보았다.

"차를 세워요."

내가 소리쳤다. 내 친구는 갑작스런 고함에 놀라 몸을 움찔했다. 운전사는 짜증난 얼굴로 백미러를 통해 나를 보더니, 계속 차를 몰았다.

나는 다시 소리쳤다.

"차를 세우라니까!"

너무 흥분한 나머지 목소리가 떨렸다. 내 친구는 충격을 받은 듯했다. 마침내 택시가 멈췄다. 화가 치밀어오른 나는 손가락으로 찌르듯 미터기를 가리켰다.

"당신은 미터기를 다시 꺾지 않았어! 우리가 출발할 때 미터기에는 20루피도 넘게 나와 있었다구!"

그러자 마치 내 화를 돋구려는 듯 운전사는 무덤덤한 말투로 말했다.

"미안합니다. 미터기를 다시 꺾는 것을 잊어버렸군요……. 처음으로 돌려놓겠습니다……."

나는 불쾌한 감정을 폭발시키며 말했다.

"그럴 필요없소! 난 당신들이 요금을 부풀리고, 일부러 멀리 돌아가고, 사람들의 돈을 뜯어내기 위해 온갖 수단을 다 쓰는 것에 질려버렸소……. 난 정말, 정말, 질렸소!"

나는 광신자처럼 침을 튀기며 격렬한 감정을 발산했다. 친구는 당황한 기색이 역력했다. 택시 운전사는 인도의 신성한 소들에게서 볼 수 있는 건방진 표정으로 나를 바라보았다. 인도의 소들은 복잡한 델리 거리를 어슬렁거리다가 일부러 교통을 마비시키려는 듯 도로 한복판에 멈춰 서서는 그런 식으로 건방진 표정을 짓곤

했다. 그는 내가 너무 따분해서 신경질을 내기라도 한 것처럼 나를 쳐다보았다. 앞좌석에 몇 루피를 던진 다음 나는 아무 말도 하지 않고 먼저 친구가 내리도록 차 문을 열어주고 그녀를 따라 내렸다.

잠시 뒤 우리는 다른 택시를 타고 가던 길을 계속 갔다.

그러나 난 마음을 진정시킬 수 없었다. 우리가 탄 택시가 델리 거리를 통과하는 동안 나는 불평을 멈추지 않았다. 델리의 '모든 인도인들'이 관광객들을 상대로 사기를 치고 있으며, 우리는 단지 그들의 사냥감일 뿐이라고 투덜거렸다. 친구는 내가 시끄럽게 떠드는 소리를 조용히 듣고만 있었다.

마침내 그녀가 말했다.

"글쎄, 20루피라면 우리 돈으로 6백 원밖에 안 되잖아. 그런데 왜 그렇게 흥분하는 거지?"

정의로운 분노가 치밀어오르면서 나는 주장했다.

"하지만 이건 중요한 원칙이라구! 이런 일이 날마다 일어나는데 넌 어떻게 평온한 마음을 가질 수 있는지 정말 알 수 없군. 이런 일이 짜증나지도 않아?"

그녀가 천천히 말했다.

"글쎄, 나도 그 일에 잠시 짜증이 났었어. 하지만 난 우리가 점심을 먹으며 얘기했던 것을 생각하기 시작했어. 다른 사람의 입장에서 생각하는 것이 중요하다는 달라이 라마의 말씀 말이야. 네가 화가 나서 흥분하고 있을 동안에 난 나와 택시 운전사가 공통적으로 갖고 있는 것을 생각했어. 우리 둘 다 좋은 음식을 먹고, 잘 자고, 좋은 기분을 느끼고, 사랑 받기를 원한다는 생각이 들었어. 그 다음에 내 자신이 운전사가 되었다고 상상해보았어. 에어컨도 없는 숨막히는 택시 안에서 하루 종일 앉아 있다면, 난 아마 화가 나고 돈 많은 외국인들을 시기하게 될 거야……. 그리고 이런 불공평한 상황을 공평하게 만들고, 남들만큼 행복해지기 위해 사람들을 속여 돈을 뜯어내는 방법을 찾아내겠지. 아마도 그것이 내가 생각할 수 있는 최선의 방법일 거야. 하지만 그 방법이 정말 효과가 있어서 관광객들에게 돈을 몇 푼 더 빼앗을 수 있겠지만, 그것이 더 행복하고 만족스런 삶을 살 수 있는 좋은 방법은 아닐 거야.

어쨌든 내가 운전사가 되었다고 상상할수록 그에게 화를 덜 내게 되더라구. 그의 삶은 그냥 슬퍼보였어……. 물론 그가 잘했다는 말은 아니고, 또 우리는 택시에서 내릴 권리가 있었어. 하지만 난 그 일 때문에 그를 미워할 정도로 화를 낼 순 없었어……."

나는 아무 말도 하지 못했다. 사실 내가 달라이 라마의 말을 실제로 받아들인 것이 거의 없다는 걸 깨달으면서 나는 깜짝 놀랐다. '다른 사람의 삶의 배경을 이해하라'는 그의 충고가 실제로 가치가 있다는 걸 그때서야 비로소 이해할 수 있었다. 물론 달라이 라마가 자신의 삶 속에서 그런 원칙을 몸소 실천해 다른 사람들에게 용기를 준다는 것도 나는 알고 있었다. 하지만 아리조나에서부터 시작해 지금 인도에서 계속되고 있는 우리의 토론을 되돌아보자, 우리가 처음부터 너무 분석적으로 대화를 했다는 생각이 들었다. 내가 마치 달라이 라마에게 인간을 낱낱이 해부해달라고 부탁한 것 같은 기분이 들었다. 물론 그 대상은 인간의 몸이 아니라 마음과 정신이었지만.

하지만 그 일이 일어난 순간까지도 나는 웬일인지 달라이 라마의 사상을 내 삶에 완전히 적용해야 한다는 생각은 하지 못했었다. 적어도 당시엔 그런 생각이 없었다. 언젠가 시간이 있을 때 그의 생각을 내 삶 속에서 실천해야겠다는 희미한 의지만을 갖고 있었을 뿐이었다.

아리조나에서 달라이 라마와 나는 행복이 어디서 오는가라는 주제로 이야기를 시작했었다. 물론 그는 수도승으로서 독신으로 살기로 결심한 사람이지만, 사실 여러 연구 결과를 보면 결혼이 행복을 가져다줄 수 있음을 알 수 있다. 결혼은 건강과 삶의 만족을 높여주는 중요한 요소다. 미국인과 유럽인을 대상으로 한 수많은 연구를 보면 대개 결혼한 사람들이 과부나 홀아비, 독신자보다 더욱 행복하고 만족스럽게 산다는 걸 알 수 있다. 이혼이나 별거 상태에 있는 사람들과 비교하면 이런 현상은 더욱 두드러진다. 한 조사에 따르면, 자신의 결혼 생활이 매우 행복하다고 말하는 미국인들의 열 명 중 여섯 명이 자신의 삶도 전체적으로 매우 행복하다고 평가한다는 것이다. 인간 관계에 대해 대화를 나누면서 나는 결혼 같은 행복의 평범한 근원을 주제로 삼는 것도 중요하다는 생각이 들었다.

달라이 라마와 예정된 인터뷰를 하기 조금 전에 나는 아리조나 투손에 있는 호텔 뜰에서 친구와 함께 시원한 음료수를 마시고 있었다. 달라이 라마와의 인터뷰에서 말하려고 하는 사랑과 결혼에 대한 이야기가 나오자, 친구와 나는 독신으로 지내는 건 정말 서글픈 일이라고 서로의 신세를 한탄했다. 그때 골프를 치러온 것처럼 보이는 건강한 젊은 남녀가 우리 옆 테이블에 앉았다. 절정에 이른 바캉스 시즌을 맞아 행복한 휴가를 보내고 있는 중인 듯했다. 그들은 신혼 여행 중이 아니라 이미 결혼한 사람들처럼 보였지만, 여전히 젊고 서로를 사랑하는 것 같았다. 금슬 좋은 부부가 틀림없었다.

그런데 그들은 자리에 앉자마자, 말다툼을 벌이기 시작했다.

여자가 매섭게 남자를 몰아세웠다.

"우리가 늦을 거라고 말했잖아요."

그녀의 목소리는 깜짝 놀랄 만큼 쉬어 있었다. 오랫동안 술과 담배에 찌든 성대에서 나오는 듣기 싫은 목소리였다. 그녀는 계속 소리쳤다.

"이젠 밥 먹을 시간도 거의 없어요. 무슨 맛인지도 모르고 음식을 먹게 생겼다구요!"

그러자 남자가 곧바로 맞받아쳤다.

"당신이 준비하는 데 그렇게 꼼지락거리며 시간을 끌지만 않았어도 이런 일이 없었을 거 아냐."

남자는 조용한 목소리로 말했지만, 한마디 한마디에는 짜증과 적대감이 실려 있었다.

여자가 반격하듯 말했다.

"난 반 시간 전에 준비를 마쳤다구요. 당신이야말로 그 빌어먹을 신문을 그만 읽었어야 했어요."

이런 식으로 싸움이 계속되었다. 한순간도 멈추지 않고. 그리스의 극작가인 유리피데스가 다음과 같이 말한 것처럼.

'결혼하라, 그러면 기쁨을 느낄 것이다. 하지만 결혼을 잘못하면, 평생 지옥 같은 집에서 살게 될 것이다.'

두 사람의 싸움이 점점 격렬해지자, 독신 생활에 대한 우리의 한탄은 금세 쑥 들어갔다. 내 친구는 눈동자만 굴리며 연극 대사의 한 구절을 흉내냈다.

"물론이지! 난 정말로 당장에 결혼하고 싶다구!"

조금 전만 해도 나는 인터뷰를 하면서 사랑과 결혼이 주는 기쁨과 미덕에 대해 달라이 라마의 의견을 물어볼 생각이었다. 하지만 나는 그의 방에 들어가 자리에 채 앉기도 전에 이런 질문을 던졌다.

"결혼한 부부들은 왜 자주 싸우는 걸까요?"

달라이 라마가 말했다.

"사람 사이의 갈등을 다루면서 생각할 것은 그 갈등이 아주 복잡하다는 것입니다. 갈등을 일으키는 원인이 여러 가지일 수 있기 때문입니다. 인간 관계에서 생긴 문제를 이해하려고 할 때, 그 첫 단계는 그 관계의 바탕을 이루는 성격에 대해 신중히 살펴보는 일입니다.

무엇보다 성격이 다른 여러 관계들이 있음을 깨닫고, 그 차이점을 잘 이해해야 합니다. 결혼의 문제는 잠시 제쳐놓더라도, 우정에도 서로 다른 종류의 우정이 있습니다. 어떤 우정은 부와 권력, 사회적 지위에 바탕을 두고 있습니다. 이 경우는 당신이 부와 권력, 사회적 지위를 계속 갖고 있는 동안에만 그 우정이 지속됩니다. 일단 이런 기초가 사라지면, 우정 또한 사라지기 시작할 것입니다.

반면에 또다른 종류의 우정이 있습니다. 부와 권력, 사회적 지위를 따져서 생긴 것이 아니라 진정한 인간의 감정에 바탕을 둔 우정입니다. 서로가 하나로 이어져 있다는 강한 느낌에 토대를 둔 우정이지요. 난 이런 종류의 우정을 진정한 우정이라 부릅니다. 왜냐하면 이런 우정은 개인의 부와 권력, 또는 사회적 지위에 영향을 받지 않기 때문입니다. 부와 권력이 줄어들거나 커져도 이 우정은 흔들리지 않습니다. 진정한 우정을 지속시키는 것은 애정입니다. 이런 감정이 없다면 당신은 신성한 우정을 간직할 수 없을 것입니다. 물론 우리는 이미 앞에서 이것에 대해 얘기했고, 따라서 이 모든 것은 매우 분명한 사실입니다. 인간 관계에 어떤 문제가 생긴다면, 일단 한 걸음 물러나 그 관계가 무엇에 기초하고 있는지 신중하게 생각해보면 큰 도움이 될 것입니다.

마찬가지로 어떤 사람이 자신의 배우자와 문제를 갖고 있다면, 그 관계의 바탕이 되는 기초를 살펴보는 것이 도움이 될 것 같군요. 예를 들어 우리는 순간적인 성적 매력에 끌려 맺어진 관계를 흔히 보게 됩니다. 남녀가 몇 번 만나지도 않았는데, 순간적으로 열정적인 사랑에 빠져 큰 행복을 느끼는 경우지요."

그는 웃으며 말을 이었다.

"하지만 그 순간 결혼을 결심하는 것은 아주 위험한 결정일지도 모릅니다. 격렬한 분노나 미움 때문에 이성을 잃는 것과 마찬가지로, 열정이나 성욕 때문에 이성을 잃는 수도 있습니다. 가끔 우린 이렇게 생각하는 사람을 만날 수 있습니다. '내 남자 친구(또는 여자 친구)는 좋은 사람이 아니고 친절하지도 않아. 하지만 난 그래도 그(또는 그녀)에게 마음이 끌려.' 따라서 첫눈에 상대방의 매력에 끌려서 맺어진 관계는 믿을 수 없고 매우 불안정합니다. 그것은 많은 부분 순간적인 감정에서 비롯된 것이기 때문입니다. 그런 느낌은 오래갈 수가 없고, 어느 정도 시간이 지나면 곧 사라져버립니다."

달라이 라마는 손가락을 뚝 꺾으며 말했다.

"따라서 그런 관계에 문제가 생기는 건 그리 놀랄 일이 아닙니다. 그리고 그런 감정에 기초한 결혼은 결국 문제에 부딪치고 말 것입니다…… . 당신 생각은 어떻습니까?"

내가 대답했다.

"네, 저도 그 점에선 의견이 같습니다. 어떤 관계든, 심지어 격렬하게 불타오르는 관계라 할지라도 최초의 열정은 결국 식어버리고 말지요. 최초의 열정과 사랑을 자신들의 관계의 핵심으로 여기는 사람들은 결국 환멸을 느끼거나 이혼하기 쉽다는 연구 결과가 있습니다. 미네소타 대학의 사회 심리학자 엘렌 버쉐이드는 이 문제를 연구한 끝에, 열정적인 사랑이 오래가지 않는다는 것을 이해하지 못하면 관계가 파탄에 이를 수 있다는 결론을 내렸습니다. 그녀와 동료 연구가들은 지난 20년간 이혼율이 증가한 이유 중 하나는 사람들이 자신의 삶에서 강렬한 감정, 곧 낭만적인 사랑의 경험을 점점 더 중요하게 여기게 된 것과 관계가 있다고 보았습니다. 하지만 문제는 그런 감정을 오래 지속시키기가 매우 어렵다는 것이지요."

달라이 라마가 말했다.

"그것은 분명 사실일 것입니다. 인간 관계의 문제를 다룰 때, 그 관계의 바탕이 되는 것이 무엇인가를 이해하는 것이 그만큼 중요하다는 걸 알 수 있습니다.

이처럼 순간적인 성적 매력에서 시작된 관계가 있다면 그와 반대되는 관계도 있을 수 있습니다. 그런 관계를 가진 사람은 차분한 마음으로 생각할 것입니다. '외모로 볼 때 내 남자 친구(여자 친구)는 그렇게 매력적이진 않지만, 정말 성격이 좋고 친절하고 다정해.' 이 두 사람의 관계는 단단한 밧줄로 연결되어 있는 것과 같습니다. 왜냐하면 인간적인 차원에서 두 사람 사이에 진정한 의사소통이 이루어지기 때문입니다."

달라이 라마는 잠시 말을 멈추고 이 문제에 대해 깊이 생각하는 듯했다. 그리고는 말했다.

"물론 나는 성적 매력도 포함된 건강하고 훌륭한 관계가 가능하다는 것을 분명히 말하고 싶습니다. 성적인 매력이 바탕이 된 관계에는 원칙적으로 두 가지 종류가 있을 것입니다. 첫번째는 완전히 성적인 욕망에만 바탕을 둔 관계입니다. 이 경우에 두 사람을 연결해주는 실제적인 동기와 자극은 단지 순간적인 만족과 쾌락입니다. 이런 관계 속에 있는 사람들은 서로를 인간으로 대하기보다는 만족을 주는 대상으로 대합니다. 이런 관계는 그다지 건강하지 못합니다. 서로를 존중하는 마음이 없이 오로지 성적인 욕망으로만 관계를 갖는다면, 그것은 거의 매춘과 다를 바 없을 것입니다. 두 사람 모두 상대방을 존중하지 않고 서로를 쾌락의 도구로 이용하기 때문입니다. 주로 성적인 욕망으로 맺어진 관계는 얼음 위에 지은 집과 같습니다. 그 집은 얼음이 녹자마자 무너질 것입니다.

하지만 두번째 관계는 성적인 매력에 기초를 두고 있긴 하지만, 육체적인 매력이 절대적인 비중을 차지하지 않는 관계입니다. 이런 관계는 상대방의 친절하고 다정한 마음을 느끼면서 그 사람의 가치를 깊이 이해하는 관계입니다. 그리고 상대방을 하나의 인격체로 존중합니다. 이런 마음으로 맺어진 관계는 훨씬 오래가고 흔들림이 없습니다. 이것이 더 바람직한 관계입니다. 이런 관계를 위해선 진정한 의미에서 서로를 알고, 상대방을 이해하기 위해 충분한 시간을 갖는 것이 매우 중요합니다.

가끔 내가 아는 사람들이 지금 자신이 사귀는 사람과 결혼해도 좋을지 나에게 물으면, 난 대개 그들이 얼마나 오랫동안 알고 지냈는지 묻습니다. 만난 지 몇 달밖에 안 됐다고 대답하면, 난 보통 '그래? 그건 너무 짧은 시간인데' 하고 말합니다. 몇 년 동안 사귄 사이라고 말한다면 그건 더 나은 관계일 것입니다. 왜냐하면 그들은 서로의 외모뿐 아니라 상대방의 깊은 심성까지 알고 있을 테니까요."

내가 말했다.

"마크 트웨인도 '어떤 남자와 여자도 결혼을 하고 25년이 지날 때까지는 완벽한 사랑이 무엇인지 진정으로 알 수 없다'라고 말한 적이 있습니다."

달라이 라마는 고개를 끄덕이며 말했다.

"그렇습니다. 난 서로를 알 수 있는 충분한 시간을 갖지 못할 때 많은 문제가 일어난다고 생각합니다. 누군가 진정으로 만족스런 관계를 갖고자 한다면, 최선의 방법은 상대방의 깊은 심성을 이해하고, 단순히 겉으로 나타나는 특징을 아는 대신 깊은 차원에서 그 사람과 관계를 갖는 일입니다. 그리고 그런 관계에서는 자비심이 중요한 역할을 합니다.

지금까지 난 많은 사람들이 자신들의 결혼이 성적인 관계 이상의 깊은 의미를 갖고 있다고 주장하는 것을 들었습니다. 또한 결혼이란 두 사람이 서로의 삶을 연결하고, 인생의 굴곡을 함께 겪고, 친밀감을 느끼는 것이라고 그들은 말합니다. 만일 그들이 정직한 마음으로 이런 주장을 하는 것이라면, 난 그것이 관계를 이루는 좋은 기초라고 믿습니다. 건강한 관계가 되려면 서로에 대한 책임감과 헌신적인 마음이 있어야 합니다. 물론 육체적인 접촉, 두 사람 사이의 정상적인 성적인 관계는 서로에게 만족감을 주어 마음을 평화롭게 할 수 있습니다.

하지만 생물학적으로 말한다면, 성적인 관계의 중요한 목적은 결국 후손을 잇는 일입니다. 그리고 그 목표를 이루기 위해선 자식들에게 헌신할 필요가 있습니다. 따라서 책임감과 헌신적인 자세를 키우는 것은 매우 중요합니다. 이것이 없다면 두 사람의 관계는 단지 순간적인 만족만을 줄 것입니다. 단지 즐기는 관계가 될 뿐이지요."

이 말을 하면서 달라이 라마는 웃음을 지었다. 인간의 너무나 다양한 행동이 불가사의하게 보인다는 듯한 웃음이었다.

평생을 독신으로 지냈고 이제 예순 살이 넘은 분에게 성과 결혼에 대해 이야기한다는 것이 조금은 어색하게 느껴졌다. 그가 이런 주제에 대해 말하길 꺼리는 건 아니었지만, 자신과 동떨어진 내용을 말하는 느낌을 지우기 힘들었다.

그날 저녁 늦게 우리가 나눈 대화를 생각하면서, 나는 인간 관계의 중요한 요소 중에 말하지 않은 게 있다는 생각이 들었다. 나는 그것에 대해 달라이 라마가 어떻게 생각할지 궁금했다. 다음 날 나는 무엇보다 먼저 그 이야기를 꺼냈다.

"어제 인간 관계에 대해 이야기하면서, 우리는 가까운 연인 관계나 결혼은 단지 성적인 것 이상의 요소를 갖고 있어야 한다고 말했습니다. 서양 문화에서도 사람들이 정말로 소망하는 것은 단지 육체적인 성행위가 아니라 사랑의 감정입니다. 사랑에 빠지거나 상대방과 깊은 사랑을 나누는 것 말입니다. 영화, 문학, 그리고 대중 문화는 이런 종류의 낭만적인 사랑에 찬사를 보냅니다. 이것에 대한 당신의 생각은 어떠신지요?"

달라이 라마는 주저 없이 대답했다.

"낭만적인 사랑을 끝없이 추구하는 것이 영적인 성장에 어떤 영향을 미치는가에 대해선 일단 제쳐놓고라도, 일반적인 시각에서 보더라도 낭만적인 사랑을 너무 이상화시키는 것은 지나친 것이라고 봅니다. 낭만적인 사랑은 상대에 대한 관심과 순수한 애정에 바탕을 둔 관계와는 다른 것입니다. 그것은 긍정적인 것으로 볼 수 없습니다."

그는 단호하게 말했다.

"그것은 이룰 수 없는 환상에 바탕을 둔 것이어서 절망의 씨앗이 될 수 있습니다. 따라서 그런 바탕 위에 있는 낭만적인 사랑은 긍정적인 것이라고 할 수 없습니다."

달라이 라마는 남녀간의 사랑에 대해선 더 이상 할 말이 없다는 듯이 말을 끝냈다. 사랑을 대단히 강조하는 우리 사회의 분위기를 생각하면서, 나는 그가 너무나 가볍게 사랑의 유혹을 물리치고 있다는 느낌이 들었다. 달라이 라마가 수도승으로 성장한 것을 떠올리며, 그가 낭만적인 사랑이 주는 기쁨을 완전히 이해하긴 어려울 것이라는 생각이 들었다. 그리고 그에게 사랑과 관련된 문제에 대해 더 질문을 하는 것은 마치 그에게 주차장으로 가서 내 차의 고장난 부분을 봐달라고 부탁하는 것처럼 별로 도움이 될 것 같지 않다는 생각이 들었다. 약간 실망한 표정으로 나는 잠시 내 노트를 넘겨보고는 다른 주제로 넘어갔다.

사랑이 사람들에게 그토록 호소력을 갖고 있는 이유는 무엇일까? 이 질문에 대한 해답을 찾다보면, 인간에게 황홀감을 주는 에로스라는 것이 문화적, 생물학적, 심리적 요소가 모두 섞인 칵테일 같은 것임을 알 수 있다. 여기서 에로스는 낭만적이고 성적이고 정열적인 사랑을 의미한다.

서양 문화에서 낭만적인 사랑에 대한 생각은 지난 200년 동안 낭만주의의 영향 속에서 활짝 꽃피었다. 낭만주의는 우리가 세계를 새롭게 바라보는 데 결정적인 역할을 한 운동으로 인간의 이성을 강조한 이전의 계몽주의를 거부하면서 생겨났다. 이 새로운 운동은 직관, 감정, 느낌, 그리고 정열을 찬양했다. 감각적인 세계와 주관적인 경험의 중요성을 강조하고, 상상과 환상의 세계로 나아가면서, 이상화된 과거 세상과 유토피아적인 미래 세상 같은 존재하지 않는 세계를 추구했다. 이런 낭만주의적인 생각은 예술과 문학뿐 아니라 정치와 근대 서양 문화의 모든 측면에 큰 영향을 미쳤다.

낭만의 추구에서 가장 강력한 것은 사랑에 빠지는 느낌이다. 어떤 강력한 힘이 그 느낌을 추구하도록 우리를 밀어붙인다. 그것은 단순히 문화 속에서 낭만적인 사랑을 찾아내어 찬양하는 것에 비길 수 없을 만큼 훨씬 강력한 매력을 지니고 있다. 많은 연구가들은 이런 힘이 태어날 때부터 우리의 유전자 속에 들어 있다고 생각한다. 인간이 그토록 사랑에 빠지는 감정을 추구하는 것은 짝을 맺기 위해 유전적으로 물려받은 본능일 수도 있다. 그리고 이 충동은 언제나 성적인 매력을 느끼고 싶은 충동과 뒤섞여 있다.

진화론의 관점에서 볼 때 모든 생물의 일차적인 과제는 생존하고, 번식하고, 그리고 자기 종의 지속적인 생존을 보장하는 것이다. 이것이 모든 종의 가장 큰 관심사이므로 만일 우리가 사랑에 빠지도록 프로그램되어 태어난다면, 그것은 분명히 우리가 짝을 만나 자손을 탄생시킬 수 있는 확률을 높여줄 것이다. 따라서 우리는 선천적으로 그런 일이 일어나도록 도와주는 인체 구조를 갖고 있는 셈이다.

다시 말해 우리의 뇌는 어떤 자극에 반응해 행복의 느낌을 주는 화학 물질을 만들어내며, 이 행복감은 사랑에 빠지는 것과 밀접한 관계가 있다. 그리고 우리의 뇌가 이런 화학 물질에 푹 잠겨 있는 동안에는 가끔 그 감정에 너무 압도되어 그밖의 다른 것들은 보지 못하는 듯하다. 사랑의 감정을 추구하게 만드는 심리적인 힘 또한 생물학적인 힘 못지않게 거역하기 힘들다.

플라톤의 책 〈향연〉에서 소크라테스는 성적인 사랑의 기원에 관해 아리스토파네스(아테네의 시인, 희극 작가)가 지은 신화를 들려준다. 이 신화에 따르면 원래 지구에 살았던 사람들은 둥글게 생겼었다고 한다. 네 팔과 네 다리를 갖고 등과 옆구리는 모두 둥근 모양이었다. 이렇게 자립적이며 중성적인 존재는 아주 거만해져서 신에게 자주 도전했다. 그래서 제우스 신은 벌을 주기 위해 벼락을 쳐서 그들의 몸을 갈라놓았다. 이제 인간은 둘로 나뉘어졌고, 쪼개진 반쪽은 나머지 반쪽과 합쳐지기를 갈망하게 되었다.

정열적이고 낭만적인 사랑을 추구하는 에로스는 나머지 반쪽과 합쳐지려는 고대부터 내려온 소망으로 볼 수 있다. 그것은 보편적이고 무의식적인 인간의 요구인 듯하다. 그 느낌에는 상대방과 합쳐지고, 너와 나라는 경계가 무너지고, 사랑하는 사람과 하나가되는 흥분감이 들어 있다. 심리학자들은 사랑에 빠지는 것을 에고의 경계가 무너지는 것으로 본다. 어떤 사람들은 이것이 우리의최초의 경험, 곧 부모나 자신을 돌보는 사람과 완전히 하나로 합쳐져 있던 어린 시절에 뿌리를 두고 있다고 생각한다. 우리는 그런 어린 시절을 다시 한 번 경험하려고 무의식적으로 노력한다는것이다.

연구 조사에 따르면 신생아는 자신과 자신 이외의 세계를 구분하지 못한다. 아기들은 자아(자신이 누구인가)를 느끼지 못하며, 만일 자아를 느낀다고 해도 거기엔 엄마와 다른 사람들, 그리고 주변 환경의 모든 것들이 포함되어 있다. 아기는 어디에서 자신이끝나고 다른 것이 시작되는지 알지 못한다. 또한 사물의 지속성을이해하지 못하기 때문에, 아이들에게 사물은 독립적으로 존재하는 것이 아니다. 만일 아이들이 어떤 사물과 접촉하고 있지 않다면 그것은 존재하지 않는 것이다. 예를 들어 아기가 딸랑이를 들고 있다면, 그 아기는 딸랑이를 자신의 일부로 생각한다. 그리고누군가 딸랑이를 가져가 눈에 보이지 않게 되면, 그것은 이 세상에 존재하지 않는 것이다.

태어날 때 아기의 뇌에는 아직 정교한 배선이 깔려 있지 않다. 하지만 뇌가 성숙하고 세상과 더 자세히 접촉하면서부터, 아기는 점차 한 개인의 자아를 갖는다. 타인과 마주보고 있는 '나'를 발견하는 것이다. 이와 함께 타인으로부터 고립되는 느낌도 커지면서 아이는 자신의 한계를 점점 깨닫게 된다. 물론 아이가 세상과 접촉하고 아동기와 청소년기를 거치면서 자신이 독립된 개체라는 생각은 더욱 커진다. 자신이 누구인가에 대한 생각은 어린 시절 그가 접촉한 중요한 사람들, 그리고 사회에서 차지하는 자신의 역할에 따라 만들어진다. 자신이 누구인가에 대한 개인의 생각은 시간이 갈수록 점점 복잡해진다.

하지만 우리의 마음 한구석엔 여전히 어린 시절로 돌아가고픈 마음이 있는지도 모른다. 고립되고 분리된 느낌을 느끼지 않는 더없이 행복한 상태로. 현대의 많은 심리학자들은 어린 시절의 하나가 되었던 경험이 우리의 잠재의식 속에 새겨져 있으며, 성인이 되었을 때 그것은 개인의 무의식과 환상을 지배한다고 말한다. 또한 사랑에 빠져 사랑하는 사람과 하나가 되려는 것은 아기였을 때 엄마와 하나가 되었던 경험을 되풀이하려는 것이라고 심리학자들은 믿는다. 그것은 마술적인 느낌과 전지전능한 느낌, 다시 말해 모든 것이 가능할 것 같은 느낌을 다시 한 번 안겨준다. 사실 이런 느낌은 물리치기 힘든 유혹이다.

따라서 사람이 낭만적인 사랑을 추구하는 것은 이상한 일이 아니다. 그렇다면 무엇이 문제가 되기에, 달라이 라마는 낭만적인 사랑을 추구하는 것이 부정적이라고 그토록 쉽게 주장하는 걸까?

나는 낭만적인 사랑을 바탕으로 관계를 맺는 것과 낭만적인 감정을 피난처로 삼아 행복을 느끼는 일이 무엇이 문제인지 생각해 보았다.

그러자 과거에 내 환자였던 데이빗이 떠올랐다. 당시 데이빗의 나이는 서른네 살로 직업은 조경사였다. 그는 처음에 주기적으로 극심한 우울증에 빠지는 전형적인 증상 때문에 나를 찾아왔다. 그는 자신의 우울증이 일과 관련된 사소한 스트레스 때문에 일어나는 것 같다고 말했다. 하지만 그 우울증이 시도 때도 없이 찾아온다는 것이었다.

우리는 약을 써서 우울증을 치료하는 방법에 대해 토론한 끝에, 그가 그 방법에 호감을 보여 일반적인 항우울제를 써보기로 했다. 그 약은 아주 효과가 좋았고, 3주도 안 돼 고통스런 증상이 사라지면서 그는 정상으로 돌아갔다. 하지만 얼마 안 가 그의 병력을 조사하던 중에 나는 또다른 사실을 발견할 수 있었다. 그는 극심한 우울증과 더불어 여러 해 동안 심하지 않은 잠복성 우울증으로 고통을 받은 적이 있었던 것이다. 그가 극심한 우울증에서 회복된 뒤, 우리는 그가 살아온 내력을 조사하기 시작했다. 그가 여러 해 동안 잠복성 우울증을 겪은 이유가 어떤 심리적인 문제 때문인지도 모르기 때문에, 그의 심리를 이해하기 위한 자료를 얻으려는 것이었다.

단지 몇 차례의 상담만 했을 뿐인데, 어느 날 데이빗이 희색이 만면한 얼굴로 사무실 안으로 들어왔다. 그는 자신 있게 말했다.

"정말 기분이 좋아요! 이렇게 기분이 좋기는 몇 년만에 처음이에요!"

그 멋진 소식을 듣자마자, 나는 그가 혼란스런 기분이 들면서 또다시 우울증의 단계로 넘어갈 가능성이 있는지 곧바로 살펴보았다. 다행히 그럴 가능성은 없어보였다.

데이빗이 내게 말했다.

"난 사랑에 빠졌어요. 지난 주에 공사 입찰 장소에서 그녀를 만났어요. 그녀는 지금까지 내가 본 여자 중 가장 아름다운 여자예요……. 우리는 이번 주에 거의 매일 밤 만나서 함께 돌아다녔어요. 우린 서로에게 완벽한 짝인 소울메이트인 것 같아요. 정말 믿을 수 없는 일이에요! 지난 몇 년 동안 여자와 데이트를 한 적이 없어서, 난 이제는 아무도 못 만날 것 같다는 생각까지 했었어요. 그런데 갑자기 그녀가 나타난 거예요."

데이빗은 상담 시간 내내 새 여자 친구의 멋진 점들을 나열했다. 그리고는 말했다.

"모든 면에서 우린 서로에게 완벽한 짝이에요. 단지 성적인 부분만을 말하는 게 아니에요. 우린 똑같은 것에 관심을 갖고 있고 생각도 얼마나 비슷한지 깜짝 놀랄 정도예요. 물론 난 현실적인 사람이기 때문에 완벽한 사람은 없다는 걸 알고 있어요……. 사실 어젯밤에는 그런 문제로 조금 괴로웠어요. 왜냐하면 우리가 함께 갔던 클럽에서 내 여자 친구가 다른 녀석들과 어울렸기 때문이에요……. 하지만 우린 술을 많이 마셨고, 그래서 그녀는 단지 즐겁게 놀았을 뿐이에요. 우린 나중에 그 일에 대해 이야기를 하고 문제를 잘 해결했어요."

데이빗은 다음 주에 다시 와서, 이제 치료를 그만두겠다고 선언했다.

"내 인생의 모든 것이 잘 풀려가고 있어요. 이제 치료를 받으며

애기할 것이 없는 것 같아요."

그는 또 말했다.

"우울증은 이제 사라졌어요. 난 아기처럼 잠을 잘 자고, 직장에
가서도 일을 잘하고, 그녀와의 멋진 관계도 점점 좋아지고 있어
요. 당신과의 상담을 통해 무엇인가를 얻었다는 건 알지만, 지금
은 아무것도 할 것이 없는데 돈을 들여가며 치료를 할 필요가 없
을 것 같아요."

좋아지고 있어서 정말 기쁘다고 나는 그에게 말했다. 하지만 나
는 우리가 알아내기 시작한 몇 가지 가족 문제를 그에게 상기시켰
다. 이 문제가 그의 잠복성 우울증의 원인일 수도 있었다. 하지만
그는 '저항'과 '방어' 같은 정신 의학 용어가 생각날 정도로 내 말
을 받아들이려고 하지 않았다.

그는 내 말을 별로 믿는 것 같지 않았다. 그는 말했다.

"글쎄요, 언젠가 그런 것들을 살펴보고 싶을 때가 있을 겁니다.
하지만 난 우울증이 주로 외로움 때문에 생겼다고 생각해요. 다시
말해 그건 나와 모든 걸 공감할 수 있는 특별한 사람이 없다는 느
낌 때문이었는데, 지금 난 그녀를 발견했거든요."

그날 그는 치료를 끝내기로 단단히 결심하고 있었다. 우리는 그
의 주치의가 앞으로 먹을 약에 대해 적절한 조치를 취하기로 타협
을 하고, 치료 과정을 되돌아보며 남은 상담 시간을 보냈다. 끝으
로 나는 내 사무실 문은 언제나 열려 있다고 그에게 말해주었다.

몇 달 뒤, 데이빗이 내 방으로 다시 들어왔다. 그는 풀 죽은 목
소리로 말했다.

"비참한 심정이에요. 지난번 당신을 만났을 때는 모든 일이 잘

돌아가고 있었어요. 난 정말로 이상적인 짝을 발견했다고 생각했어요. 그녀에게 결혼 얘기까지 꺼냈지요. 하지만 내가 가까이 가려고 할수록 그녀는 점점 더 멀어지는 것 같았어요. 그녀는 마침내 나와 관계를 끊었어요. 그 뒤로 몇 주 동안 난 다시 우울증에 빠졌어요. 난 그녀에게 전화를 걸기 시작했고 그녀의 목소리만 듣고 끊어버렸어요. 그리고 단지 그녀의 차가 있는지 보기 위해 그녀가 일하는 건물 옆으로 차를 몰고 지나가곤 했어요. 그렇게 한 달이 지나자 어처구니없는 짓에도 신물이 났고, 우울증도 조금은 나아졌어요. 잘 먹고, 잘 자고, 여전히 일도 잘하고, 기운도 좀 나요, 하지만 나의 일부분이 없어진 것 같은 느낌은 지울 수가 없어요. 난 마치 출발점으로 되돌아온 기분이고, 오랫동안 내가 갖고 있던 느낌과 똑같은 느낌이 들어요……."

우리는 다시 치료를 시작했다.

사람들이 행복해지기 위해 낭만적인 사랑을 원한다는 것은 분명한 사실 같다. 그리고 낭만적인 사랑을 관계의 기초로 해선 안 된다는 달라이 라마의 말도 그리 틀린 말은 아닌 듯했다. 또한 그가 낭만적인 사랑을 단지 환상이고 이룰 수 없는 것이며, 얻으려고 노력할 가치가 없다고 말하는 것에도 일리가 있는 것 같았다. 좀더 자세히 살펴보면, 달라이 라마는 낭만적인 사랑의 본질을 객관적으로 표현했다고 할 수 있다. 수도승으로 오랫동안 수행만 했기 때문에 낭만을 부정적으로 생각한다고 볼 순 없을 것이다.

사전 같은 객관적인 자료를 찾아보더라도 낭만에 대한 열 개가 넘는 정의가 나와 있지만, 말 그대로 부정적인 설명만 잔뜩 실려 있다. 이를테면 허구적인 이야기, 과장, 거짓말, 환상이나 상상, 실제적이지 않는 것, 사실적인 근거가 없는 것, 아니면 이상화된 방식으로 구애하려고 하는 것, 또는 그런 행동의 특징 등이다. 서양 문명이 거쳐온 길 어딘가에서 변화가 생긴 것이 분명하다. 하나가 되고, 다른 것과 합쳐진다는 의미를 가진 고대의 에로스라는 말이 새로운 의미를 갖게 된 것이다. 낭만은 거짓과 사기라는 양념이 가미되면서 작위적인 특징을 갖게 되었다. 오스카 와일드는 이런 특징을 가진 사랑을 쓸쓸한 어조로 표현하고 있다.

"사랑에 빠질 때, 그는 언제나 자신을 속이면서 사랑을 시작한다. 그리고 언제나 다른 사람들을 속이면서 사랑을 끝낸다. 이것이 바로 세상 사람들이 로맨스라고 부르는 것이다."

앞에서 우리는 인간에게 행복을 가져다주는 중요한 요소인 친밀감에 대해 살펴보았다. 친밀감이 행복을 준다는 것은 의심할 여지가 없다. 하지만 그 행복이 오래가려면 관계의 기초가 단단해야 할 것이다. 그렇기 때문에 달라이 라마는 관계의 기초를 살펴보라고 우리에게 말하는 것이다. 그렇게 살펴봐서 설령 자신이 쓰라린 관계 위에 서 있음을 발견한다 할지라도 말이다.

성적인 매력이나 사랑에 빠지게 만드는 강렬한 감정은 처음에 두 사람을 하나로 묶기 위한 끈의 역할을 할 수 있다. 하지만 좋은 아교 접착제가 그렇듯이 처음에 묶어준 그 끈은 영구적인 끈으로 굳어지기 위해 다른 요소들과 섞여야만 한다. 그 요소들이 무엇인지 살펴보면서, 우리는 변치 않는 관계를 만들기 위한 달라이 라마의 방법을 다시 한 번 생각하게 된다. 그것은 애정과 자비심을 갖고, 인간 존재로서 서로를 존중하는 마음을 갖고 관계를 맺는 일이다. 그럴 때 우리는 연인이나 배우자뿐 아니라 친구와 친척, 낯선 사람과도 깊고 의미 있는 관계를 맺을 수 있다. 사실 모든 인간 존재와 그런 관계를 맺을 수 있다. 이것은 다른 사람과 연결될 수 있는 무한한 가능성이며 기회인 것이다.

7

왜 자비심이어야 하는가

자비심은 인간의 생존에 가장 기초가 되며, 그것 때문에 인간의 삶은 진정한 가치를 갖는다.
자비심이 없다면 삶의 기초가 없는 것과 같다.

달라이 라마와 대화를 계속하면서, 나는 그의 삶에서 자비심이란 것이 단지 따뜻한 마음과 애정을 키우고 다른 사람과 관계를 좋게 갖기 위한 것만이 아닌, 훨씬 중요한 의미를 가진 것임을 깨닫게 되었다. 사실 불교 수행자로서 자비심을 키우는 것은 그의 영적인 길에 반드시 필요한 일이었다.

하루는 내가 물었다.

"불교에서는 자비심을 개인의 영적인 발전에 꼭 필요한 것이라고 강조하는데, 당신이 이해하는 자비심은 어떤 것인지 좀더 구체적으로 듣고 싶군요."

달라이 라마가 대답했다.

"자비심은 다른 생명체에게 폭력을 쓰지 않고 해를 끼치지 않으며, 공격적이지 않은 마음이라고 말할 수 있습니다. 그것은 다른 사람이 고통에서 해방되기를 바라는 마음이며, 또한 타인을 존중하는 마음, 책임감과도 관계가 있습니다. 티벳어로 '체와'라고 부르는 자비심의 의미 속에는 자기 자신을 이롭게 한다는 뜻도 들어 있습니다. 자비심을 키우면서 사람은 먼저 자신이 고통에서 해방되길 바라고, 그런 마음을 가진 뒤엔 그 마음을 더 키워 다른 사람도 감싸안는 것입니다.

그런데 자비심에 대해 말할 때, 종종 자비심을 집착과 혼동할 위험이 있습니다. 우리는 먼저 사랑과 자비심에는 두 종류가 있다는 것을 알아야 합니다. 첫번째 종류의 자비심은 집착과 섞인 것입니다. 다시 말해, 누군가를 사랑하면서 동시에 그 사람으로부터 사랑받기를 원하는 것입니다. 주변에서 흔히 볼 수 있는 이런 종류의 사랑과 자비심은 매우 부분적이고 편견에 치우쳐 있습니다. 그리고 이런 마음에 바탕을 둔 관계는 불안정합니다. 이런 편협한 관계는 상대방을 친구로 생각하고 그에게 감정적인 집착과 친밀감을 느끼시만, 상황이 조금만 바뀌어도, 예를 들어 서로 의견이 맞지 않거나 친구가 자신을 화나게 만드는 일이 생기면 갑자기 마음이 변하면서 그가 내 친구라는 생각은 사라질 것입니다. 그 다음엔 감정적인 집착이 자취를 감추고, 사랑과 관심 대신 미움의 감정이 싹트는 걸 발견할 것입니다. 이처럼 집착에 바탕을 둔 사랑은 쉽게 미움으로 바뀔 수 있습니다.

하지만 집착에서 벗어난 두번째 종류의 자비심이 있습니다. 이것이 진정한 자비심입니다. 이 자비심은 어떤 사람이 자신과 가깝기 때문에 생기는 것이 아닙니다. 오히려 진정한 자비심은 모든 인간 존재가 나 자신과 마찬가지로 행복을 바라고 고통을 극복하려는 본질적인 소망을 갖고 있다는 이해에 바탕을 두고 있습니다. 또한 나 자신과 마찬가지로 다른 사람들도 이런 근본적인 소망을 이룰 수 있는 권리를 갖고 있습니다. 이처럼 사람들의 소망이 같다는 사실을 깨닫게 되면 다른 사람에 대해 더욱 친밀감을 느끼게 됩니다. 기본적으로 이런 생각을 갖고 있으면, 어떤 사람을 적으로 보든 친구로 보든 상관없이 그에게 자비심을 느낄 수 있습니다. 이 자비심은 당신의 욕망이 반영된 것이라기보다는 다른 사람의 기본적인 권리에 바탕을 둔 것입니다. 이런 바탕이 있으면 마음속에서 자연스럽게 자비심이 생겨날 것입니다. 이것이 진정한 자비심입니다.

따라서 우리는 두 종류의 자비심이 가진 차이점을 이해하는 것과 진정한 자비심을 키우는 일이 하루하루의 삶에서 얼마나 중요한가를 알 수 있습니다. 사람들은 대개 감정적인 집착을 갖고 결혼 생활을 합니다. 하지만 사랑과 함께 서로를 인격체로서 존중하는 진정한 자비심을 부부가 갖고 있다면 결혼 생활은 오랫동안 이어질 것입니다. 자비심이 없이 감정적인 집착만 갖고 있는 경우에 그 결혼 생활은 불안정해지고 훨씬 빨리 끝나버리기 쉽습니다."

하지만 다른 종류의 자비심, 즉 개인의 감정과 상관없는 보다 진정한 의미의 자비심을 키워야 한다는 건 너무 지나친 요구처럼 보였다. 그런 생각을 하면서 내가 무심코 물었다.

"하지만 사랑이나 자비심은 주관적인 감정입니다. 사랑과 자비심이라는 감정은 그것이 집착과 섞여 있든 아니면 진정한 것이든 똑같을 것입니다. 따라서 사람이 두 가지 종류의 자비심에서 똑같은 감정이나 느낌을 경험한다면, 굳이 둘을 구별하는 것이 왜 중요합니까?"

달라이 라마는 단호한 목소리로 대답했다.

"먼저 진정한 사랑과 자비심은 집착에 기초한 사랑의 느낌과는 전혀 다른 성질을 갖고 있다고 난 생각합니다. 그것은 똑같은 느낌이 아닙니다. 진정한 자비심의 느낌은 더욱 강하고 깊습니다. 또한 진정한 사랑과 자비심은 훨씬 변함이 없고 믿을 수 있습니다. 예를 들어 낚싯바늘에 걸려 몸부림치는 물고기처럼 극심한 고통을 겪고 있는 어떤 동물을 본다면, 당신은 자연스럽게 그 고기의 고통을 곁에서 지켜보기가 힘들다는 느낌을 갖게 될 것입니다. 당신이 그 물고기와 특별한 관계가 있어서, '오, 이 물고기는 내 친구야'라고 생각하기 때문에 그런 느낌이 드는 것이 아닙니다. 이 경우에 당신이 자비심을 느끼는 이유는 단순히 그 물고기 역시 감각이 있어서 고통을 느낄 수 있으며 그런 고통을 겪지 않을 권리가 있다고 생각하기 때문입니다. 욕망과 집착이 섞이지 않은 이런 자비심은 더 건강하고 훨씬 오래갈 수가 있습니다."

자비심에 대한 대화에 깊이 빠져들면서 내가 말했다.

"낚싯바늘에 걸려 극심한 고통을 겪고 있는 물고기를 눈앞에서 보고 있는 예를 통해 당신은 자비심의 핵심을 짚어주셨습니다. 다시 말해, 자비심이란 곁에서 물고기의 고통을 지켜보기 힘든 느낌 같은 것과 관계가 있다는 것이군요."

달라이 라마가 말했다.

"그렇습니다. 어떤 의미에서 자비심은 다른 사람의 고통이나 다른 생명 가진 존재의 고통을 볼 때 생기는 견디기 힘든 느낌으로 정의할 수도 있을 것입니다. 이 느낌을 갖기 위해선 먼저 다른 사람이 겪는 극심한 고통을 이해해야 합니다. 따라서 타인의 고통을 더 많이 이해하고, 또 우리가 겪기 쉬운 여러 가지 고통을 충분히 이해할수록 우리의 자비심은 더욱 깊어질 것입니다."

내가 궁금한 점을 질문했다.

"다른 사람의 고통을 더 많이 이해할수록 자비심을 느끼는 능력이 커진다는 건 충분히 이해하겠습니다. 사실 자비심의 정의에는 타인의 고통을 마음으로 받아들인다는 의미가 있습니다. 다른 사람의 고통을 함께 느끼는 것이지요. 하지만 그 전에 좀더 근본적인 질문을 드리고 싶습니다. 우리는 실제로 자신이 고통을 겪는 것도 바라지 않는데, 왜 다른 사람의 고통을 떠맡길 원할까요? 대부분은 고통을 피하기 위해 어떤 일도 서슴지 않습니다. 심지어 마약에까지 손을 댑니다. 그런데 무슨 이유로 우리가 다른 사람의 고통까지 일부러 떠맡겠습니까?"

한순간도 주저하지 않고 달라이 라마가 대답했다.

"자신이 겪는 고통은 자비심을 갖고 타인의 고통을 함께 경험할 때 느끼는 고통과 크게 다르다고 난 생각합니다. 거기엔 질적인 차이가 있습니다."

그는 잠시 말을 멈추더니 마치 내 마음속에 있는 느낌을 알고 있는 듯이 이렇게 말했다.

"당신이 스스로의 고통을 생각할 때는 그것에 완전히 압도를 당합니다. 그것은 무엇인가에 짓눌리는 듯한 부담스런 느낌입니다. 어쩔 도리가 없는 무력감이지요. 당신은 마음이 답답해지면서 자신의 능력이 마비된 듯한 기분이 들 것입니다. 그런데 자비심이 생겨 타인의 고통을 떠맡을 때는, 처음엔 똑같이 어느 정도 불편하고 견디기 힘든 느낌을 받을 것입니다. 하지만 그 느낌은 차츰 크게 달라집니다. 불편한 마음 밑바닥에는 깨어 있고 결단력이 있는 마음이 놓여 있습니다. 왜냐하면 당신은 한층 더 높은 목적을 위해 자발적으로 다른 사람의 고통을 받아들인 것이기 때문입니다. 그 순간 당신은 그 사람과 하나로 연결된 것을 느끼고 다른 사람에게 기꺼이 손을 뻗으려는 마음이 생기며, 무력감보다는 신선한 느낌을 받을 것입니다.

이것은 운동 선수가 연습하는 것과 비슷합니다. 혹독한 훈련을 하는 동안에 운동 선수는 많은 고통을 느낄 것입니다. 힘이 들고, 땀이 나고, 몸에 무리가 갈 것입니다. 그것은 정말 고통스럽고 사람을 지치게 만드는 경험입니다. 하지만 운동 선수는 그것을 고통으로 보지 않습니다. 그는 훈련을 뛰어난 결과를 얻기 위한 과정으로 생각하며 기쁜 마음으로 받아들일 것입니다. 하지만 그가 훈련이 아닌 육체 노동을 해야 한다면, 그는 이렇게 생각할 것입니다. '내가 왜 이런 혹독한 시련을 겪어야만 하지?' 이처럼 그의 정신 자세는 엄청나게 달라지게 됩니다."

이렇듯 확신에 찬 달라이 라마의 말을 들으며 나는 억눌리는 느낌이 사라지면서, 고통을 받아들이고 초월할 수 있을 것 같은 순간적인 느낌이 들었다.

내가 말했다.

"당신은 그와 같은 자비심을 일으키는 첫번째 단계가 고통을 이해하는 것이라고 말씀하셨습니다. 하지만 자비심을 키우는 방법으로 불교에서 쓰는 다른 특별한 기술은 없습니까?"

"있습니다. 예를 들어 대승 불교의 전통에는 자비심을 키우는 두 가지 중요한 기법이 있습니다. 그것은 '일곱 가지 원인과 결과'의 방법과 '나눔과 평등의 법칙'으로 알려져 있습니다. '나눔과 평등'의 방법은 산티데바의 저서 〈입보리행론〉 8장에도 나오는 기술입니다."

달라이 라마는 시계를 보고는 대화를 끝낼 시간이 되었다는 걸 알고 이렇게 말했다.

"이번 주말 강연을 하는 동안 우리는 자비심을 놓고 몇 가지 수행과 명상을 할 것입니다."

이 말과 함께 그는 다정하게 웃으며, 대화를 끝내기 위해 자리에서 일어났다.

다음 만남에서도 자비심에 대해 이야기하면서 나는 이렇게 말을 꺼냈다.

"지금까지 우리는 자비심의 중요성과 함께, 인간이 행복해지려면 애정과 따뜻한 마음, 우정 등이 반드시 필요하다는 당신의 믿음에 대해 이야기했습니다. 하지만 한 가지 궁금한 점이 있습니다. 예를 들어 어느 부유한 사업가가 당신에게 와서 이렇게 말했다고 상상합시다.

'당신은 인간이 행복해지려면 따뜻한 마음과 자비심이 절대로 필요하다고 말씀하십니다. 하지만 난 천성적으로 따뜻한 마음을 가진 사람이 아닙니다. 솔직히 특별한 자비심이나 이타주의적인 감정을 정말로 느끼지 못합니다. 난 대체로 이성적이고 현실적이며 지적인 성향을 갖고 있어서, 그런 종류의 감정은 느낄 수가 없습니다. 하지만 내 자신의 인생에 만족하고, 내 방식대로 인생을 살면서 행복을 느끼고 있습니다. 난 사업에서 큰 성공을 거뒀고, 친구들도 있고, 아내와 자식들을 부양하고 있으며 가족과의 관계도 좋은 편입니다. 내 삶에 뭔가 빠져 있는 듯한 느낌은 전혀 없습니다. 자비심, 이타주의, 따뜻한 마음을 키워야 한다는 건 물론 좋은 얘깁니다. 하지만 그런 것이 나한테 무슨 이익이 되겠습니까? 내 귀엔 단지 감상적인 말로 들릴 뿐입니다……' 라고 말입니다."

그러자 달라이 라마가 말했다.

"사업가가 그렇게 얘기했더라도, 무엇보다 그가 정말 마음 깊이 행복을 느끼는지 난 여전히 의심이 됩니다. 난 자비심이 인간의 생존에 가장 기초가 되며, 그것 때문에 인간의 삶이 진정한 가치를 갖게 된다고 확신합니다. 자비심이 없다면 삶에서 기초가 되는 부분이 빠진 것과 같습니다. 타인의 느낌을 민감하게 느끼는 능력은 사랑과 자비심을 이루는 한 요소입니다. 예를 들어 그런 능력이 없는 남편은 아내와 좋은 관계를 유지하기가 힘듭니다.

만일 아까 그 사람이 정말 남의 고통과 느낌에 무관심한 태도를 갖고 있다면, 그가 아무리 백만장자이고 훌륭한 교육을 받고 자신의 가족과 아무 문제가 없으며, 친구와 다른 부자들, 정치가와 국가 지도자들에게 둘러싸여 있더라도, 그 모든 것들은 단지 피상적인 기쁨을 줄 뿐이라고 난 생각합니다.

하지만 그가 자신은 자비심을 느끼지 못하고, 무언가 빠진 듯한 느낌도 전혀 없다고 계속 주장한다면…… 그에게 자비심의 중요성을 이해시키긴 조금 어렵겠지요."

달라이 라마는 잠시 생각을 정리하기 위해 말을 멈췄다. 나와 대화를 나누는 동안 그는 가끔씩 말을 멈추곤 했지만, 어색한 침묵이 흐른다는 느낌은 들지 않았다. 오히려 그런 침묵은 그가 다시 말을 시작할 때 중력의 힘처럼 그의 말에 무게와 의미를 더해 주었다.

마침내 그가 입을 열었다.

"그가 그런 성격을 가진 사람이더라도 나는 이런 말들을 해주고 싶군요. 첫째로 난 그에게 자신이 경험한 것을 곰곰이 되짚어보라고 말하고 싶습니다. 누군가 자비심과 애정을 갖고 자신을 대할 때 행복한 느낌이 든다는 걸 그도 경험을 통해 알 수 있을 것입니다. 그리고 이런 경험을 통해 그는 다른 사람들 또한 따뜻한 마음과 애정을 받으면 기분이 좋아진다는 걸 깨닫게 됩니다. 이런 사실을 깨달음으로써 그는 타인의 감정 상태를 더욱 존중하고, 그들을 자비심과 따뜻한 마음으로 대해야겠다는 마음도 더욱 커질 것입니다. 동시에 그는 타인에게 따뜻한 마음을 줄수록 자신도 그런 마음을 더 많이 받는다는 걸 알게 될 것입니다. 그가 이런 사실을 깨닫기까진 그리 오랜 시간이 걸리지 않을 것이라고 난 생각합니다. 결과적으로 이런 깨달음은 사람들이 서로에 대한 신뢰와 우정을 쌓는 데 밑거름이 됩니다.

그 남자가 모든 물질의 편리함을 누리고 인생에서 성공하고 많은 친구들에게 둘러싸여 있으며 경제적으로 안정되어 있다고 가정해봅시다. 내 생각엔 그의 가족과 아이들도 비슷한 만족을 느낄 가능성이 높습니다. 왜냐하면 그는 성공한 사업가이므로 그의 가족들 또한 많은 돈을 갖고 편안한 삶을 살고 있을 것이기 때문입니다. 따라서 자신에게 어느 정도 인간적인 따뜻함과 애정이 없어도 그는 무언가 결핍된 느낌을 갖지 않을 거라고 생각할 수 있습니다.

하지만 그가 모든 것이 잘되고 있으므로 자비심을 키울 필요가 없다고 생각한다면, 앞을 내다볼 줄 모르는 무지함 때문에 그렇게 생각하는 것입니다. 다른 사람들이 그를 진심으로 대하는 것처럼 보여도, 사실 사람들이 그에게 다가가는 이유는 대체로 그를 출세와 사업의 수단으로 생각하기 때문입니다. 그들은 그가 가진 부와 권력에 영향을 받고, 그 사람 자체보다는 그런 것에 더욱 관심을 갖고 있을 것입니다. 따라서 어느 의미에서 그 남자로부터 인간적인 따뜻함과 애정을 받지 못하더라도, 그들은 만족하며 그 이상을 바라지 않을 것입니다. 하지만 ㄱ의 재산이 줄어든다면 ㄱ와 다른 사람과의 관계는 서서히 끊어질 것입니다. 그러면 그는 인간에게 따뜻한 마음이 없을 때 어떤 결과가 나타나는지 알게 되고, 곧이어 고통을 느끼기 시작할 것입니다.

그러나 자비심을 갖고 있으면 사람들은 자연스럽게 그것에 의지할 수 있습니다. 경제적인 문제가 생기고 재산이 줄어들지라도 사람들은 여전히 다른 인간 존재들과 함께 나눌 수 있는 무엇인가를 갖고 있습니다. 세계 경제는 언제든 사정이 나빠질 수 있고 우리는 살면서 많은 것을 잃기 쉽습니다. 하지만 자비로운 태도는 우리가 언제나 간직할 수 있는 것입니다."

적갈색 승복을 입은 수행원이 방으로 들어와 우리 앞에 놓인 찻잔에 조용히 차를 따르자, 달라이 라마가 계속 말했다.

"물론 어떤 사람에게 자비심의 중요성을 설명하려고 하는데, 그가 아주 냉담하고 개인적이며 오직 자신의 이익에만 관심을 가진 사람일 수도 있습니다. 심지어 사랑하는 연인이나 아주 가까운 사람의 고통조차도 함께 느낄 수 없는 사람들도 있을 것입니다. 하지만 이런 사람들에게도 사랑과 자비심을 갖는 것이 자신의 이익을 얻기 위한 가장 좋은 방법이라고 하면서 그 중요성을 강조할 수 있습니다. 사람들은 건강한 몸으로 오래도록 살고, 마음의 평화와 행복, 기쁨을 누리길 바랍니다. 이기적인 사람들이 바라는 것이 바로 이런 것들이라면, 사랑과 자비를 가질 때 그것들을 한층 더 쉽게 이룰 수 있습니다. 이것은 과학적으로도 증명된 사실이라고 알고 있습니다……. 물론 정신과 의사인 당신이 과학적인 주장에 대해선 더 잘 알겠지요?"

"그렇습니다."

나는 그의 말에 동의하며 말했다.

"자비로운 마음의 상태가 육체와 감정에 좋은 영향을 준다는 것을 뒷받침하는 과학적인 증거가 많이 있습니다. 따라서 그런 사실들과 과학적인 연구 결과를 사람들에게 가르친다면, 자비로운 마음을 키우는 데 분명히 도움이 될 것입니다."

달라이 라마가 말했다.

"하지만 과학적인 연구를 제쳐놓더라도 사람들이 실제적이고 직접적인 일상의 경험을 통해 자비심의 중요성을 이해할 수 있습니다. 예를 들어 자비심이 없는 사람은 잔인해진다는 사실을 지적할 수 있습니다. 무자비한 사람들은 보통 자기 마음 깊은 곳에 있는 불행하고 불안한 느낌 때문에 고통받습니다. 이런 사실을 보여주는 예는 많이 있습니다. 스탈린과 히틀러 같은 사람들이 바로 그런 예입니다. 이런 사람들은 늘 불안과 두려움에 시달립니다. 심지어 이들은 잠을 잘 때도 두려운 느낌이 남아 있을 것입니다. 어떤 사람들은 이 모든 것을 이해하기가 무척 어렵겠지만, 한 가지 분명한 것은 무자비한 사람들에게는 자비로운 사람들에게서 발견할 수 있는 것이 결여되어 있다는 것입니다. 그들은 자유로운 느낌과 긴장을 벗어던진 평화로운 상태를 느낄 수가 없습니다.

그런 느낌은 잠을 잘 때 사람의 몸과 마음을 편하게 해주는 마음입니다. 무자비한 사람들은 결코 그런 느낌을 경험할 수가 없습니다. 언제나 무엇인가가 그들을 옭아매고 있습니다. 그것은 어떤 것에 사로잡힌 느낌과 비슷해서, 그들은 마음이 휴식을 하거나 자유로운 느낌을 경험할 수 없습니다."

달라이 라마는 잠시 말을 멈추고 무심코 머리를 긁은 뒤 계속해서 말했다.

"그냥 생각이긴 하지만 난 무자비한 사람들에게 이런 질문을 던지면 어떨까 상상해봅니다.

'엄마의 보호를 받으며 가족들과 다정하게 지내던 어린 시절과 막강한 권력과 영향력을 갖고 높은 지위에 있는 시절을 비교한다면 어느 때가 더 행복했다고 생각하는가?'

내 생각엔 그들이 어린 시절이 더 좋았다고 대답할 것 같군요. 스탈린조차도 어린 시절에는 엄마로부터 사랑을 받았을 테니까요."

내가 말했다.

"자비심 없이 살 때 어떤 결과가 나타나는가를 말하면서 스탈린의 예를 든 것은 아주 적절하다고 생각합니다. 스탈린 성격의 두 가지 특징이 무자비함과 의심이라는 건 잘 알려진 사실입니다. 그는 무자비함을 미덕으로 생각해서 원래 쥬가시빌리였던 자신의 이름을 '철인'이라는 의미의 스탈린으로 바꿨습니다. 살아가면서 그는 점점 더 무자비한 사람이 되었고, 그럴수록 더욱 남을 의심하게 되었습니다. 그는 정말로 사람을 의심하는 것으로 유명했습니다. 그가 가진 두려움과 의심은 결국 대규모 숙청과 소련 안에 있는 다양한 집단과의 전쟁으로 이어졌습니다. 그 결과 수백만 명이 투옥되거나 처형되었습니다. 하지만 그는 여전히 모든 곳에서 적을 발견했습니다. 죽음을 맞이하기 얼마 전에 스탈린은 후루시초프에게 이렇게 말했습니다.

"난 아무도 믿지 않소. 심지어 나 자신조차도."

마침내 그는 자신의 가장 충성스런 참모들까지 공격했습니다. 더욱 무자비해지고 강한 권력을 가질수록 그는 분명히 더욱 불행해졌을 것입니다. 결국 스탈린의 한 친구는 그에게 남아 있는 유일한 인간적인 특징은 그가 가진 불행이라고 말했습니다. 그의 딸 스베틀라나는 아버지 스탈린이 외로움과 내면의 공허함 때문에 고통받았다고 말했습니다. 그녀에 따르면 인간이 거짓 없고 따뜻한 마음을 가질 수 있음을 스탈린은 믿지 않았다고 합니다.

어쨌든 스탈린 같은 사람들을 이해하기란 무척 어렵다고 생각합니다. 왜 그들이 그토록 끔찍한 일을 저질렀는지도 이해하기 힘들 정도입니다. 하지만 한 가지 중요한 것은 그토록 극단적이고 무자비한 사람들도 어린 시절의 즐거운 추억들을 애틋한 마음으로 회상할 것이라는 사실입니다. 이를테면 엄마로부터 사랑 받던 일 등을 말입니다.

하지만 즐거운 어린 시절도, 자신을 사랑한 엄마도 없었던 많은 사람들은 어떻게 되는 걸까요? 어린 시절 학대를 받거나 다른 고통을 겪은 사람들은? 우리는 지금 자비심에 대해 이야기하고 있습니다. 사람들이 자비심을 키울 수 있으려면 따뜻한 애정을 주는 부모나 보모의 품에서 성장해야 한다고 생각하지 않으십니까?"

"네, 나도 그것이 중요하다고 생각합니다."

달라이 라마는 잠시 말을 멈추고, 생각에 잠긴 채 익숙한 솜씨로 염주를 돌렸다. 이윽고 그가 말했다.

"어린 시절부터 많은 고통을 겪고, 다른 사람들로부터 애정을 못 받은 사람들이 있습니다. 그래서 훗날 삶을 살면서도 인간적인 감정을 갖지 못하고, 자비심과 애정도 가질 수 없는 이들이 있습니다. 다시 말해 냉정하고 진실한 인간이 되는 것이지요……"

달라이 라마는 말을 멈추고, 잠시 그 문제에 대해 진지하게 생각하는 듯했다. 차를 마시려고 몸을 굽힐 때 드러나는 어깨의 선마저도 그가 깊은 생각에 빠져 있음을 보여주었다. 하지만 그는 곧바로 입을 열 생각이 없어보였고, 그래서 우리는 조용히 앉아 차를 마셨다. 마침내 그는 해답을 도저히 찾을 수 없다는 듯 어깨를 한 번 으쓱했다.

내가 말했다.

"그렇다면 당신은 감정 이입과 자비심을 키우는 기술도 그처럼 불우한 성장 환경을 가진 사람들에겐 아무 소용이 없다고 생각하시는 겁니까?"

달라이 라마가 대답했다.

"다양한 수행법과 방법을 이용할 때, 사람들 각자가 얻을 수 있는 결과의 크기는 언제나 다릅니다. 그것은 그 사람이 처한 특별한 환경에 달려 있습니다. 어떤 경우엔 그런 수행법들이 전혀 소용이 없을 수도 있지요……"

정확한 이해를 위해 나는 그가 말하는 도중에 끼어들었다.

"당신이 말하는 자비심을 키우기 위한 특별한 방법이란 무엇인가요?"

"지금까지 우리가 이야기한 것이 그것입니다. 첫번째로 배움을 통해 자비심의 가치를 깊이 이해하는 것입니다. 이것은 당신에게 확신과 결단력을 줍니다. 그런 다음에 감정 이입이 잘 되도록 도움을 주는 방법을 이용하는 것입니다. 창조적인 상상력을 통해 자신이 다른 사람의 입장에 있다고 그려보는 것입니다.

난 이번 주말 강연에서 당신이 연습할 수 있는 수행에 대해 이야기할 예정입니다. 이를테면 자비심을 키우는 데 도움이 되는 통렌 수행 같은 걸 말입니다. 하지만 염두에 두어야 할 것은 통렌 수행 같은 방법들은 가능한 많은 사람들에게 도움을 주고자 만들어진 것이며, 적어도 일부 사람들에게는 도움이 될 것입니다. 하지만 이 방법이 100퍼센트 모든 사람들에게 도움을 주길 기대할 순 없습니다.

자비심을 키우기 위한 여러 방법에 대해 말하면서 정말 중요하게 생각해야 할 것은…… 자비심을 갖기 위해 진심으로 노력하는 것입니다. 사실 사람들 각자가 얼마나 자비심을 가질 수 있는가는 여러 요소에 달려 있으므로, 누가 그것들을 다 말할 수 있을까요? 하지만 사람들이 좀더 친절하고 자비로운 사람이 되려고 노력하고 세상을 더 좋은 곳으로 만들기 위해 최선을 다한다면, 마지막에 가서 이렇게 말할 순 있을 것입니다. '적어도 난 최선을 다했어!' 하고 말입니다."

자비심과 남을 위하는 마음을 가질수록 사람의 정신 건강과 신체 건강이 좋아진다는 주장이 있는데, 최근에 이런 주장을 뒷받침하는 연구가 많이 있었다. 하버드 대학의 심리학자 데이빗 맥클랜드 교수의 유명한 실험이 있다. 그는 한 무리의 학생들에게 테레사 수녀가 캘커타의 가난하고 병든 사람들을 위해 헌신하는 모습을 찍은 영화를 보여주었다. 영화를 본 학생들은 그 영화가 자비심을 갖도록 자극을 주었다고 교수에게 보고했다. 다음으로 교수는 그 학생들의 타액을 분석해 면역 글로불린 A가 증가한 것을 발견했다. 이 물질은 호흡기 감염을 막아주는 항체이다.

미시간 대학 연구 센터의 제임스 하우스 박사가 시도한 또다른 연구가 있다. 하우스 박사 연구팀은 여러 해에 걸쳐 규칙적으로 자원 봉사를 하며 타인을 따뜻하고 자비로운 마음으로 대하는 사람들을 조사한 끝에, 그들의 수명이 증가하고 전반적인 신체의 활력도 늘어난 것을 발견했다. 몸과 마음의 관련성에 대한 새로운 분야를 연구하는 많은 연구자들도 이와 비슷한 결론에 이르렀다. 긍정적인 마음 상태가 건강을 더 좋게 할 수 있다는 것이다.

자비심을 갖고 남에게 베푸는 행동이 육체 건강에 좋은 영향을 미칠 뿐 아니라 정신 건강에도 좋다는 건 분명한 사실이다. 다른 사람을 돕는 행동이 행복한 느낌과 평온함을 주고, 우울한 느낌을 줄여준다는 연구 결과들은 수없이 많다. 하버드 대학 졸업생 중 한 집단을 30년 동안 연구한 조지 배일런트라는 학자는 남을 돕는 삶이 정신 건강을 유지하는 데 매우 중요한 요소가 된다는 결론을 내렸다.

알렌 룩스 박사는 규칙적으로 자원 봉사 활동을 하는 수천 명을 대상으로 연구를 했다. 그가 밝힌 연구 결과에 따르면, 이들 자원 봉사자들의 90퍼센트가 넘는 사람들이 그 활동 덕분에 자신들의 모든 수치가 크게 올라갔음을 보고했다. 따뜻한 마음과 행복감을 느끼고, 더 많은 에너지가 생겼다는 것이다. 그들은 또한 마음의 평화와 함께, 그런 행동을 한 뒤에 자신의 가치를 더욱 분명히 느꼈다. 이렇게 남을 보살피는 행동이 사람의 감정을 풍부하게 해줄 뿐 아니라, 타인을 돕는 사람의 평온한 마음이 스트레스와 관련된 여러 질병을 막아준다는 것이 밝혀졌다.

자비심이 실제적이고 실용적인 가치가 있다는 달라이 라마의 주장이 과학으로 입증되고 있긴 하지만, 그 주장이 사실인가를 확인하기 위해 실험과 조사에만 의존할 필요는 없다. 우리는 자비심을 갖고 남을 보살피는 것이 행복과 밀접한 관계가 있음을 자신은 물론 주변 사람들의 삶 속에서 쉽게 발견할 수 있다.

여기 좋은 예가 하나 있다. 몇 년 전 나는 예순 살 가량의 조셉이라는 건축업자를 만난 적이 있다. 그는 30년 동안 건축 일을 하면서 수월하게 큰돈을 벌 수 있었다. 아리조나 주에서 끝없이 이어질 듯 보이던 건축 붐을 타고 백만장자가 된 것이다. 하지만 1980년대 말 아리조나 역사상 가장 큰 폭으로 부동산 가격이 떨어졌다. 조셉은 은행에서 돈을 많이 빌려 투자했기 때문에 한순간에 모든 걸 잃었다. 그는 결국 파산하고 말았다. 그의 경제적인 문제는 결혼 생활에 위기를 가져왔고, 25년 동안 이어진 결혼 생활은 결국 이혼으로 막을 내렸다.

짐작이 가겠지만 조셉은 이 모든 일들을 받아들일 수가 없었다. 그는 끝없이 술을 마셔대기 시작했다. 다행히도 그는 알코올 중독자 모임의 도움으로 마침내 술을 끊을 수 있었다. 또한 이 단체의 한 프로그램에 참여하면서 다른 알코올 중독자들이 술을 끊도록 돕는 후원자가 되었다. 조셉은 후원자로서의 역할에 만족하며 즐거운 마음으로 타인을 돕는 자신의 모습을 발견했다. 그리고 다른 조직에도 참여해 봉사 활동을 했다. 그는 경제적으로 궁핍한 사람들을 돕는 데 자신이 가진 사업 지식을 이용했다. 현재의 생활에 대해 그는 말했다.

"난 지금 조그만 리모델링 사업을 하고 있습니다. 그 일에서 나오는 수입은 별로 많지 않아서, 절대로 괴저의 같은 큰 부자가 될 순 없을 겁니다. 하지만 재미있는 일은 이제는 그렇게 많은 돈을 벌고 싶지 않다는 겁니다. 난 여러 집단을 위해 자원 봉사를 하고, 사람들을 직접 상대하며 일하고, 최선을 다해 남들을 도우며 사는 것이 훨씬 즐겁습니다. 모르긴 몰라도 요즘 내가 하루를 보내며 느끼는 순수한 기쁨은 큰돈을 벌면서 한 달 동안 느낀 기쁨보다 훨씬 클 겁니다. 난 내 인생의 그 어느 때보다 행복합니다."

나와 대화를 나누면서 달라이 라마는 한 가지 약속을 했었는데, 그는 그것을 잊지 않고 아리조나에서 행한 한 강연을 명상과 함께 끝을 맺었다. 그것은 간단한 명상이었다. 하지만 달라이 라마는 설득력 있고 세련된 말로 자비심에 대한 앞서의 토론을 요약 정리하는 것처럼 보였고, 그리고 나서 5분 정도 정식 명상을 하면서 청중들이 그것을 직접 느끼게 해주었다.

"자비심을 일으키려면, 먼저 당신이 고통을 원치 않으며 행복해질 권리를 갖고 있음을 인정하는 것에서부터 출발해야 합니다. 그것은 당신 자신의 경험을 통해 분명히 알 수 있는 것입니다. 다음으로 당신은 다른 사람들도 당신처럼 고통을 원치 않으며 행복해질 권리를 갖고 있음을 인정해야 합니다. 이런 마음가짐은 당신이 자비심을 키우는 출발점이 됩니다.

그럼 이제부터 자비심에 대한 명상을 시작하겠습니다. 엄청난 고통을 겪고 있는 사람을 상상해보십시오. 고통을 겪거나 아주 불행한 처지에 있는 사람을 상상하는 것입니다. 명상에 들어가 처음

3분 동안은 그 사람의 고통을 좀더 구체적으로 생각하십시오. 그 사람이 겪고 있는 엄청난 고통과 불행한 상태를 떠올리는 것입니다. 그 사람의 고통에 대해 몇 분 동안 생각한 다음, 그 일을 자신과 연결시키면서 이렇게 생각하십시오.

'그 사람은 나와 똑같이 고통과 기쁨, 행복을 느낄 수 있는 능력을 갖고 있어.'

그리고 나서 당신 안에서 자연스런 반응이 일어나게 하십시오. 그 사람을 향한 자비심이 자연스럽게 일어날 것입니다. 그 사람이 그 고통에서 벗어나기를 당신이 얼마나 간절히 소망하는지 생각하십시오. 그리고 그 사람이 고통에서 벗어나도록 도움을 주겠다고 결심하십시오. 끝으로 그 결심에 온 정신을 집중하고, 명상의 마지막 몇 분 동안 당신의 마음에서 오직 자비심과 애정이 샘솟도록 하십시오."

강연을 마친 달라이 라마는 가부좌를 하고 명상의 자세를 취한 다음, 청중들과 함께 명상에 들어가 미동도 하지 않았다. 완전한 침묵……. 하지만 그날 아침 그 자리에 있는 청중들 사이로 감동의 물결이 번지고 있었다. 아무리 냉정한 사람이라도 온 마음으로 자비심을 생각하는 1,500명의 사람들에게 둘러싸여 있다면 감동을 느낄 수밖에 없을 것이다. 몇 분 뒤 달라이 라마는 갑자기 낮은 목소리로 티벳 노래를 불렀다. 그의 목소리는 깊은 울림을 주면서 선율을 타다가 부드럽게 끊어지더니, 마음을 어루만지는 듯한 낮은 소리로 이어졌다.

8

우리는 무엇 때문에 고통받는가

인간의 고통스런 본질에 대해 생각하는 것은 삶의 불가피한 슬픔을 받아들이는 데
큰 도움이 되며, 삶의 문제들을 올바른 시각으로 바라보게 해주는 가치 있는 방법이다.

붓다가 살던 시절 키사고타미라는 여인이 하나밖에 없는 자식의 죽음 때문에 괴로워하고 있었다. 아이의 죽음을 받아들일 수 없었던 그녀는 아이를 살릴 수 있는 약을 찾아 사방을 헤매다녔다. 그런데 사람들이 하는 말이 붓다가 그런 신비한 약을 갖고 있다는 것이었다.

키사고타미는 붓다를 찾아가 절을 한 뒤 이렇게 물었다.

"내 아이를 다시 살릴 수 있는 약을 만들 수 있나요?"

붓다가 대답했다.

"난 그 약을 어떻게 만드는지 알고 있소. 하지만 그 약을 만들기 위해선 재료가 있어야 하오."

가슴을 쓸어내리며 여자가 물었다.

"어떤 재료가 필요하나요?"

붓다가 대답했다.

"겨자씨 한 줌을 갖고 오시오."

여자는 당장에 그것을 가져오겠노라고 말했다. 하지만 그녀가 떠나려는 순간 붓다가 이렇게 덧붙였다.

"내가 원하는 겨자씨는 아이나 부모, 하인을 가릴 것 없이 누구도 죽지 않는 집안에서 가져온 것이어야 하오."

여자는 고개를 끄덕인 뒤, 겨자씨를 찾아 집집마다 돌아다니기 시작했다. 그녀가 찾아간 집 사람들은 모두 그녀에게 씨앗을 주겠다고 말했다. 하지만 그 집에 누군가 죽은 사람이 없느냐고 물었을 때, 그녀는 죽음이 찾아오지 않은 집이 하나도 없다는 걸 알게 되었다. 어느 집에선 딸이, 다른 집에선 하인이나 남편, 부모가 죽었다. 키사고타미는 죽음의 고통에서 자유로운 집을 한 집도 발견할 수 없었다. 슬픔에 빠진 사람이 자신만이 아니라는 걸 알고, 그녀는 생명이 빠져나간 자식의 몸을 내려놓은 뒤 붓다에게 돌아갔다. 붓다는 큰 자비를 갖고 말했다.

"당신은 혼자만 아이를 잃었다고 생각했소. 하지만 살아 있는 모든 생물은 영원히 살지 못한다는 것이 죽음의 법칙이오."

키사고타미는 죽은 아들을 살리기 위해 돌아다니던 중, 누구도 사랑하는 사람을 잃는 고통에서 자유롭지 못하다는 걸 알게 되었다. 그녀만 그렇게 엄청난 불행을 겪은 것이 아니었다. 그 깨달음이 자식을 잃은 고통을 없애주진 못했지만, 삶의 서글픈 진실을 거부하려고 하면서 생기는 고통은 크게 줄여주었다.

우리 인간은 누구나 고통과 아픔을 겪지만, 이 말이 우리가 쉽게 모든 고통을 받아들일 수 있음을 의미하진 않는다. 인간은 고통을 피하기 위해 여러 가지 방법을 생각해냈다. 때로는 화학 약품 같은 외부적인 방법을 쓰기도 한다. 마약이나 술로 감정적인 고통을 누그러뜨리고 치유하는 것이다. 우리는 내면적인 방법도 갖고 있다. 문제에 부딪쳤을 때, 우리는 심리적인 방어와 무의식을 통해 너무 많은 고통과 고민을 느끼지 않도록 스스로를 보호한다. 가끔 단순히 문제 자체를 인정하려고 하지 않으려는 아주 원시적인 방어적 심리가 작용하기도 한다. 또 어떤 경우엔 문제가 있음을 애매하게 인정하지만, 그런 생각이 떠오르는 것을 피하기 위해 수많은 오락거리에 몰두할 수도 있다. 문제를 남의 탓으로 돌릴 수도 있다. 자신에게 문제가 있음을 받아들일 수 없을 때, 우리는 무의식적으로 그것을 남의 탓으로 돌리며 다른 사람들을 비난한다. 그러면서 속으로는 이렇게 말하는 것이다.

'그래, 난 지금 비참한 기분이야. 하지만 문제가 있는 건 내가 아니야. 다른 누군가에게 문제가 있는 거야. 빌어먹을 사장이 나를 계속 괴롭히지만 않는다면(또는 내 동료가 나를 무시하지만 않는다면) 아무 문제가 없을 텐데.'

이렇게 하면 고통은 잠시 피할 수 있다. 하지만 치료하지 않고 놓아둔 질병은(또는 약으로 증상만 간신히 가라앉히고 근본적인 문제를 치료하지 않는 병은) 반드시 곪아서 악화된다. 마약이나 술에 취하면 잠깐 동안 고통이 줄어들 것이다. 하지만 그런 것들에 의존할 때 건강을 해치는 것은 물론 사회 생활에서도 막대한 피해를 입는다. 거기서 오는 고통이 처음에 술이나 마약에 손을 대게 했던 큰 불만이나 마음의 고통보다 더 클 수도 있다. 우리는 문제를 부인하거나 억압하는 심리적 방어를 통해 고통으로부터 조금은 보호받을 수 있지만, 그 고통을 아주 사라지게 할 순 없다.

랜달의 아버지는 1년 전쯤 암으로 돌아가셨다. 그는 아버지와 매우 사이가 좋았기 때문에, 사람들은 그가 아버지의 죽음을 잘 받아들이는 걸 보고 무척 놀랐다. 그는 금욕주의자 같은 말투로 그 이유를 이렇게 설명했다.

"물론 난 슬퍼요. 하지만 정말 난 괜찮습니다. 물론 아버지가 그립겠지만 난 계속 살아갈 겁니다. 어쨌든 지금 난 아버지를 잃은 것에 신경 쓸 겨를이 없어요. 장례식을 준비해야 하고, 어머니를 위해 아버지가 남긴 재산을 관리해야 하거든요…… . 하기만 난 별 문제 없을 거예요."

그는 이런 말로 모든 사람들을 안심시켰다. 하지만 아버지가 돌아가신 지 1년이 막 지났을 때, 랜달은 갑자기 극심한 우울증에 빠졌다. 랜달은 나를 찾아와 말했다.

"무엇 때문에 이런 우울증에 빠지는지 이해를 못하겠어요. 모든 일이 잘 풀려가고 있는데 말예요. 아버지가 돌아가셔서 우울한 건 아닐 거예요. 아버지가 돌아가신 지도 1년이 넘어서, 난 이미 그 일에 익숙해졌거든요."

하지만 치료를 시작하자마자 무엇이 문제인지 분명해졌다. 강해지기 위해 자신의 감정을 너무 심하게 억제하면서, 아버지를 잃은 사실과 그로 인한 슬픔을 제대로 처리하지 못한 것이다. 이 슬픔이 계속 쌓이다 마침내 극심한 우울증으로 나타났고, 그는 어떻게든 그 감정을 처리해야만 했다.

아버지를 잃은 고통에 치료의 초점을 맞추자, 랜달의 우울증은 매우 빠른 속도로 사라졌다. 그는 비로소 자신의 슬픔을 마주보고 그 슬픔을 느낄 수 있었다.

때로는 문제에 맞서는 것을 피하기 위해 무의식이 만든 전략이 우리 안에 뿌리 깊이 박혀 있을 수가 있다. 이런 전략이 고통에 대처하는 방법으로 우리 안에 깊이 뿌리내리고, 우리의 성격에 포함되어 도저히 없애지 못할 때가 있다. 예를 들어 우리 주위에는 비난의 화살을 타인에게 돌려 문제를 회피하는 친구나 친척, 가족들이 있다. 그들은 자신의 잘못을 남의 탓으로 돌려 비난한다. 하지만 이것은 분명히 문제를 없애는 효과적인 방법이 아니다. 그리고 이들이 이런 식으로 계속 남을 비난한다면 평생을 불행하게 지낼 수밖에 없을 것이다.

달라이 라마는 인간의 고통에 대한 자신의 접근법을 자세히 설명했다. 그것은 인간이 궁극적으로 고통으로부터 벗어날 가능성이 있다는 믿음을 포함하지만, 고통을 인간 존재에게 자연스런 것으로 받아들이는 일에서부터 출발한다. 그리고 용감하게 우리의 문제에 정면으로 맞서야 한다는 것이다.

"삶에는 반드시 문제가 일어나게 되어 있습니다. 삶에서 가장 큰 문제는 늙고 병들고 죽는 것입니다. 우리는 이 문제들을 도저히 피해갈 수 없습니다. 이런 문제를 피하거나 단지 생각하지 않으려고 애쓰는 것은 일시적인 안도감을 줄 것입니다. 하지만 난 더 좋은 방법이 있다고 생각합니다. 당신이 자신의 고통을 정면으로 맞선다면, 더 나은 입장에서 문제를 이해할 수 있습니다. 가령 당신이 전투를 하려고 하는데 적군의 상태와 전투 능력에 대해 전혀 모른다면, 당신은 무방비 상태에서 두려움에 휩싸여 아무것도 할 수가 없습니다. 하지만 당신이 상대편의 전투 능력을 알고 있다면, 이를테면 그들이 가진 무기의 종류 같은 것을 안다면 막상 전투가 벌어질 때 훨씬 유리한 입장에 서 있을 것입니다. 마찬가지로 당신이 문제를 피하는 대신 그것에 맞선다면, 훨씬 유리한 입장에서 그 문제를 해결할 수가 있습니다."

우리의 문제에 이런 식으로 접근하는 것은 분명히 합리적인 방법이었지만, 좀더 명확히 이해하기 위해 내가 물었다.

"당신의 말이 옳습니다. 하지만 직접 문제에 맞섰지만 해결책이 없음을 발견할 때는 어떻게 해야 하죠? 그런 문제에 직접 맞서긴 정말 어려운 일입니다."

그가 군인처럼 용감하게 대답했다.

"하지만 그래도 문제에 맞서는 편이 낫다고 생각합니다. 당신은 늙는 것과 죽음을 부정적이고 원치 않는 일로 여기면서 그냥 잊어버리려고 할 수 있습니다. 하지만 당신이 어떻게 행동하든 결국 그런 일은 닥칠 것입니다. 그리고 당신이 그런 일들에 대해 생각하기를 회피한다면, 그 일이 실제로 일어났을 때 견디기 힘든 정신적 불안과 충격을 받을 것입니다. 하지만 당신이 시간을 내어 늙는 일과 죽음, 다른 불행한 일들에 대해 명상한다면 그런 일들이 일어날 때 당신의 마음은 훨씬 평화로울 것입니다. 왜냐하면 당신은 이미 그런 문제와 고통에 대해 잘 알고 있고, 그런 일이 일어날 것을 예상하고 있었기 때문입니다.

그렇기 때문에 나는 살아가면서 마주칠지도 모르는 고통에 익숙해짐으로써 미리 마음의 준비를 해두는 것이 도움이 될 수 있다고 믿습니다. 전투에 비유하면, 고통에 대해 명상하는 것은 일종의 군사 훈련으로 볼 수 있습니다. 전쟁과 총과 폭탄에 대해 전혀 들어본 적이 없는 사람은 전투를 벌여야 할 상황이 닥친다면 아마 기절할 것입니다. 하지만 당신은 전쟁 연습을 통해 일어날 일을 미리 알 수 있고, 설령 전쟁이 일어나더라도 그렇게 당황하진 않을 것입니다."

내가 말했다.

"우리가 마주칠 수 있는 고통에 미리 익숙해지는 것이 두려움과 공포를 줄일 수 있다는 말은 이해가 갑니다. 하지만 때로는 고통을 겪는 것밖에는 다른 선택의 여지가 없는 딜레마가 있습니다. 이런 상황에서 우린 어떻게 문제를 피해갈 수 있을까요?"

달라이 라마가 물었다.

"예를 들면 어떤 딜레마가 있을까요?"

나는 잠시 생각을 한 뒤에 이렇게 말했다.

"글쎄요, 예를 들면 이런 경우입니다. 어떤 여자가 임신을 했는데, 양수 검사나 초음파 검사를 통해 아이가 심각한 선천성 기형을 갖고 있음을 발견한 것입니다. 아이가 심각한 정신적 신체적 장애를 갖고 태어나리란 걸 알게 된 겁니다. 여자는 어떻게 해야 할지 몰라 고민에 휩싸이게 됩니다. 그녀는 그 상황에 대처하기 위해 어떤 행동을 할 수 있습니다. 먼저 평생 이어질 고통으로부터 아이를 구하기 위해 낙태를 선택할 수 있을 것입니다. 하지만 그렇게 하면 그녀는 아이를 잃는 고통을 겪을 뿐 아니라 죄책감도 느낄 것입니다. 그녀는 또한 상황을 자연스럽게 받아들여서 아이를 낳을 수도 있을 것입니다. 하지만 그렇게 되면 그녀는 평생 동안 고통을 겪을 것입니다. 자기 자신은 물론 아이도 고통스러울 것입니다."

달라이 라마는 내 말에 진지하게 귀를 기울였다. 이윽고 그는 깊이 생각에 잠긴 목소리로 말했다.

"서양인이나 불교도의 시각 어느 것으로 봐도 이런 종류의 딜레마는 매우 어려운 문제입니다. 정말 어려운 문제입니다. 당신은 지금 선천성 기형을 가진 태아를 낙태할 수도 있다고 말했지만, 결국 어떤 선택이 더 나은 건지는 아무도 알 수 없습니다. 심지어 아이가 기형으로 태어날 때조차도 결국엔 그것이 엄마나 가족 또는 아이에게 좋은 선택일 수도 있습니다. 하지만 장기적인 결과를 생각할 때 낙태를 하는 것이 더 나은 선택일 수도 있습니다. 그것이 결국엔 더 긍정적인 행동이 될지도 모릅니다. 하지만 누가 그것을 결정하겠습니까? 그것은 아주 어려운 일입니다. 불교도의 시각에서 보더라도 그런 종류의 결정은 우리의 이성적인 능력을 벗어나는 일입니다."

그는 잠시 말을 멈췄다가 이렇게 덧붙였다.

"하지만 그들이 가진 문화적 배경과 믿음이 그토록 어려운 상황에 대처하는 데 중요한 역할을 할 것입니다……."

우리는 서로 말없이 앉아 있었다.

달라이 라마는 머리를 한 번 흔들고 나서 마침내 입을 열었다.

"우리가 겪을 수밖에 없는 고통들을 생각하면서, 당신은 어느 정도 앞서 그런 일을 맞이할 마음의 준비를 할 수 있습니다. 삶을 살아가면서 어떤 딜레마에 빠질 수 있음을 의식적으로 생각하는 것도 도움이 될 것입니다. 그런 식으로 당신은 스스로 마음의 준비를 할 수 있습니다. 하지만 잊어선 안 될 것은 이런 마음의 준비가 그 상황을 해결해주진 않는다는 것입니다. 다시 말해 서서히 그런 상황에 잘 대처하게 하고 두려움을 줄여줄 순 있지만, 문제 자체를 해결해주는 건 아닙니다. 예를 들어 아이가 선천적인 기형을 갖고 태어난다면 미리 그 일에 대해 집중적으로 생각했더라도 당신은 여전히 그 일에 대처할 방법을 찾아야만 합니다. 물론 그것은 여전히 어려운 일입니다."

이렇게 말하는 달라이 라마의 목소리에는 슬픔이 깃들어 있었다. 단지 슬픈 어조가 아니라 마음을 울리는 목소리였다. 하지만 그 바탕에 깔린 선율은 절망적인 것은 아니었다. 달라이 라마는 다시 한 번 잠시 말을 멈추고 창 밖을 바라보았다. 마치 무심하게 세상을 바라보는 것 같았다. 그가 다시 말했다.

"고통이 삶의 일부라는 건 피할 수 없는 사실입니다. 물론 우리는 고통과 문제를 싫어하는 자연스런 성향을 갖고 있습니다. 하지만 일반적으로 사람들은 고통을 겪을 수밖에 없는 인간 존재의 본질을 바라보지는 못하는 것 같습니다……."

그러더니 달라이 라마는 갑자기 웃음을 터뜨리며 말했다.

"당신 생일에 사람들은 '생일을 축하합니다'라고 말할 겁니다. 사실 당신이 태어난 날은 당신의 고통이 태어난 날인데 말입니다. 하지만 아무도 '고통이 태어난 날을 축하합니다'라고 말하지 않더군요."

이어서 그가 말했다.

"고통이 삶의 일부라는 것을 받아들이기 위해 우리는 먼저 불만과 불행한 느낌을 주는 것들을 살펴볼 수가 있습니다. 예를 들어 당신 자신이나 가까이 지내는 사람이 명성과 부를 얻고 또다른 기쁜 일을 경험한다면 당신은 무척 기쁠 것입니다. 하지만 자신이 그런 걸 얻지 못하거나 당신의 경쟁자가 그것을 얻는다면 당신은 불만과 불행한 느낌이 들 것입니다. 하지만 삶을 살펴본다면 당신은 고통과 불만을 일으키는 것들은 많은 반면에 기쁨과 행복을 일으키는 것들은 비교적 적다는 사실을 자주 발견할 것입니다. 좋든 싫든 이것이 우리가 받아들여야 할 상황입니다. 그리고 이것이 우리 존재가 처한 상황이기 때문에 우리는 고통에 대한 우리의 태도를 바꿀 필요가 있습니다. 고통에 대한 우리의 태도는 매우 중요합니다. 왜냐하면 그런 태도가 고통이 찾아올 때 우리의 대처 방법에 영향을 주기 때문입니다. 우리는 일반적으로 고통을 극도로 싫어하고 참지 못하는 태도를 갖고 있습니다. 하지만 고통에 대한 우리의 태도를 바꿀 수 있다면, 그래서 고통을 좀더 참는 태도를 갖는다면, 불행하고 불만스런 느낌을 몰아내는 데 큰 도움이 될 것입니다.

개인적으로 생각할 때, 고통을 참는 데 도움을 주는 가장 강력한 방법은 삼사라,* 즉 깨닫지 못한 존재는 본질적으로 고통을 겪을 수밖에 없음을 이해하는 것입니다.

지금 당신이 육체적인 고통을 겪거나 다른 문제를 안고 있다면 물론 순간적으로 '아, 이런 고통은 정말 싫어!' 하고 말하고 싶을 것입니다. 곧이어 고통을 거부하고 싶은 느낌이 들면서 이렇게 생각할 것입니다. '아, 난 이런 일을 겪어선 안 돼!' 하지만 그 순간 또다른 시각에서 상황을 바라보고 바로 이 몸이……."

그렇게 말하면서 달라이 라마는 자신의 팔을 찰싹 때렸다.

*산스크리트어인 삼사라는 삶과 죽음과 환생이 끝없이 되풀이되는 상태에 있는 존재를 말한다. 이것은 또한 세속에 있는 인간 존재의 상태를 말하는데, 이 존재들은 고통을 겪을 수밖에 없다. 모든 인간 존재들은 이 상태에 머물러 있으며, 과거의 행동과 부정적이고 거짓된 마음에서 생긴 카르마, 즉 업보에 의해 계속 이 상태에 머물게 된다. 우리의 마음에서 모든 부정적인 성향을 없애고 해탈하면 비로소 이 상태에서 벗어난다.

"고통의 근원이라는 사실을 깨닫는다면, 자신은 그런 고통을 받을 이유가 없고 단지 고통의 희생양이라는 거부감이 조금은 누그러질 것입니다. 따라서 일단 이런 진실을 이해하고 받아들인다면, 당신은 고통을 매우 자연스럽게 받아들일 수 있을 것입니다.

예를 들어 티벳 사람들이 겪는 고통을 생각할 때, 사람에 따라서는 그 상황을 눈앞에서 보면서 답답한 느낌을 받을 것입니다. 그 사람은 속으로 이렇게 물을 것입니다.

'도대체 어떻게 이런 일이 일어날 수 있지?'

하지만 또다른 시각에서 보면 티벳 또한 삼사라의 상태에 있다는 사실을 떠올릴 수 있을 것입니다."

그는 웃으며 말했다.

"이 지구와 우주 전체와 마찬가지로 말입니다."

그는 다시 웃음을 지었다.

"어쨌든 삶에 대해 어떻게 생각하는가가 고통에 대한 당신의 태도에 중요한 영향을 미치는 것은 분명합니다. 당신은 기본적으로 고통이 부정적이며 무슨 일이 있어도 피해야 하고, 어떤 의미에선 실패를 뜻하는 것이라고 여길 수도 있습니다. 하지만 이런 태도를 가지면 어려운 상황이 닥쳐 그것에 압도당할 때마다 불안하고 초조한 마음이 생겨서 더 힘들어질 것입니다. 반면에 당신이 근본적으로 고통이 자기 존재의 자연스런 일부라는 사실을 받아들인다면, 삶의 시련에 부딪칠 때도 의심할 여지없이 잘 견뎌낼 수 있을 것입니다. 고통을 어느 정도 참지 못한다면 당신의 삶은 비참해지고, 사는 것이 마치 한밤중에 악몽을 꾸는 것과 같을 것입니다. 그리고 그 밤은 영원히 끝나지 않을 것처럼 느껴질 것입니다."

내가 말했다.

"당신은 인간 존재란 본질적으로 고통을 겪을 수밖에 없으며 기본적으로 불만족스런 상태에 있다고 말하는데, 나에겐 그것이 아주 비관적인 말처럼 들립니다. 사실 기운이 빠지는 느낌입니다."

달라이 라마는 곧바로 그 문제를 분명하게 설명했다.

"내가 존재의 불만족스런 성격에 대해 말할 때 당신은 어느 정도 불교를 염두에 두고 그것을 이해해야 합니다. 그런 생각들은 적당한 맥락, 다시 말해 불교의 틀 속에서 이해해야 합니다. 내가 말한 고통에 대한 시각을 적당한 맥락에서 보지 않으면, 다소 비관적이고 부정적인 것으로 오해할 위험이 있다는 것을 나도 압니다. 따라서 고통의 문제에 대한 불교의 기본 입장을 이해하는 것이 중요합니다. 붓다가 중생들에게 직접 가르친 것 중에서 첫번째 가르침은 '네 가지 고귀한 진리'의 원칙입니다. 그리고 그중 첫번째 원칙이 '고통의 진리'입니다. 이것은 인간 존재가 가진 본질적인 고통을 깨달아야 한다는 것입니다.

한 가지 기억해야 힐 것이 있습니다. 고통에 대해 명상하는 것이 중요한 이유는 고통에서 벗어날 방법이 있기 때문입니다. 분명히 우리는 고통으로부터 자유로워질 수 있습니다. 고통의 원인을 없앰으로써 고통으로부터 벗어난 해탈의 경지에 이를 수 있습니다. 불교도들의 시각에 따르면, 고통의 근본 원인은 무지와 욕망과 미움입니다. 이것들은 '마음의 세 가지 독약'으로 불립니다.

불교에서 사용할 때 그 단어들은 특별한 의미를 갖고 있습니다. 예를 들어 '무지'는 흔히 쓰이는 것처럼 어떤 정보를 모른다는 의미가 아닙니다. 그것은 자아와 모든 현상의 진정한 본질에 대해 근본적으로 잘못 이해한다는 뜻입니다. 사실이 무엇인가에 대한 통찰력을 키우고 욕망과 미움 같은 고통스런 마음을 제거하면, 완전히 순수한 마음의 상태가 되어서 고통으로부터 벗어날 수 있습니다. 불교의 시각에서 볼 때 삶 속에서 고통을 느낄 수밖에 없다고 한다면, 그런 성찰은 오히려 고통의 근원을 없애기 위해 수행을 하도록 용기를 불어넣어줍니다. 만일 희망도 없고 고통에서 벗어날 가능성도 없다면 고통에 대한 생각은 단지 우울하고 매우 부정적인 생각이 될 것입니다."

달라이 라마의 말을 들으면서, 나는 인간의 고통스런 본질에 대해 생각하는 것이 삶의 불가피한 슬픔을 받아들이는 데 도움이 될 뿐 아니라, 일상의 문제들을 올바른 시각으로 바라보게 해주는 가치 있는 방법이라는 걸 알 수 있었다. 또한 더 폭넓은 시각에서 고통을 위대한 영적인 길의 일부로 바라볼 수도 있음을 나는 깨닫기 시작했다. 특히 불교의 시각을 바탕으로 하면, 마음을 순수하게 정화시켜 궁극적으로는 더 이상 고통이 없는 상태에 이를 수 있음을 깨달았다. 하지만 이렇듯 거창한 철학적 사색에서 벗어나 달라이 라마가 좀더 개인적인 차원에서 고통을 어떻게 처리하는지 알고 싶었다. 예를 들면 사랑하는 사람을 잃는 경우에 어떻게 대처할 것인지가 궁금했다.

오래전, 처음으로 다람살라를 방문했을 때 나는 달라이 라마의 형님인 롭상 삼덴을 알게 되었다. 나는 롭상 씨를 매우 좋아했기 때문에 몇 년 전 그분이 갑자기 돌아가셨다는 소식을 들었을 때 큰 슬픔을 느꼈다. 나는 달라이 라마가 형님과 각별한 사이라는 것을 알고 있었기 때문에 그에게 말했다.

"형님이 갑자기 돌아가셨을 때 당신은 크게 상심하셨을 것 같은데요……."

"그렇습니다."

"당신이 어떻게 그 일에 대처했는지 궁금하군요."

그가 곧바로 대답했다.

"물론 형님이 돌아가셨다는 소식을 들었을 때 난 너무도 슬펐습니다."

"당신은 그토록 슬픈 감정을 어떻게 처리하셨습니까? 슬픔을 이겨내는 데 도움을 준 특별한 방법이라도 있었습니까?"

그가 서글픈 목소리로 말했다.

"그건 나도 모르겠습니다. 난 2,3주 동안 슬픔에 빠져 있었지요. 하지만 그런 느낌도 서서히 사라지더군요. 지금도 여전히 후회스런 느낌은 남아 있지만……."

"후회라구요?"

"그렇습니다. 형님이 돌아가실 때 난 그 자리에 없었습니다. 내가 그곳에 있었다면 무언가 도울 일이 있었을 것입니다. 그래서 후회가 되는 것입니다."

평생 동안 인간이란 고통을 피할 수 없다고 생각해왔기 때문에, 달라이 라마는 한결 수월하게 형님을 잃은 일을 받아들일 수 있었을 것이다. 그렇다고 해도 그는 고통 앞에서 냉정하게 체념해버리는 차갑고 무정한 사람은 아니었다. 그의 서글픈 목소리는 그가 깊은 인간적 감정을 지닌 사람임을 말해주었다. 동시에 그의 정직하고 솔직한 태도와, 자기 연민과 자책감에 전혀 빠지지 않는 모습은 형의 죽음을 완전히 받아들인 사람이라는 인상을 주었다.

그날 우리의 대화는 오후 늦게까지 계속되었다. 황금빛 햇살이 칼날처럼 나무 창문을 자르고 어둑어둑해져 가는 방 안을 가로질러 서서히 위로 올라오고 있었다. 나는 울적한 분위기가 방 안에 퍼지는 걸 느끼며 대화를 끝낼 때가 되었음을 알았다. 하지만 나는 사랑하는 사람을 잃는 문제에 대해 달라이 라마에게 더 많은 것을 묻고 싶었다. 그리고 사랑하는 사람의 죽음을 단지 인간의 불가피한 고통으로 받아들이는 것 말고 그 문제를 헤쳐나갈 또다른 방법을 그가 말해줄 수 있는지도 궁금했다.

그러나 내가 그 문제를 꺼내려고 하는데 달라이 라마는 마음이 산란한 것처럼 보였고, 눈가에는 피곤한 기색이 역력했다. 곧이어 그의 비서가 조용히 방으로 들어와 내게 눈짓을 했다. 여러 해에 걸친 연습을 통해 나는 그것이 떠날 때가 되었다는 신호라는 걸 알고 있었다.

"그러면……."

달라이 라마가 미안해하는 목소리로 말했다.

"이제 대화를 끝내야 할 것 같군요……. 조금 피곤하군요."

다음 날, 내가 달라이 라마와 개인적으로 만나 그 얘기를 다시 하기 전에 그가 강연하는 자리에서 누군가 그 문제를 제기했다. 지금 고통을 겪고 있는 게 분명해보이는 어떤 사람이 달라이 라마에게 물었다.

"아이를 잃는 것처럼 사랑하는 사람을 떠나보내는 일에 어떻게 대처해야만 할까요?"

다정하고 자비로운 목소리로 달라이 라마는 대답했다.

"그것은 어느 정도 사람들 각자가 갖고 있는 믿음에 달려 있습니다. 사람들이 환생을 믿는다면 그것에 의지해서 슬픔과 고통을 줄일 수 있습니다. 자신이 사랑하는 사람이 다시 태어날 것이라고 생각한다면 분명히 마음에 위로를 받을 것입니다.

환생을 믿지 않는 사람들에게도 이런 상실감에 대처할 수 있는 간단한 방법이 있습니다. 첫번째로 이런 점을 생각할 수 있습니다. 그들이 너무 많이 걱정하고 상실감과 슬픔에 빠져 있다면, 그리고 한없는 슬픔을 끝없이 간직하고 있다면, 그것은 스스로를 파괴하는 해로운 행동이고 건강도 잃게 될 것입니다. 뿐만 아니라 죽은 사람에게도 아무 도움이 안 될 것입니다. 내 경우를 예로 들면 난 내가 가장 존경하는 스승과 어머니, 형님을 잃었습니다. 그분들이 돌아가셨을 때 난 물론 너무 슬펐습니다. 하지만 그 뒤로 난 그렇게 속을 태워도 소용없는 일이라고 계속 생각했습니다. 내가 그분들을 정말로 사랑한다면 차분한 마음으로 그분들의 소망을 내가 대신 이루어줘야 한다고 생각했습니다. 지금도 난 그렇게 하기 위해 최선을 다하고 있습니다. 따라서 당신과 정말 가까운 사람을 잃었다면 이런 식으로 접근하는 것이 좋다고 난 생각합니다. 당신도 알고 있겠지만, 어떤 사람을 기억하는 최선의 방법은 그 사람의 소망을 대신 이뤄주는 것입니다.

물론 사랑하는 사람을 잃으면 처음엔 슬픔과 고통을 느끼는 것이 당연합니다. 하지만 그런 상실감과 고통이 계속 되도록 놔두면 위험합니다. 그런 감정을 억제하지 않으면, 사람들은 자기 감정에 빠질 수 있습니다. 오로지 자신에게만 초점을 맞추는 상태가 되는 것입니다. 그렇게 되면 당신은 상실감에서 헤어나지 못하며, 그런 슬픈 일을 겪는 사람은 오로지 자신밖에 없다고 느끼게 됩니다. 그리고 우울증이 시작됩니다. 하지만 실제로는 많은 사람들이 당신과 똑같은 경험을 하게 될 것입니다. 따라서 자신이 너무 심각하게 고민하고 있다는 생각이 들면, 그와 비슷하거나 더 심한 비극을 겪는 사람들을 생각하는 것이 도움이 될 것입니다. 일단 그 사실을 깨달으면 당신은 자기 혼자만 비극을 겪고 있는 듯한 고립감에서 벗어날 것입니다. 그것은 당신에게 어느 정도 마음의 위로가 되어줄 것입니다."

모든 인간 존재들이 고통을 겪긴 하지만 나는 동양 문화 속에서 성장한 사람들이 고통을 더 잘 받아들이고 참는 것 같다는 생각이 자주 들었다. 그 이유 중 한 가지는 그들의 믿음 때문일 것이다. 하지만 더 중요한 이유는 부유한 나라보다 인도 같은 가난한 나라에서 사는 사람들이 고통을 더욱 자주 볼 수 있기 때문일 것이다. 굶주림, 가난, 질병, 죽음은 이들 나라에서 일상적으로 볼 수 있는 풍경이다. 이런 나라에선 사람이 늙고 병이 들어도 사람들로부터 소외되지 않으며, 양로원으로 쫓겨가서 간병인들의 보살핌을 받지 않는다. 그들은 공동체에 그대로 남아 가족들의 보살핌을 받는다. 이런 삶의 진실과 매일 접하며 사는 사람들은 삶이 고통이며 고통은 존재의 자연스런 일부분이라는 걸 쉽게 부인할 수가 없다.

반면에 서양은 가혹한 생활 조건에서 생기는 고통을 줄일 능력은 갖고 있지만, 그 나머지 고통에 대처할 능력은 잃어버린 것 같다. 사회학자들의 연구를 보면 오늘날 서양에 사는 대부분의 사람들은 세상이 기본적으로 살기 좋은 곳이라고 생각하며 살아간다고 한다. 또한 서양인들은 삶이 대체로 공평하며 자신들은 좋은 것을 누릴 자격이 있는 선한 사람이라고 믿는다는 것이다. 이런 믿음은 더욱 행복하고 건강한 삶을 살아가는 데 중요한 역할을 할 수 있다. 하지만 불가피하게 고통이 닥칠 경우 이런 믿음은 점점 약해지고, 행복하고 활기차게 살아가기도 힘들어진다. 이렇게 볼 때 서양인들은 세상이 공평하고 살 만한 곳이라는 믿음을 일단 잃게 되면 비교적 작은 충격에도 심각한 심리적 타격을 받을 수 있다. 그 결과 그들이 느끼는 고통은 더욱 커진다.

기술 발전과 함께 서양의 많은 사람들이 육체적으로는 더욱 편해진 것이 사실이다. 바로 이런 상황 때문에 사람들의 생각이 완전히 달라졌다. 고통이 점점 눈에 띄지 않게 되면서, 사람들은 더 이상 고통을 인간 존재의 본질적인 부분이라고 생각하지 않게 되었다. 오히려 고통은 예외적인 것이고, 무언가 매우 잘못되었다는 표시이며, 시스템의 실패를 나타내는 것이고, 우리에게 보장된 행복의 권리를 침해하는 것이다!

이런 생각 속에는 위험이 도사리고 있다. 만일 우리가 고통을 부자연스러운 것이나 경험해선 안 되는 것으로 생각한다면, 자신이 겪는 고통에 대해 비난할 사람을 찾아나서는 것은 어찌 보면 당연한 일이다. 내가 불행하다면 나는 어떤 사람이나 어떤 것의 희생자가 분명한 것이다. 이것이 서양인들의 일반적인 생각이다.

나를 희생자로 만든 것은 정부, 교육 제도, 자식을 학대하는 부모, 문제가 있는 가정, 나와 다른 성, 쌀쌀맞은 이성 친구일 수도 있다. 또는 비난의 화살을 안으로 돌릴 수도 있다. 자신에게 무슨 문제가 있다고 보는 것이다. 이를테면 스스로를 질병이나 유전자 결함으로 인한 희생자로 여기는 것이다. 하지만 문제는 무언가를 비난하고 자신을 희생자로 계속 생각한다면 끝없이 고통을 느끼게 된다는 것이다. 그런 생각을 갖고 있는 한 우리는 끊임없이 분노와 좌절감을 맛보게 될 것이다.

물론 모든 인간 존재가 고통에서 벗어나기를 소망하는 것은 매우 타당한 목표이다. 그것은 행복해지기를 바라는 우리 모두의 바램에서 당연히 생겨나는 결과이다. 따라서 우리가 불행의 원인을 찾고, 그 문제를 해결하기 위해 무슨 일이든 하고, 지구, 사회, 가족, 개인 등 모든 측면에서 해결책을 찾는 것은 지극히 당연한 일이다. 하지만 고통을 부자연스런 상태나 비정상적인 것으로 여기면서 두려워하고 회피하고 거부하는 한, 우리는 결코 고통의 원인을 뿌리 뽑고 더욱 행복한 삶을 살 수가 없을 것이다.

9

덧없음에 대한 명상

삶은 변화한다. 이 사실을 거부하고 자연스런 삶의 변화에 저항할수록,
우리의 고통은 사라지지 않을 것이다.

그가 처음 나를 찾아왔을 때, 깔끔한 옷차림의 중년 신사처럼 보였다. 그는 근엄하게 보이는 검은색 알마니 정장을 우아하게 차려입고, 겸손하면서도 조금은 수줍은 태도로 자리에 앉아 무엇 때문에 자신이 내 사무실까지 찾아왔는가를 설명하기 시작했다. 그는 부드럽고 절제된 목소리로 말했다. 나는 기본 질문 목록을 대충 훑어보았다. 거기에는 불만 사항, 나이, 배경, 배우자의 유무 등을 묻는 질문이 적혀 있었다.

"음탕한 여자 같으니!"

그가 갑자기 소리를 질렀다. 그의 목소리는 분노로 끓어오르고 있었다.

"빌어먹을 마누라! 아니 지금은 내 마누라도 아니지. 그 여잔 나 몰래 바람을 피웠다구! 내가 뭐든지 다 해줬는데 말야. 형편없는 창녀 같으니라구!"

그의 목소리는 점점 커지고, 분노에 떨고, 독을 품었다. 그는 20분이 넘게 이혼한 부인에 대한 불만을 하나하나 열거했다.

예정된 상담 시간이 거의 끝나가고 있었다. 점점 열을 올리는 그의 모습을 보면서 그런 상태가 오래가겠다고 판단한 나는 그의 기분을 바꿔보려고 이렇게 말했다.

"글쎄요, 이혼한 지 얼마 안 되는 사람들은 대부분 새로운 상황에 적응하는 데 어려움을 겪습니다. 다음번 상담에서 이 문제에 대해 좀더 자세히 얘기해봅시다."

그리고는 그에게 부드럽게 물었다.

"그런데 이혼한 지는 얼마나 되셨죠?"

그가 대답했다.

"지난 5월로 17년 됐소."

앞 장에서 우리는 인간 존재의 자연스런 사실로서 고통을 받아들이는 것이 중요하다고 얘기했다. 고통에는 불가피한 것이 있는 반면에 우리 스스로 만든 고통도 있다. 예를 들어 우리는 앞에서 고통을 삶의 자연스런 부분으로 받아들이기를 거부하는 태도가 어떻게 스스로를 영원한 희생자로 여기며, 자신의 문제에 대해 타인을 비난하게 만드는가를 살펴보았다. 그것은 자신의 삶을 비참하게 만드는 확실한 방법이다.

하지만 우리는 또다른 방식으로 스스로 고통을 키운다. 대부분의 사람들은 종종 자신이 받은 상처를 마음속으로 곱씹으면서 자기가 부당한 대우를 받았다는 느낌을 점점 키워가고, 그 결과 고통을 끝없이 살아 있게 만든다. 우리는 어쩌면 상황을 달라지게 만들 수도 있다는 무의식적인 소망을 갖고서 고통스런 기억을 거듭 떠올린다. 하지만 그런 일은 결코 일어나지 않는다.

물론 가끔은 우리의 고뇌를 끝없이 되새기는 것으로도 일정한 목적을 달성할 수 있다. 다시 말해 마음속으로 한 편의 드라마를 쓰면서 어떤 흥분감을 느끼거나, 다른 사람들로부터 관심과 동정을 이끌어낼 수도 있다. 하지만 그 대가로 끊임없이 불행을 느껴야 하기 때문에 그렇게 수지 맞는 장사는 아닌 듯하다.

스스로 고통을 키워가는 것에 대해 달라이 라마는 말했다.

"우리는 여러 가지 방식으로 자신의 불안이나 고통에 스스로 적극적인 원인 제공자가 된다는 것을 알 수 있습니다. 물론 정신적인 고통이 자연스럽게 찾아올 수도 있습니다. 하지만 종종 우리 자신이 부정적인 감정에 빠짐으로써 그런 고통을 더욱더 악화시키기도 합니다. 누군가에게 분노와 미움을 느낄 때, 그 일에 별로 신경을 안 쓴다면 증오심이 극도로 커질 가능성은 줄어들 것입니다. 하지만 자신이 부당하고 불공평한 대우를 받았다고 생각하면서 그 일을 끊임없이 떠올린다면, 증오심은 나날이 커져갈 것입니다. 그런 생각은 증오심을 더욱 강렬하게 불타오르게 합니다.

물론 우리가 어떤 사람에게 애착을 갖는 경우에도 똑같은 상황이 벌어질 수 있습니다. 우리는 자신이 좋아하는 사람이 너무나 멋있다고 생각함으로써 그 사람에 대한 애착을 키울 수 있습니다. 그리고 우리가 상상하는 좋은 특징을 상대방에게서 발견하고 그것에 대해 계속 생각할 때 애착은 점점 더 강해집니다. 하지만 이것은 생각을 거듭하면서 그것에 익숙해짐으로써 우리가 더욱 강렬한 감정을 가질 수 있음을 보여줄 뿐입니다.

또한 우리는 종종 지나칠 정도로 민감하게 느끼고, 사소한 일을 크게 여기고, 그런 일을 자신만 겪고 있다고 생각함으로써 스스로 고통을 키웁니다. 우리는 작은 일을 너무 심각하게 받아들이고, 턱없이 부풀리는 경향이 있습니다. 반면에 진짜로 중요한 일은 무관심하게 지나치곤 합니다. 자신의 삶에 심각한 영향을 미치고 멀리 내다볼 때 훨씬 더 중요한 결과를 가져오는 일들을 말입니다.

따라서 당신이 고통을 겪는가 안 겪는가 하는 것은 상당 부분

주어진 상황에 대한 당신의 반응에 달려 있습니다. 예를 들어 누군가 뒤에서 자신을 욕하는 것은 안아차렸다고 합시다. 그 사실을 알고서 마음에 상처를 받거나 화를 내는 등의 부정적인 반응을 보인다면, 그것은 스스로 마음의 평화를 깨뜨리는 짓입니다. 당신이 겪는 고통은 당신 스스로가 만들어낸 것입니다. 반면에 당신이 부정적인 반응을 자제하고 비난의 말이 귓가를 스치는 한줄기 바람처럼 그냥 지나가게 놔둔다면 마음에 상처를 받지도 않고 힘들게 고민할 필요도 없을 것입니다. 따라서 고통스런 상황을 항상 피할 순 없을지라도, 상황에 대응하는 방법에 따라 자신이 받는 고통의 크기를 조절할 순 있습니다.”

'우리는 종종 지나칠 정도로 민감하게 느끼고, 사소한 일을 크게 여기고, 그런 일을 자신만 겪고 있다고 생각함으로써 스스로 고통을 키운다……'

이 말을 통해 달라이 라마는 삶 속에서 느끼는 수많은 분노가 큰 고통의 원인이 될 수 있음을 인정하고 있다. 치료 전문가들은 때로 이런 과정을 고통의 개인화라고 부른다. 그것은 자신에게 미치는 영향에만 신경을 곤두세운 채 모든 일을 이해하거나 오해함으로써 심리적으로 시각을 좁히는 경향을 말한다.

어느 날 저녁 나는 음식점에서 친구와 함께 저녁을 먹고 있었다. 알고보니 그 음식점은 손님에 대한 서비스가 아주 느렸다. 자리에 앉는 순간부터 내 친구는 불평을 터뜨리기 시작했다.

“이거 보라구! 웨이터가 이렇게 꾸물거려도 되는 거야! 도대체 어디에 박혀 있는 거야? 일부러 우리를 무시하고 있는 게 분명하다구!"

우리 두 사람은 급한 약속이 없었지만, 친구는 처음에 서비스가 늦다고 불평을 하더니 식사를 하면서도 음식, 식기 그리고 자기 마음에 안 드는 모든 것에 대해 끊임없이 불평을 터뜨렸다. 식사가 끝날 즈음에 웨이터는 우리에게 무료로 디저트를 가져다주면서 식당의 사정을 설명했다. 그는 진심으로 말했다.

"오늘 저녁 서비스가 늦은 것에 대해 사과드립니다. 오늘 저희 식당엔 일할 사람이 부족하거든요. 요리사 한 명은 가족 중에 돌아가신 분이 있어서 나오지 않았고, 웨이터 한 명은 조금 전에 몸이 아파서 못 나오겠다고 집에서 전화를 했습니다. 이로 인해 두 분에게 불편을 드려서 죄송합니다."

말을 마치고 돌아가는 웨이터의 등에 대고 내 친구가 심술궂은 목소리로 중얼거렸다.

"그래도 난 다시는 여기 안 올 거야."

이 일은 짜증스런 상황을 자신만이 겪고 있다고 생각함으로써 스스로 고통의 원인을 제공하는 작은 예에 불과하다. 이것은 마치 의도적으로 스스로에게 고통을 가하는 것과 같다. 우리의 경우에 남은 결과는 단지 식사를 망치고 한 시간 동안 분통을 터뜨린 것뿐이다. 하지만 이런 식으로 세상을 살아가는 사람들이 많아지고, 가족과 친구들도 점점 이렇게 말을 하고, 심지어 사회 전반으로 이런 경향이 확대된다면, 그것은 우리 모두를 비참하게 만드는 중요한 원인이 될 수 있다.

자크 뤼세랑은 이런 편협한 생각이 좀더 폭넓은 것을 암시한다고 하면서, 통찰력 있는 자신의 생각을 보여주었다. 여덟 살 때부터 앞을 보기 못했던 뤼세랑은 스치 세계 대전 당시 니치에 저항하는 레지스탕스 그룹을 조직했다. 결국 그는 독일인에게 붙잡혀 부켄발트 수용소에 갇혔다. 나중에 수용소에서 겪은 일들에 대해 자세히 얘기하면서 뤼세랑은 말했다.

"당시의 경험을 통해 나는 우리가 불행을 느끼는 이유는 스스로를 세상의 중심에 놓고, 자신만 참을 수 없는 고통을 겪는다는 비참한 확신을 갖고 있기 때문임을 알았다. 자신의 몸 안에, 또는 머릿속에 갇혀 있는 사람은 언제나 불행할 수밖에 없다."

삶에서 문제는 늘 일어나게 마련이다. 하지만 문제가 저절로 고통을 일으키는 건 아니다. 우리가 문제에 달려들어 관심을 기울이고 해답을 찾는 데 온 힘을 기울인다면, 문제는 하나의 도전으로 바뀔 수 있을 것이다. 하지만 자신에게 문제가 생긴 것이 불공평하다는 느낌을 갖고 있다면, 그것은 불안감과 고통스런 감정을 일으키는 강력한 자극제가 될 것이다. 그러면 이제 우리는 하나가 아닌 두 가지 문제를 떠안게 될 뿐 아니라, 그 불공평한 느낌이 우리의 정신을 혼란스럽게 만들고 우리의 마음을 소진시켜 원래의 문제를 해결하는 데 필요한 에너지를 빼앗아갈 것이다.

어느 날 아침 나는 이 문제에 대해 달라이 라마에게 물었다.

"문제가 일어날 때면 우리는 그런 상황이 불공평하다고 느끼면서 고통스러워하는 경우가 많은데, 이런 감정에 대처할 수 있는 방법이 무엇인가요?"

달라이 라마가 대답했다.

"자신이 고통받는 것이 불공평하다는 느낌을 해결하는 데는 여러 가지 방법이 있을 수 있습니다. 나는 앞에서 고통을 인간 존재가 가진 자연스런 상황으로 받아들이는 것이 중요하다고 말했습니다. 어떤 면에서는 티벳인들이 힘든 상황을 받아들이기가 더 쉬울 거라고 난 생각합니다. 왜냐하면 그들은 '내가 이런 고통을 겪는 것은 나의 카르마 때문이야'라고 생각할 것이기 때문입니다. 그들은 자신의 고통을 현생이나 전생에서 자신이 저지른 부정적인 행동 탓으로 돌릴 것이고, 따라서 그들은 다른 사람들보다 고통을 더 잘 받아들일 수 있습니다.

난 인도의 망명지에서 아주 어려운 상황에 처해 있는 몇몇 가족을 본 적이 있습니다. 그들은 매우 가난하게 살고 있었는데, 무엇보다 어려운 점은 눈이 안 보이고 때로는 정신 박약 증세까지 보이는 아이들이 그 가족들 속에 있다는 것이었습니다. 그래도 이들 가난한 엄마들은 그런대로 자신의 아이들을 돌보면서 이렇게 말하곤 합니다.

"이것은 아이의 카르마 때문입니다. 아이의 운명이지요."

카르마에 대해 말할 때 반드시 이해하고 넘어가야 할 것이 있습니다. 때로 사람들은 카르마의 원리를 오해해서 모든 상황을 카르마의 탓으로 돌리면서 책임을 회피하려고 하거나, 적극적으로 행동할 필요가 없다고 생각하곤 합니다. 이들은 아주 쉽게 '이것은 내 과거의 카르마, 부정적인 카르마 때문이야. 내가 무얼 할 수 있겠어? 난 아무것도 할 수 없어'라고 말합니다.

이것은 카르마를 완전히 잘못 이해한 것입니다. 왜냐하면 사람이 경험하는 어떤 일들이 과거의 행동의 결과라 할지라도, 그것이 그에게 선택의 여지가 없거나, 긍정적인 변화를 일으키기 위해 적극적으로 행동할 여지가 없다는 뜻은 아닙니다. 그리고 이것은 우리 삶의 모든 부분에 똑같이 해당되는 말입니다. 카르마를 믿는 사람이라도 수동적이 되어선 안 되며, 모든 것이 카르마의 결과라고 생각하면서 적극적인 행동을 회피해서도 안 됩니다. 왜냐하면 카르마를 올바로 이해한다면, 카르마가 행동을 의미한다는 걸 깨달을 것이기 때문입니다. 카르마는 아주 능동적인 과정입니다. 우리가 카르마, 곧 행동에 대해 말할 때 그것은 행위자인 우리가 과거에 한 행동을 말하는 것입니다. 따라서 어떤 미래가 펼쳐질 것인가는 현재의 우리 손에 달려 있습니다. 미래는 현재 우리가 하는 행동에 따라 결정될 것이기 때문입니다.

따라서 카르마를 수동적이고 정적인 힘으로 이해해선 안 됩니다. 오히려 능동적인 과정으로 이해해야 합니다. 이것은 카르마를 결정하는 데 각각의 행위자가 중요한 역할을 한다는 것을 뜻합니다. 먹고 싶은 욕구를 충족시키는 것처럼 매우 단순한 행위나 목표에 있어서도, 그것을 이루려면 우리는 어떤 행동을 할 필요가 있습니다. 음식을 찾고, 그 다음엔 그것을 먹어야 합니다. 이것은 아무리 단순한 행위나 목표도 행동을 통해서만 이룰 수 있음을 보여줍니다."

내가 말했다.

"글쎄요, 자신이 겪는 고통을 카르마의 결과라고 여기면서, 불공평한 느낌을 줄이는 방법은 불교도들에겐 효과적일지도 모릅니다. 하지만 카르마의 원리를 믿지 않는 사람들의 경우는 어떻게 생각하십니까? 서양엔 그런 사람들이 많은데요."

달라이 라마가 대답했다.

"창조주 하느님을 믿는 사람들은 어려운 상황을 하느님이 만들어낸 것이나 그분의 계획으로 생각한다면, 좀더 쉽게 그것을 받아들일 수 있을 것입니다. 그들은 상황이 매우 부정적으로 보일지라도 하느님은 전능하고 자비롭기 때문에 그 상황의 배경에는 그들이 의식하지 못하는 중대한 의미가 있으리라고 생각할 것입니다. 이런 믿음이 고통을 겪는 동안에 사람들이 그것을 견뎌내도록 도와줄 수 있을 것입니다."

"그렇다면 카르마의 원리와 창조주 하느님 모두를 믿지 않는 사람들의 경우는 어떻게 합니까?"

"신앙이 없는 사람들은……."

달라이 라마는 대답을 하기 전에 잠시 생각에 잠겼다.

"아마도 실용적이고 과학적인 접근이 도움이 될 것입니다. 과학자들은 대개 문제를 객관적으로 보고 가능한 한 감정을 배제시킨 채 문제를 검토하는 것이 중요하다고 생각합니다. 이런 접근 방식을 갖고서 당신은 문제를 이렇게 생각할 수 있습니다. '문제와 맞붙어 해결할 방법이 있다면 끝까지 문제와 싸울 것이다. 법원까지 가야 할지라도!' 하고 말입니다."

여기서 그는 호탕하게 웃었다.

"하지만 문제와 맞붙어 이길 방법이 없다는 것을 발견한다면, 그 일을 잊어버리면 될 것입니다. 어렵고 불확실한 상황에 대한 객관적인 분석은 매우 중요한 역할을 할 수 있습니다. 왜냐하면 이런 접근법을 통해 당신은 종종 상황의 배경에서 작용하는 다른 부분들을 알아차릴 수 있기 때문입니다. 예를 들어 직장 상사가 자신을 부당하게 대한다는 느낌을 받을 때, 상사의 행동에는 다른 요소가 작용하고 있을지도 모릅니다. 그는 이미 다른 것에 짜증이 나 있을 수도 있습니다. 이를테면 그날 아침에 아내와 말다툼을 하는 일 따위의 문제가 있을 수 있습니다. 따라서 그의 행동은 당신과는 개인적으로 아무 상관이 없고, 특별히 당신을 겨냥한 것이 아닐 수도 있습니다. 물론 어찌 됐든 당신은 그 상황과 마주해야 합니다. 하지만 적어도 이런 접근 방식을 가지면 그런 상황에서 괜한 고민을 하지 않아도 될 것입니다."

내가 물었다.

"이처럼 상황을 객관적으로 분석하는 과학적인 접근법이 스스로 만드는 문제를 해결할 수 있을까요? 그리고 그런 방법이 어려운 상황이 닥칠 때 생기는 불공평한 느낌을 줄여줄 수 있을까요?"

달라이 라마는 힘있게 말했다.

"물론이시요. 그런 방법은 문제를 바라보는 시각에 분명한 차이를 가져다줄 수 있습니다. 일반적으로 우리가 주어진 상황을 정말 편견 없이 정직하게 조사한다면, 그런 일이 일어난 데는 자신에게도 많은 책임이 있음을 깨닫게 될 것입니다.

예를 들어 많은 사람들이 걸프 전쟁의 원인으로 사담 후세인을 비난합니다. 그 전쟁이 끝난 뒤에 나는 기회가 있을 때마다 '그런 비난은 공평치 않다'고 말했습니다. 모든 사람이 그를 비난하는 상황 속에서 난 정말로 사담 후세인에게 미안함을 느낍니다. 물론 그는 독재자이고 나쁜 짓을 많이 한 사람입니다. 만일 당신이 상황을 대충 이해한다면, 쉽게 모든 비난을 그에게 쏟아부을 수 있을 것입니다. 그는 독재자이자 전체주의자이고, 심지어 그의 눈을 보기만 해도 조금은 놀랄 것이기 때문입니다!"

그는 웃음을 웃으며 다시 말했다.

"하지만 그의 군대가 없다면, 남을 해치는 그의 능력을 제대로 발휘하기 힘들 것이고, 무기가 없다면 그렇듯 강력한 군대도 아무 소용이 없을 것입니다. 그런데 이 모든 무기는 하늘에서 뚝 떨어진 것이 아닙니다! 걸프 전쟁을 이런 시각으로 볼 때 우리는 이 전쟁에 많은 나라들이 관련되어 있음을 알 수 있습니다."

달라이 라마는 계속 말했다.

"이와 같이 우리는 문제의 원인을 다른 사람과 바깥의 원인으로 돌리는 습관이 있습니다. 게다가 우리는 하나의 원인을 찾아내서 자신의 책임을 면제받으려고 노력합니다. 내가 보기엔 강렬한 감정이 개입될 때마다 겉으로 드러난 현상과 실제 모습 사이에 차이가 생기는 것 같습니다. 걸프 전의 경우에 상황을 깊이 있게 분석한다면, 사담 후세인은 문제를 일으킨 원인 중의 하나이고 그밖의 다른 원인들이 있음을 알게 될 것입니다. 일단 당신이 이것을 깨닫는다면, 사담 후세인이 유일한 원인이라는 과거 당신의 생각은 저절로 사라지고, 상황의 진실이 모습을 드러낼 것입니다.

이런 방법에는 사물을 전체적인 시각으로 보는 것도 들어 있습니다. 그것은 어떤 상황이든 원인을 제공하는 수많은 사건들이 있다는 깨달음입니다. 우리 티벳인과 중국인의 문제를 예로 들어봅시다. 이 문제에도 우리 티벳인들이 많은 원인을 제공하고 있습니다. 우리 세대도 원인을 제공했겠지만, 무엇보다도 우리의 전 세대들이 이 문제를 아주 소홀히 여긴 것이 분명합니다. 적어도 몇 세대 전 사람들은 틀림없이 그랬을 것입니다. 따라서 난 우리 티벳인들이 이 비극적인 상황에 일정한 원인을 제공했다고 생각합니다. 모든 것을 중국 탓으로 돌리는 것은 공평하지 않습니다.

하지만 원인에도 여러 차원이 있습니다. 물론 우리가 이런 상황을 만드는 데 원인을 제공했겠지만, 그렇다고 이 말이 우리만 비난받아야 한다는 뜻은 아닙니다. 티벳인들은 지금까지 중국의 압제에 완전히 굴복하지 않고 저항을 계속했습니다. 이 때문에 중국인들은 새로운 정책을 개발했습니다. 그것은 다수의 중국인들을 티벳으로 이주시키는 정책이었는데, 그 목적은 중국인들의 이주로 티벳의 인구수를 미미하게 만들고 티벳인들을 다른 곳으로 몰아내어 티벳의 독립 운동이 효과가 없도록 만들기 위한 것이었습니다. 이 경우 중국의 정책에 대한 티벳인들의 저항이 비난받아야 하고, 이 정책에 티벳인이 책임을 져야 한다고 말할 순 없습니다."

내가 물었다.

"어떤 상황에 대한 자신의 책임을 찾고 있는데, 분명히 자신은 잘못한 게 없고 그 상황이 자신과 전혀 관계가 없을 경우는 어떻게 합니까? 조금은 일상적인 예이긴 하지만, 누군가 당신에게 일부러 거짓말을 한다면 어떻게 하시겠습니까?"

그가 말했다.

"물론 누군가 진실하지 못하다면, 처음에 난 실망감을 느낄 것입니다. 하지만 이 경우에도 상황을 잘 살펴본다면, 그들이 내게 무언가를 숨긴 것은 사실 나쁜 동기에서 비롯된 것이 아님을 알 수 있을 것입니다. 그것은 단순히 나에 대한 그 사람의 믿음이 부족하기 때문일지도 모릅니다. 따라서 그런 일로 실망할 때에도 난 이따금 그들을 다른 시각에서 보려고 노력합니다. 난 그 사람이 나를 완전히 믿고 싶지 않았을 거라고 생각합니다. 왜냐하면 내가 그의 말을 비밀로 간직할 수 없을 것이기 때문입니다. 내 성격은 대체로 매우 솔직하기 때문에 그 사람은 내가 비밀을 지킬 만한 사람이 아니라고 마음속으로 결정했을 겁니다. 다시 말해 내 성격 때문에 그 사람은 나를 완전히 믿기 어려운 것입니다. 이런 식으로 생각할 때, 난 그의 거짓말이 내 잘못에서 비롯된 점이 있음을 생각할 수 있습니다."

달라이 라마의 말이긴 했지만, 다른 사람의 잘못된 행동에 자신이 제공한 원인을 발견하라는 논리는 약간 지나친 듯했다. 하지만 그는 정말 진지한 목소리로 말했다. 이런 모습을 보면서 나는 그가 자신의 삶 속에서 만나는 어려운 상황에 대처할 때 실제로 그 방법을 사용한다는 걸 알 수 있었다. 그 방법을 우리의 삶에 적용할 때 우리는 물론 문제가 되는 상황 속에서 자신이 제공한 원인을 항상 발견할 순 없을 것이다. 하지만 우리가 그것에 성공하든 못하든 어떤 문제에 자신이 제공한 원인을 찾으려는 정직한 시도는 우리의 시각을 변화시켜 오로지 남을 비난하려는 편협한 사고를 극복하는 데 도움을 줄 수 있다. 그렇게 되면 자기 자신과 세상에 대해 커다란 불만을 품게 만드는 불공평한 느낌도 서서히 사라질 것이다.

불완전한 세계의 일부분으로서 우리 모두는 불완전하다. 우리 각자는 무엇인가 잘못을 저지른 적이 있다. 우리는 무엇인가 후회할 일을 갖고 있다. 그것은 우리가 이미 한 일에 대한 후회이거나,

해야 할 일을 하지 않아서 생기는 후회다. 진정으로 뉘우치며 자신의 잘못을 인정하는 것은 우리를 올바른 길로 인도하고, 기회가 있을 때 잘못을 바로잡도록 우리에게 용기를 준다. 하지만 후회가 지나쳐 죄의식으로 발전한다면, 또한 끊임없이 자신을 책망하며 과거의 죄를 기억한다면, 후회는 단지 스스로 벌을 받고 고통을 받아들이는 가혹한 일이 될 뿐이다.

앞에서 달라이 라마의 형님이 돌아가신 일에 대해 간단히 이야기를 나눴을 때, 달라이 라마는 형님의 죽음에 대해 후회하는 말을 했었다. 그가 후회나 죄책감을 어떻게 처리하는지 궁금했던 나는 나중에 다시 그 문제에 대해 물었다.

"당신의 형님 롭상의 죽음에 대해 이야기할 때, 당신은 후회하는 일이 있다고 말했습니다. 그것 말고도 당신의 삶에서 후회하는 일이 또 있나요?"

달라이 라마가 대답했다.

"네, 있습니다. 예전에 은둔 생활을 하던 노수도승이 있었습니다. 그분은 가르침을 받기 위해 종종 나를 찾아오곤 했습니다. 사실 그 수도승은 나보다 더 높은 깨달음을 얻은 분이어서 의례적으로 나를 찾아왔을 것입니다. 어쨌든 어느 날 그분이 나를 찾아와서는 높은 차원의 수행법에 대해 물었습니다. 나는 별 생각 없이 그것은 어려운 수행법이어서 젊은 사람이 하는 게 좋을 것 같다고 말했습니다. 그리고 전통적으로 십대 중반의 소년들이 그 수행을 시작한다는 말을 덧붙였습니다. 그런데 얼마 후 나는 그 수도승이 자살했다는 소식을 들었습니다. 노수도승은 젊은 몸으로 다시 태어나 그 수행을 더 효과적으로 하고 싶었던 것입니다……"

그 이야기에 놀란 표정으로 내가 말했다.

"아, 정말 끔찍한 일이군요! 그 소식을 들었을 때, 당신은 마음이 무척 아프셨겠습니다⋯⋯."

달라이 라마는 슬픈 표정으로 고개를 끄덕였다. 내가 물었다.

"당신은 어떻게 그런 후회스런 느낌에 대처하셨습니까? 어떻게 그런 느낌을 없앨 수 있었습니까?"

달라이 라마는 잠시 조용히 생각하더니, 이윽고 대답했다.

"난 그 감정을 없애지 못했습니다. 그것은 아직도 내 마음에 남아 있습니다."

그는 잠시 말을 멈췄다가 다시 말했다.

"하지만 후회하는 마음이 아직 있더라도, 그것은 나를 짓누르거나 과거에 얽매이게 만들진 않습니다. 후회스런 감정이 나를 짓누르고, 쓸데없이 나에게 좌절감과 우울한 느낌을 주고, 내가 최선을 다해 사는 데 방해가 된다면 그것은 어느 누구에게도 도움이 안 될 것입니다."

그 순간 나는 다시 한 번 마음 깊이 생각할 수 있었다. 그것은 인간이 뼈저린 후회에도 불구하고 지나친 죄의식이나 자기 모멸에 사로잡히지 않은 채 삶의 비극을 정면으로 마주보고, 감정을 갖고 반응할 수 있다는 것이다. 또한 인간은 한계와 결점이 있고, 잘못된 판단을 하는 자기 자신을 온전히 받아들일 수 있다. 인간은 자신의 잘못을 그대로 인정하고 감정을 갖고 반응하지만 지나치게 반응하지 않을 수 있다. 달라이 라마는 그 사건에 대해 진정으로 후회했지만, 위엄과 품위를 잃지 않으면서 후회했다. 후회하면서도 그것에 짓눌리지 않고, 거기서 한 걸음 나아가 최선을 다해 타인을 돕는 일에 관심을 쏟았다.

이따금 나는 스스로를 괴롭히는 죄의식에 빠지지 않고 살 수 있는 능력이 얼마만큼은 문화에서 생기는 게 아닐까 하는 생각이 든다. 나와 친한 한 티벳 학자에게 달라이 라마와 후회에 대해 나눈 대화를 이야기해주자, 그는 티벳어에는 실제로 영어의 '죄'에 해당하는 단어가 없다고 말했다. 물론 '미래에 어떤 일을 바로잡는 나'는 의미의 뉘우침, 참회, 후회라는 단어는 있지만 '죄'에 해당하는 것은 없다는 것이었다. 하지만 문화적인 배경이 어떠할지라도, 우리의 습관적인 사고 방식을 고치려고 하고, 달라이 라마가 말한 원칙대로 마음 자세를 바꾼다면, 우리 모두는 쓸데없는 고통만 일으키는 죄의식에 빠지지 않고 살 수 있을 것이다.

죄를 지었다는 생각은 자신이 돌이키기 힘든 실수를 했다고 확신할 때 생긴다. 죄를 고문처럼 느끼는 까닭은 모든 문제가 영원히 지속된다고 생각하기 때문이다. 하지만 변하지 않는 것은 없기 때문에 극심했던 고통도 수그러든다. 다시 말해 문제는 영원히 지속되지 않는다. 이것이 변화가 가진 긍정적인 면이다. 반면에 부정적인 면은 우리가 삶의 거의 모든 영역에서 변화에 저항한다는 것이다. 고통으로부터의 해방은 고통을 일으키는 중요한 원인 중 하나를 깨닫는 일에서부터 시작한다. 그것은 바로 변화에 대한 저항이다.

끊임없이 변화하는 삶의 본질에 대해 달라이 라마는 다음과 같이 설명했다.

"고통이 어떻게 일어나는지 그 원인과 바탕을 조사하는 것이 매우 중요합니다. 그 첫걸음은 우리가 영원하지 않고 일시적인 존재라는 것을 이해하는 일입니다. 모든 사물, 사건, 현상은 매순간 역동적으로 변화하며, 그대로 정지해 있는 건 아무것도 없습니다. 사람의 피가 순환하는 걸 생각해보면, 이런 생각을 확실히 이해할 수 있을 것입니다. 피는 끝없이 흐르면서 우리 몸을 돌기 때문에 결코 가만히 있는 법이 없습니다. 현상이 이처럼 시시각각 변하는 것은 현상의 고유한 성질인 듯합니다. 따라서 이것은 모든 것들이 영원히 같은 상태로 있을 수 없음을 보여줍니다. 모든 것들은 변할 수밖에 없고 어떤 것도 영원한 상태로 존재하지 않기 때문에, 자기만의 힘으로 똑같은 상태를 유지할 수 있는 것은 없습니다. 따라서 모든 것들은 다른 요소들의 힘이나 영향 속에 있습니다. 당신이 어느 순간 즐거움과 쾌락을 느끼더라도 그것은 영원하지 않을 것입니다. 그것 또한 불교에서 '변화의 고통'으로 부르는 고통의 범주에 들어가기 때문입니다."

덧없음에 대한 깨달음은 불교에서 핵심적인 역할을 하며, 덧없음에 대한 명상은 불교의 중요한 수행이다. 덧없음에 대한 명상은 불교에서 두 가지 역할을 한다. 불교의 수행자들은 자기 존재의 덧없음에 대해 명상을 한다. 그것은 삶이란 보잘것없고, 자신이 언제 죽을지 알 수 없다는 사실에 대한 명상이다. 이런 사색과 더불어 인간이란 하찮은 존재이며, 영적으로 해방되고 고통과 끝없는 환생으로부터 벗어날 수 있다는 믿음을 가질 때, 수행자는 주어진 시간을 최대한 이용해서 해탈을 위한 영적 수행에 매진하겠다고 다짐할 것이다. 수행자는 더 깊은 차원에서 덧없음의 의미에 대해, 그리고 모든 현상의 덧없는 성질에 대해 명상하면서 현상의 진정한 성격을 이해하기 시작한다. 이런 이해를 통해 우리는 고통의 궁극적인 원천이 되는 무지에서 벗어날 수가 있다.

이처럼 덧없음에 대한 명상이 불교에서 큰 의미를 갖고 있음을 보면서, 이런 질문을 할 수가 있을 것이다. 덧없음에 대한 명상과 이해가 불교도가 아닌 사람들의 삶 속에서도 실제적인 도움을 줄 수 있을까?

덧없음을 변화의 의미로 생각한다면 분명히 그렇다고 대답할 수 있다. 결국 우리가 삶을 보는 시각이 불교적인 것이든 서양적인 것이든, 한 가지 사실은 삶이 변화한다는 것이다. 우리가 이 사실을 받아들이길 거부하고 자연스런 삶의 변화에 저항할수록, 우리의 고통은 사라지지 않을 것이다.

변화를 받아들이는 일은 자기 자신이 만드는 고통을 더는 데 큰 역할을 한다. 우리는 종종 과거의 일을 단념하지 않으려고 애쓰면서 스스로 고통을 짊어지곤 한다. 과거의 모습으로 자신을 생각하거나, 전에는 할 수 있었지만 지금은 할 수 없는 일에 집착하는 것은 나이가 들수록 행복을 잃게 만드는 가장 확실한 방법이다. 과거에 집착하면 할수록 우리의 삶은 더욱 이상하게 뒤틀릴 것이다.

변화를 피할 수 없는 삶의 법칙으로 받아들이면 많은 문제에 잘 대처할 수 있다. 아울러 삶이 끝없이 변화한다는 사실을 확실히 깨우침으로써 얻는 더욱 실제적인 혜택이 있다. 그것은 고통의 원인이 되는 수많은 걱정으로부터 해방될 수 있다는 것이다.

삶이 변한다는 것을 깨닫는 것이 중요하다고 강조하면서, 어느 아기 엄마가 내게 자신의 경험담을 들려준 적이 있다.

그녀는 새벽 2시에 병원 응급실을 찾아갔다.

소아과 의사가 그녀에게 물었다.

"무슨 일입니까?"

그녀가 미친 듯이 소리쳤다.

"내 아기가 이상해요! 아이의 입에 무엇인가 꽉 찬 것 같아요! 아이의 혀가 튀어나와요. 아이가 자꾸 혀를 밖으로 내밀어요. 계속해서……. 뭔가 밖으로 뱉으려고 하는 것 같아요. 하지만 아이 입 안엔 아무것도 없어요."

몇 가지 질문을 하고 아기를 간단히 살펴본 뒤에, 의사는 그녀에게 확신을 갖고 말했다.

"걱정할 것 없습니다. 아기는 자라면서 자기 몸에 대해 더 많이 의식하고, 몸이 무엇을 할 수 있는지 알게 됩니다. 당신 아기는 단지 자기 혀를 발견한 것뿐입니다."

마가렛은 서른한 살의 여기자다. 그녀가 겪은 일은 인간 관계에서 변화를 이해하고 받아들이는 것이 결정적으로 중요하다는 사실을 잘 보여준다. 그녀는 나를 찾아와 최근에 이혼을 했는데, 그 상황에 적응하기가 어려워 고민이라고 불만을 털어놓았다.

"과거를 잊고 독신의 삶으로 돌아가는 데 도움을 줄 수 있는 전문가와 상담하는 것이 좋겠다는 생각이 들었어요. 솔직히 말해, 내가 혼자서 살 수 있을지 조금 걱정이 돼요."

나는 그녀에게 이혼을 하게 된 상황을 설명해달라고 부탁했다.

"우리 부부의 이혼에 대해선 좋게 말해야 할 것 같군요. 부부 사이에 큰 싸움 같은 건 없었어요. 남편과 난 좋은 직장을 갖고 있었고, 그래서 경제적인 문제는 전혀 없었지요. 우리에겐 남자 아이가 하나 있지만, 이 아이는 우리의 이혼에 잘 적응하는 것 같아요. 전남편과 나는 아이의 양육을 함께 책임지기로 합의했고 지금까지 잘 해오고 있어요."

내가 다시 물었다.

"제 질문은 무엇 때문에 이혼에 이르게 됐느냐는 겁니다."

여자가 말했다.

"그러니까…… 우리 두 사람의 사랑이 식어버린 것 같아서요."

그녀는 한숨을 쉬고 나서 다시 말했다.

"점점 낭만적인 사랑이 사라지는 것 같았어요. 처음 결혼할 때 느꼈던 친밀감이 느껴지지 않았거든요. 우리 둘 다 일을 하고 아이를 돌보느라고 바빠서 마치 서로의 생활이 따로 있는 것처럼 보였어요. 결혼 생활에 대해 상담을 몇 번 받아본 적도 있지만, 별 도움이 되지 않았지요. 우린 한집에서 같이 지냈지만 마치 오빠와 동생 사이 같았어요. 사랑하는 느낌도 없고 우리가 진짜 결혼했는지도 모르겠더라구요. 어쨌든 이혼이 최선의 방법이라는 데 우리 둘 다 동의했어요. 더 이상 어떻게 해볼 도리가 없었거든요."

두 차례의 상담을 통해 그녀의 문제를 대충 파악한 뒤, 우리는 간단한 심리 치료를 해보기로 결정했다. 그 치료는 그녀의 불안감을 줄이고, 최근에 생긴 삶의 변화에 적응하는 데 초점을 맞춘 것이었다. 전반적으로 그녀는 지적이고 자신의 감정을 잘 조절하는 여자였다. 그녀는 치료를 잘 받아들여서, 별 어려움 없이 혼자 사는 삶으로 돌아갔다.

마가렛과 그녀의 남편은 분명히 서로에 대한 애정이 있었지만 자신들의 열정이 식은 것을 결혼 생활을 끝내야 하는 신호로 받아들인 게 분명했다. 우리는 흔히 열정이 줄어드는 것을 인간 관계에 치명적인 문제가 생긴 신호로 해석한다. 그리고 대개 부부 관계에서 처음으로 변화의 조짐이 나타나면 두 사람은 심하게 두려워하고 무언가 완전히 잘못되었다는 느낌을 갖는다. 어쩌면 두 사람은 올바른 짝을 선택하지 못했다고 생각할 것이다. 자신의 짝이 과거에 그토록 사랑한 사람이 아닌 것 같기도 하다. 의견의 불일치도 생긴다. 예를 들면 자신은 잠자리를 하고 싶은데 배우자는 피곤해하고, 자신은 어떤 영화를 보고 싶은데 배우자는 관심도 안 보이거나 늘 바쁘기만 하다. 또한 전에는 전혀 알지 못했던 서로의 차이점을 발견할 수 있다. 그 결과 우리는 결혼 생활을 끝내야 한다고 결론을 내린다. 두 사람이 서로 멀어져만 가는 상황을 수습할 방법이 없는 것이다. 상황이 더 이상 전과 같지 않으므로, 우리는 이제 이혼을 해야 한다고 생각한다.

그렇다면 어떻게 해야 할까? 이 점에 대해 인간 관계의 전문가들은 엄청난 양의 책을 쏟아놓고, 다양한 해설서는 열정과 낭만의 불꽃이 사그라들 때 해야 할 일에 대해 정확히 말해준다. 그들은 낭만에 다시 불을 붙이는 데 도움을 주는 수많은 방법을 제시한다. 낭만적인 시간을 가장 먼저 갖도록 일정을 조정하고, 낭만적인 저녁 식사나 주말 여행을 계획하고, 자신의 배우자를 칭찬하고, 의미 있는 대화를 나누는 방법을 배우라고 권한다. 때로는 이런 방법이 도움이 되지만, 그렇지 않을 때도 있다.

하지만 두 사람 관계의 종말을 고하기 전 변화의 조짐을 눈치챘을 때 우리가 가장 해볼 만한 것이 있다. 그것은 뒤로 물러서서 상황을 검토해보고, 인간 관계에서 일어나는 일반적인 변화에 대해 되도록 많이 알아보는 것이다. 우리의 삶이 펼쳐지면서, 우리는 젖먹이 아기에서 어린아이로 그리고 성인에서 노인으로 성장한다. 개인이 성장하면서 겪는 이런 변화를 우리는 자연스러운 발달로 받아들인다.

하지만 부부 관계 또한 살아움직이는 시스템이며, 일정한 생활 환경 속에서 상호 작용하는 두 유기체로 구성되어 있다. 살아 있는 시스템으로서 부부 관계가 여러 단계를 거친다는 것은 자연스럽고도 당연한 일이다. 모든 부부 관계 속에는 서로 다른 차원의 친밀감이 존재한다. 이를테면 육체적, 감정적, 지적인 친근감이다. 육체적인 접촉을 하고 감정과 생각을 함께 나누는 것은 모두 사랑하는 사람을 연결해주는 적절한 방법이다. 이런 방법들은 비중이 커지기도 하고 줄어들기도 하면서 균형을 유지하는데, 이것은 지극히 정상적인 것이다. 때로는 육체적인 친밀감이 줄어드는 대신 감정적인 친밀감이 커질 수도 있다. 때로는 서로 말을 하지 않고 감정을 억제하고 싶을 때도 있다.

우리가 이런 점을 민감하게 의식한다면, 처음에는 정열적인 관계를 즐길 수 있을 뿐 아니라, 정열이 식은 뒤에도 걱정하고 화를 내는 대신 마음을 열고 새로운 모습의 애정을 받아들일 수 있다. 이런 애정은 과거와 똑같거나 오히려 더욱 큰 만족을 줄 것이다. 우리는 배우자를 든든한 동료처럼 생각하면서 흐뭇해 하고, 변함없는 사랑과 더욱 깊은 유대감을 느낄 수 있다.

〈친밀한 행동〉이라는 자신의 책에서 데스몬드 모리스는 인간 존재가 친밀함을 바라는 동안 일어나는 변화에 대해 설명한다. 그는 우리가 다음 세 단계를 반복해서 거친다고 주장한다.

'나를 꼭 잡아주세요' '나를 놓아주세요' 그리고 '혼자 있게 놔두세요'의 세 단계다. 이런 순환은 아이가 삶을 시작하고 몇 해 지나지 않아서 뚜렷한 모습을 나타낸다. 아이들은 '나를 꼭 잡아주세요'라는 특징을 가진 유아의 단계에서 '나를 놓아주세요' 단계로 넘어간다. 이때 아이는 처음으로 세상을 탐험하고, 기어다니고, 걸으면서 엄마로부터 어느 정도의 독립성과 자율성을 얻는다. 이것은 정상적인 발전과 성장의 일부분이다.

하지만 이것은 한 방향으로만 나아가진 않는다. 이 단계를 거치면서 엄마로부터 떨어지는 느낌이 너무 클 때 아이는 다소 불안감을 느낄 수 있다. 그러면 아이는 다정함과 친밀감을 느끼기 위해 엄마의 품으로 돌아갈 것이다. 청소년기는 '혼자 있게 놔두세요'의 특징이 두드러진 단계이며, 아이들은 개인의 정체성을 찾기 위해 열심히 노력한다. 이런 상황은 물론 부모에게 고통을 안겨주겠지만, 대부분의 전문가들은 아이가 어른으로 성장하는 데 꼭 필요한 정상적인 과정으로 여긴다. 물론 이 단계 속에도 여러 단계가 섞여 있다. 청소년들은 집에서 부모에게 '혼자 있게 놔두세요!'라고 소리치는 것과 동시에, '나를 꼭 잡아주세요'라는 요구를 또래 집단과의 강한 동질감 속에서 만족시킬 수 있다.

성인들의 관계에서도 똑같이 끊임없는 변화가 일어난다. 친밀감의 정도가 변하면서, 가까이 다가가는 시기와 거리를 갖는 시기가 교대로 나타난다. 이것 또한 성장과 발전이라는 정상적인 순환 과정의 일부분이다. 인간 존재로서 자신의 능력을 완전히 꽃피우려면, 타인과 하나가 되려는 욕구와 자기 내면으로 눈을 돌려 독립적인 개인으로 성장하는 시기가 균형을 이룰 필요가 있다.

이것을 이해한다면 처음으로 배우자의 떨어지는 느낌을 받을 때도 우리는 더 이상 두려워하지 않을 것이다. 해변에서 파도가 쓸려나가는 것을 보면서도 두려워하지 않을 것이다. 물론 때로는 감정적인 거리가 점점 벌어지는 상황이 부부 관계에 심각한 문제가 있다는 신호일 수도 있다. 예를 들면 서로에 대해 말없이 분개하고 있는 경우이나. 어떤 부부는 별거에 이를 수도 있다. 이런 경우엔 전문가의 상담을 받는 것이 큰 도움이 될 것이다. 하지만 명심해야 할 것은 부부 사이에 거리가 생긴다고 해서 저절로 비극이 생기는 건 아니라는 것이다. 이것은 또한 새로운 순환 단계를 맞아서 두 사람의 관계를 다시 세울 시기가 되었다는 의미일 수도 있다. 과거에 있었던 친밀감을 되찾거나, 심지어 그것을 능가하는 새로운 관계를 만들 때가 된 것이다.

따라서 타인과의 상호 작용 과정에서 일어나는 변화를 자연스럽게 받아들이고 인정하는 것은 인간 관계에서 매우 중요하다. 이때 우리는 두 사람 관계에서 무엇인가가 빠져나간 것처럼 크게 실망하고, 부부 관계에 중요한 변화가 일어날 수도 있다고 느낀다. 이런 과도기는 진정한 사랑이 열매 맺고 꽃필 수 있는 중요한 시기가 될 수 있다. 두 사람의 관계는 더 이상 격렬한 열정에 기초해 있지 않으며, 상대방을 완벽한 존재로 생각하거나 상대방과 자신이 하나라고 느끼지도 않을 것이다. 하지만 그 대신 우리는 이제 진정으로 상대방을 알아가기 시작한다. 다시 말해 상대방을 있는 그대로 보면서 결점과 약점이 있는 독립된 개인이라고 생각하지만, 또 한편으로 자신과 똑같은 인간 존재라고 생각한다. 바로 이

때 우리는 진실한 사랑을 통해 또다른 인간의 성장에 진정으로 도움을 줄 수 있다.

마가렛 부부가 두 사람 관계의 자연스런 변화를 받아들이고, 열정과 낭만이 아닌 다른 요소에 기초한 새로운 관계를 만들었더라면, 그들의 결혼은 파탄에 이르지 않았을 것이다.

다행히도 그 이야기는 거기서 끝나지 않았다. 내가 마가렛과 마지막 상담을 하고 2년이 지난 어느 날 나는 우연히 쇼핑 센터에서 그녀를 만났다(전에 환자였던 사람과 밖에서 우연히 만나면, 대부분의 치료사들이 그렇겠지만 조금 어색한 느낌을 받는다).

내가 물었다.

"요즘 어떻게 지내세요?"

그러자 그녀가 큰소리로 대답했다.

"지금보다 더 좋을 순 없을 거예요! 지난달에 전남편과 재결합했거든요."

"정말이에요?"

"네, 아주 잘 돼가고 있어요. 물론 우린 함께 아이를 돌보기로 했기 때문에 그동안에도 계속 만나고는 있었어요. 처음엔 그런 식으로 만나는 것이 쉽지 않았지만요……. 하지만 이혼을 하고 나자 웬일인지 심리적인 부담감이 없어졌어요. 우린 서로에 대해 더이상 어떤 기대도 하지 않게 되었어요. 그리고 정말로 우리가 서로를 좋아하고 사랑한다는 걸 알았어요. 우리가 처음 결혼했을 때와 똑같은 느낌은 아니지만, 그건 문제가 안 되는 것 같아요. 지금 우리 두 사람은 너무 행복해요. 정말 날아갈 듯한 기분이에요."

10

마음을 어떻게 바꿀 것인가

다른 사람이 시기심으로 나를 욕하고 비난해도 나를 기쁜 마음으로 패배하게 하고
승리는 그들에게 주소서. 내가 도와준 사람이 나를 심하게 해칠 때,
그를 최고의 스승으로 여기게 하소서.

한 그리스의 철학자가 제자에게 자신을 모욕하는 사람 누구에게나 돈을 주라고 명령했다. 이 시험 기간이 끝나자 스승이 제자에게 말했다.

"이제 그대는 아테네로 가서 지혜를 배워도 좋다."

제자가 아테네로 들어갈 때 한 현자를 만났다. 그 현자는 성문 앞에 앉아서 들어오고 나가는 모든 사람에게 심한 욕설을 퍼부었다. 그가 모욕적인 말을 하자, 제자는 웃음을 터뜨렸다.

현자가 물었다.

"내가 당신을 모욕했는데 왜 웃는가?"

제자가 대답했다.

"왜냐하면 난 지난 3년 동안 모욕을 당할 때마다 돈을 냈는데, 지금 당신은 공짜로 그 일을 해줬으니까요."

그러자 현자가 말했다.

"안으로 들어가시오. 온 세상이 당신의 것이오……."

4세기경 희생과 기도로 남은 인생을 보내기 위해 이집트의 사막으로 간 괴짜 신부가 고통과 시련의 가치를 설명하기 위해 앞의 이야기를 가르쳤다고 한다. 하지만 단지 제자가 겪은 시련만이 지혜의 도시를 그에게 열어준 것은 아니었다. 그가 어려운 상황에 잘 대응할 수 있었던 중요한 이유는 사물을 보는 시각을 바꾸고 다른 입장에서 상황을 바라보는 능력을 갖고 있었기 때문이다. 시각을 바꾸는 능력은 삶의 문제에 대처하는 데 가장 강력하고 효과적인 수단이 될 수 있다.

달라이 라마는 그것을 이렇게 설명했다.

"사건을 다른 시각에서 보는 능력은 큰 도움이 될 수 있습니다. 수행을 하는 사람들은 어떤 경험과 비극적인 일도 마음의 평화에 이르기 위한 수단으로 이용할 수 있습니다. 사람들은 모든 일과 사건이 한 가지 면이 아닌, 여러 가지 면을 갖고 있음을 깨달아야 합니다. 모든 것은 상대적인 성격을 갖고 있습니다.

내 경우를 예로 든다면, 난 나라를 잃었습니다. 이런 시각으로 본다면 매우 비극적인 일이라고 할 수 있지요. 그것만이 아닙니다. 지금 티벳에선 엄청난 파괴 행위가 저절러지고 있습니다. 그것은 매우 부정적인 일입니다. 하지만 내가 똑같은 상황을 다른 시각에서 본다면, 난 망명객으로서 또 하나의 시각을 가질 수 있습니다. 망명객에게는 형식과 의식, 의례적인 행동이 필요없습니다. 현재 모든 일들이 잘 돌아가고 있을 때는, 대부분의 경우에 당신은 단지 겉으로만 무언가를 하는 시늉을 할 것입니다. 하지만 당신이 망명객처럼 절박한 순간을 지내고 있다면 시늉만 할 시간이 없을 것입니다. 따라서 이런 시각에서 보면, 비극적인 경험은 나에게 매우 유익한 것이었습니다. 또한 망명자는 다양한 사람들을 만날 수 있는 새로운 기회를 많이 갖게 됩니다. 그들은 다른 종교 다른 계층의 사람들로, 만일 내가 티벳에 있었다면 만나지 못했을 것입니다. 이런 의미에서 망명객이 된 것은 내게 정말 유익한 일이었습니다.

우리에게 어떤 문제가 일어나면 대개 우리의 시각이 좁아지는 것을 느낍니다. 우리는 문제를 걱정하는 데 온 신경을 집중하고, 오로지 자기만이 그런 어려움을 겪는 것처럼 느끼는 듯합니다. 이런 태도는 자신에게만 몰두하게 해서 문제를 더욱 심각하게 여길 수가 있습니다. 이런 일이 일어날 때는 사물을 좀더 넓은 시각에서 바라보는 것이 큰 도움이 됩니다. 예를 들어 그것보다 더 끔찍한 경험을 하는 사람들이 많다고 생각하는 것입니다.

이렇게 시각을 바꾸는 수행은 병에 걸렸거나 고통을 겪을 때도 도움을 줄 수 있습니다. 고통이 일어나는 순간에 마음을 가라앉히기 위해 정식으로 명상을 하기는 물론 아주 어렵습니다. 하지만 당신이 자신에게 닥친 상황을 다른 상황과 비교하고 다른 시각에서 바라볼 수 있다면, 어쨌든 뭔가 다른 일이 일어날 것입니다. 당신이 단지 그 사건 하나만을 보면, 그 일은 점점 더 커보일 것입니다. 문제가 일어날 때 너무 가까이에서 너무 집중해서 문제를 생각하면 도저히 방법이 없는 것처럼 보입니다. 하지만 그 일을 더 큰 사건과 비교하고 어느 정도 거리를 두고본다면, 그것은 좀더 작고 덜 심각한 문제로 보일 것입니다."

달라이 라마와 대화를 갖기 조금 전에 나는 내가 일하던 병원의 관리자와 우연히 마주쳤다. 병원에서 함께 일하는 동안 우리는 잦은 언쟁을 벌였었다. 나는 그가 돈에 신경쓰느라 환자 치료를 소홀히 한다고 생각했었기 때문이다. 한동안 그를 보지 못했지만 막상 그가 내 앞에 나타나자, 그와 싸웠던 일들이 물밀듯이 떠오르면서 내 안에서 분노와 미움이 솟구쳤다.

그날 늦게 달라이 라마와 대화를 하기 위해 수행원의 안내를 받아 호텔 방에 도착할 때쯤에는 내 마음도 상당히 진정되었지만, 아직도 흥분이 완전히 가라앉지 않은 상태였다. 내가 말했다.

"누군가 당신을 화나게 만들었다고 생각해보십시오. 마음에 상처를 입은 당신이 그 순간에 자연스럽게 보일 수 있는 반응은 화를 내는 것입니다. 하지만 많은 경우 그것은 단지 상처를 입는 순간에 화를 내는 문제에서 끝나지 않습니다. 당신은 그 일에 대해 한참 뒤에도 생각할 것이고, 그렇게 생각할 때마다 다시 한 번 화가 치밀어오를 것입니다. 당신은 이런 상황에 어떻게 대처해야 한다고 생각하십니까?"

달라이 라마는 신중한 얼굴로 고개를 끄덕이며 나를 바라보았다. 내가 순전히 이론적인 이유로 이 주제를 꺼낸 것이 아니라는 것을 그가 알아차렸을지 궁금했다.

그가 말했다.

"다른 관점에서 본다면, 당신을 화나게 만든 그 사람도 분명히 긍정적인 성격을 많이 갖고 있을 것입니다. 잘 살펴본다면, 당신을 화나게 만든 그의 행동이 당신에게 어떤 기회를 주었다는 것도 알 수 있습니다. 노력만 한다면 당신은 한 사건에서 여러 가지 시각을 볼 수 있습니다. 이런 방법이 분명히 도움이 될 것입니다."

내가 물었다.

"하지만 어떤 사람이나 사건의 긍정적인 면을 찾으려고 했지만, 끝내 발견하지 못한 경우엔 어떻게 하죠?"

그가 대답했다.

"우리는 어느 정도 노력을 하면서 상황에 대응할 필요가 있습니다. 시간을 갖고 그 상황에 대한 다른 시각을 진지하게 찾아야 합니다. 단지 피상적인 방법이 아니라 날카롭고 직접적인 방법으로 찾는 것입니다. 당신은 모든 이성적인 능력을 이용해, 상황을 가능한 한 객관적으로 볼 필요가 있습니다.

어떤 사람에게 몹시 화가 났을 때, 당신은 그를 100퍼센트 나쁜 성격을 가진 사람으로 여길 수가 있습니다. 이것은 당신이 어떤 사람에게 강한 매력을 느낄 때, 그 사람을 100퍼센트 좋은 성격을 가진 사람으로 생각하는 것과 비슷합니다. 하지만 이런 주관적인 생각은 실제와 일치하지 않는 경우가 많습니다. 당신이 매우 좋게 생각하는 친구가 의도적으로 당신에게 나쁜 해를 입힌다면, 갑자기 당신은 그가 100퍼센트 좋은 성격을 가진 사람이 아니라는 걸 의식할 것입니다. 마찬가지로 당신이 한때 미워했던 사람이 진심으로 당신에게 용서를 빌고 계속해서 친절하게 행동한다면, 당신은 그를 100퍼센트 나쁜 사람으론 생각하지 않을 것입니다.

당신이 누군가에게 화가 나서 그 사람에겐 긍정적인 성격이 전혀 없다고 느낄지라도, 사실 완벽하게 나쁜 사람은 없습니다. 열심히 찾아보면 그는 분명히 몇 가지 좋은 성격을 갖고 있을 것입니다. 따라서 어떤 사람을 완전히 부정적으로 보는 것은 당신의 심리적인 태도가 반영되었기 때문이지, 그것이 그 사람의 진정한 성격은 아닐 것입니다.

이처럼 당신이 처음에 완전히 부정적이라고 생각한 상황에도 어느 정도 긍정적인 면이 있을 수 있습니다. 하지만 나쁜 상황에서 긍정적인 면을 발견할지라도 그것만으로 충분하지 않은 경우가 종종 있습니다. 당신은 그 생각을 더욱 키울 필요가 있습니다.

따라서 당신은 긍정적인 면을 자주 떠올려야 할 것입니다. 점차로 당신의 감정이 변할 때까지 말입니다.

당신이 이미 어려운 상황에 닥쳤다면, 한두 번 특별한 생각을 가진다고 해서 간단히 자신의 태도를 바꿀 수는 없을 것입니다. 오히려 당신은 새로운 관점을 배우고, 연습하고, 그것에 익숙해지는 과정을 통해 그 어려운 상황에 더 잘 대처할 수가 있습니다.”

달라이 라마는 잠시 생각에 잠겨 있다가, 늘 그렇듯이 실용적인 입장에서 말했다.

“하지만 당신의 노력에도 불구하고 어떤 사람의 행동에서 긍정적인 측면이나 시각을 발견하지 못한다면, 그 순간에 가장 바람직한 행동은 단순히 그것을 잊으려고 노력하는 것입니다.”

달라이 라마의 말에 영감을 받은 나는 그날 밤 늦게 그 관리자의 긍정적인 면을 발견하려고 노력했다. 그가 100퍼센트 나쁜 사람은 아니었다고 생각하려고 하면서. 그것은 그다지 어려운 일이 아니었다. 나는 그가 최선을 다해 자식들을 키우는 다정한 아버지라는 걸 알고 있었다. 그리고 그와 말다툼을 벌인 것이 궁극적으로는 나한테 이익이 되었다는 걸 인정해야 했다. 그런 다툼 덕분에 나는 그 병원을 그만두기로 결심했고, 그 결과 더 좋은 직장을 얻을 수 있었다.

이런 생각을 했다고 해서 갑자기 그 남자가 좋아지진 않았지만, 너무나 작은 노력으로 내 증오심이 누그러졌다는 건 의심할 여지가 없었다. 이제 달라이 라마는 더욱 심오한 가르침을 주려고 하고 있었다. 그것은 적에 대한 태도를 완전히 바꾸고 그들을 소중히 여기는 방법에 대한 가르침이었다.

적에 대한 태도를 바꾸는 방법으로 달라이 라마가 가장 중요하게 여기는 것은 우리를 해치려는 사람에 대한 우리의 습관적인 반응을 이해하는 일이다. 달라이 라마는 말했다.

"우리는 경쟁 상대에 대해 주로 어떤 태도를 가질까요? 대개 우리는 적에게 좋은 일이 일어나기를 바라지 않습니다. 하지만 당신의 행동 때문에 적이 불행해진다고 하더라도, 그렇게 좋아할 일이 무엇이겠습니까? 조금만 깊이 생각하면, 그보다 치사한 짓이 어디 있겠습니까? 당신은 정말로 그렇게 되길 원합니까?

우리가 적에게 보복을 하면 일종의 악순환이 일어납니다. 당신이 복수를 하면 상대방은 그것을 그냥 넘어가지 않을 것입니다. 그 사람 또한 당신에게 복수할 것이고, 다시 당신도 똑같이 갚아 줄 것이며, 그러면 복수극은 끝없이 이어질 것입니다. 특히 이런 일이 공동체의 차원에서 일어날 때, 이 복수극은 세대에서 세대로 이어질 수 있습니다. 그래서 얻는 결과는 양측이 모두 고통을 받는 것입니다. 우리 삶의 전체적인 목표는 온데간데 없어집니다. 망명지에서도 이런 일을 볼 수 있습니다. 이곳에서도 다른 집단에 대한 증오가 자라납니다. 이런 일은 어린 시절에 시작되어 그 뒤로 계속 이어집니다. 정말 슬픈 일이 아닐 수 없습니다. 따라서 분노나 증오는 낚시꾼의 낚싯바늘과 같습니다. 중요한 것은 우리는 절대로 이런 낚싯바늘에 걸리지 않아야 한다는 것입니다."

적에 대한 우리의 태도를 문제 삼으면서, 달라이 라마는 적을 보는 우리의 시각을 바꾸는 방법에 대해 계속 말했다. 그것은 우리 삶에 혁명적인 영향을 미칠 수도 있는 새로운 관점이었다.

"일반적으로 불교는 경쟁 상대나 적에 대해 우리가 어떤 태도를 갖는가에 많은 관심을 보입니다. 그것은 미움이 자비심과 행복에 가장 큰 장애물이 될 수 있기 때문입니다. 만일 당신이 자신의 적에게 인내와 관용의 마음을 가질 수 있다면, 그밖의 일들은 더욱 쉬워질 것입니다. 다시 말해 다른 모든 사람들에 대한 자비심이 자연스럽게 솟아날 것입니다.

따라서 영적인 수행자에게 자신의 적은 결정적으로 중요한 역할을 합니다. 자비심은 영적인 삶의 본질입니다. 그리고 당신이 사랑과 자비심을 수행하는 데 완전히 성공하려면, 반드시 인내와 관용의 마음을 키우는 수행을 해야 합니다. 증오보다 더 심한 고통이 없듯이, 인내만큼 굳건한 정신도 없습니다. 따라서 적에게 증오심을 품지 않도록 최선의 노력을 다해야 합니다. 오히려 적을 인내와 관용을 수행하는 기회로 삼아야 합니다.

사실 적은 인내심을 수행하는 데 필수적인 조건입니다. 적이 없다면, 인내심이나 관용의 마음이 생길 가능성도 없습니다. 친구들은 대개 우리를 시험하지 않으며, 따라서 인내심을 키울 기회도 주지 않습니다. 오직 우리의 적만이 그런 기회를 줍니다. 따라서 이런 시각을 갖는다면 우리는 적들을 위대한 스승으로 생각하고, 인내를 수행할 값진 기회를 준 그들을 존경할 수 있을 것입니다.

지금 세상에는 너무나 많은 사람들이 있지만, 우리는 비교적 많지 않은 사람들과 접하고 또 우리에게 문제를 안겨주는 사람들은 더욱 적습니다. 따라서 인내와 관용을 수행할 기회를 우연히 만날 때, 당신은 그것을 고맙게 여겨야 합니다. 그것은 좀처럼 없는 드문 기회이기 때문입니다.

집 안에서 뜻밖의 보물을 발견한 것처럼, 당신은 이처럼 값진 기회를 준 적에게 감사하고 자신을 행운아로 여겨야 합니다. 왜냐하면 당신이 마음으로부터 부정적인 감정을 몰아내는 데 없어선 안 될 인내심과 관대한 마음을 키웠다면, 그것은 당신의 노력 때문이기도 하지만 동시에 적이 제공한 기회 덕분이기 때문입니다.

물론 사람들은 이렇게 생각할지도 모릅니다.

'왜 내가 적을 존경해야 하며, 적이 나한테 무엇인가 도움을 주었다는 걸 인정해야 하지? 적은 내게 인내를 수행할 값진 기회를 줄 의도가 전혀 없었고, 날 도울 생각조차 없지 않았는가? 그들은 날 도우려는 바램이나 의도가 없었을 뿐 아니라, 일부러 나를 해치려고 했다! 따라서 그들을 증오하는 것이 합당하며 결코 존경할 만한 가치가 없다.'

사실 어떤 사람을 적으로 여기게 만드는 것은, 그가 가진 증오심과 우리를 해치려는 의도입니다. 만일 그렇지 않고 단지 우리를 해치는 행동만 있다면, 우리는 의사까지도 증오하고 적으로 여길 것입니다. 왜냐하면 때때로 의사들은 수술처럼 우리에게 고통을 주는 방법을 쓰기 때문입니다. 하지만 의사는 도우려는 의도를 갖고 그렇게 했기 때문에 우리는 그런 행동을 적의 행동으로 여기지 않습니다. 따라서 우리를 해치려는 계획적인 의도야말로 적의 특징이며, 우리에게 인내를 수행할 값진 기회를 주는 것도 바로 그것입니다."

우리에게 성장할 기회를 주기 때문에 적들을 존경하라는 달라이 라마의 제안은 처음엔 조금 받아들이기가 힘든 것이었다. 하지만 이런 상황은 체력 단련을 통해 몸을 튼튼히 하려고 노력하는 것과 비슷하다. 처음에 무거운 역기를 들어올리려면 물론 힘이 든다. 몸을 혹사하고, 비지땀을 흘리고, 있는 힘을 다 써야 한다. 하지만 이처럼 저항을 극복하려는 노력을 통해 마침내는 힘이 세지게 된다. 우리가 좋은 운동 기구를 고맙게 생각하는 것은 그것이 낭상에 기쁨을 주기 때문이 아니라 결과적으로 혜택을 가져다주기 때문이다.

적을 만나는 것이 매우 드문 기회이고 또 가치 있는 일이라는 달라이 라마의 말이 단순히 현실과 동떨어진 자기 합리화는 아니다. 나를 찾아와 인간 관계에서 생긴 어려움을 토로하는 사람들의 이야기에 귀를 기울여보면, 이 사실은 더욱 분명해진다. 자신의 문제에 대해서만 본다면, 대부분의 사람들은 적어도 개인적으로 그렇게 많은 적들과 싸우고 있지 않다. 대개는 단지 몇 안 되는 사람들과 갈등을 일으키고 있을 뿐이다. 그 적들은 아마 직장 상사나 동업자, 전처나 전남편, 형제자매들일 것이다.

이런 시각에서 보면 적은 정말로 드물다고 할 수 있다. 다시 말해 적을 만날 기회는 매우 제한되어 있다. 적과 싸우고 문제를 해결하는 과정, 다시 말해 적에 대해 배우고, 조사하고, 적에게 대처하는 방법을 발견하려고 노력하면서 우리는 진정으로 성장하고 통찰력을 얻으며 정신 치료에도 성공할 수 있다.

만일 우리가 적을 비롯해 어떤 장애물도 만나지 않고 삶을 산다면, 그리고 요람에서 무덤까지 만나는 모든 사람들이 우리를 아껴주고, 떠받들고, 입에 음식을 넣어주고(그것도 자극이 없고 소화가 잘

되는 것으로), 재미있는 표정을 지어 웃겨주고, 가끔 까꿍까꿍 하고 얼러준다면 어떨지 한번 상상해보라.

또 아기 때부터 우리를 바구니에 담아서 데리고 다니고(나중에는 가마 같은 것에 태워서 다니고), 어떤 도전도 만나지 않고, 시험도 받지 않는다면, 간단히 말해 모든 사람들이 계속해서 우리를 아기처럼 다룬다면 어떨지 상상해보라.

그런 대우를 받으면 처음엔 무척 기분이 좋을 것이다. 세상에 태어난 처음 몇 달 동안에는 그렇게 하는 게 적당할 것이다. 하지만 그런 일이 계속된다면, 인간은 송아지 수준의 정신과 감정을 가진 살덩어리에 불과하거나 괴물이 될 것이다. 우리를 현재와 같은 모습으로 만드는 것은 바로 삶 속에서 겪는 투쟁이다. 그리고 우리를 시험하고 성장을 위해 필요한 장애물을 제공해주는 것은 바로 우리의 적들이다.

문제에 대해 이성적으로 접근하고, 어려운 상황이나 적을 다른 시각에서 바라보는 것은 확실히 가치 있는 일처럼 여겨졌다. 하지만 그것이 얼마만큼 우리의 태도를 근본적으로 변화시킬 수 있을지가 의심스러웠다. 달라이 라마가 매일 하는 영적인 수행 중에는 '마음을 변화시키는 여덟 편의 시'라는 기도문을 암송하는 것도 들어 있다는 인터뷰 기사를 읽은 기억이 났다. 이 기도문은 11세기 티벳의 성자 랑리 탕빠가 썼다고 한다.

나는 달라이 라마 앞에서 그 기도문 중의 한 구절을 읽었다.

누군가를 만날 때마다 언제나 나 자신을 가장 미천한 사람

으로 여기고, 내 마음 깊은 곳에서 상대방을 최고의 존재로
여기게 하소서.

나쁜 성격을 갖고 죄와 고통에 억눌린 존재를 볼 때면, 마
치 귀한 보석을 발견한 것처럼 그들을 귀하게 여기게 하소서.

다른 사람이 시기심으로 나를 욕하고 비난해도 나를 기쁜
마음으로 패배하게 하고 승리는 그들에게 주소서.

내가 큰 희망을 삼고 도와준 사람이 나를 심하게 해칠 때,
그를 최고의 스승으로 여기게 하소서.

그리고 나로 하여금 직접 또는 간접적으로 모든 존재에게
도움과 행복을 줄 수 있게 하소서. 남들이 알지 못하게 모든
존재의 불편함과 고통을 나로 하여금 떠맡게 하소서.

이 글을 읽은 뒤 나는 달라이 라마에게 물었다.

"당신은 이 기도문을 놓고 날마다 명상을 한다고 알고 있습니
다. 하지만 정말로 이런 태도를 요즘 세상에 적용할 수 있다고 생
각하시나요? 이것을 쓴 사람은 수도원의 수도승이었습니다. 그곳
에서 일어날 수 있는 최악의 일은 누군가 당신을 헐뜯고, 거짓말
을 하고, 가끔 주먹으로 치거나 뺨을 때리는 정도가 고작이겠지
요. 이런 경우에 승리를 그들에게 돌리는 것은 쉬운 일일 것입니
다. 하지만 요즘 사회에서 다른 사람들로부터 받는 상처와 나쁜
대우는 강간, 고문, 살인과 같은 것입니다. 이런 관점에서 본다면
기도문과 같은 태도를 현실에 실제로 적용할 순 없을 것 같군요."

나는 내 말이 조금은 독선적으로 들릴지 모르지만 지극히 타당
한 말이라고 생각했다.

달라이 라마는 잠시 침묵을 지켰고, 생각에 잠긴 그의 이마에는 더욱 깊은 주름이 잡혔다. 이윽고 그가 입을 열었다.

"당신 말에도 일리가 있습니다."

그는 곧이어 기도문에 나오는 태도를 수정할 필요가 있는 경우와, 자신이나 타인에 대한 해를 막기 위해 누군가의 공격에 강력하게 대항할 필요성이 있는 경우에 대해 말했다.

그날 밤 늦게 나는 우리 두 사람의 대화를 곰곰이 생각해보았다. 그러자 두 가지가 뚜렷하게 떠올랐다. 첫번째로 달라이 라마가 너무나 쉽게 자신이 갖고 있던 믿음을 새로운 시각으로 바라본다는 생각이 들었다. 그날 그는 그 소중한 기도문을 기꺼이 다시 평가하는 모습을 보여주었다. 물론 그 기도문이 수년 동안 그것을 암송한 그 자신과 하나가 되어 있음은 의심할 여지가 없었다.

두번째로 떠오른 것은 그렇게 감동적인 것이 아니었다. 그것은 내가 오만한 감정에 빠져 있다는 느낌이었다! 기도문이 오늘날 세계의 가혹한 현실과 맞지 않기 때문에 적합하지 않다고 나는 달라이 라마에게 말했다. 하지만 문득 내가 어떤 사람과 이야기를 나누었는지가 생각났다. 그는 역사상 가장 잔인한 침략 가운데 하나로 손꼽히는 중국의 침략을 받아 나라를 송두리째 잃어버린 사람이었다. 또한 거의 40여 년을 망명객으로 살고 있고, 동시에 티벳 민족 전체가 자유를 얻을 수 있는 꿈과 희망을 그에게 걸고 있었다. 자신의 책임감을 가슴 깊이 느끼며, 그는 계속해서 밀려드는 피난민들이 풀어놓는 이야기에 자비심을 갖고 귀를 기울였다. 그 것은 중국인들이 티벳인들을 죽이고, 강간하고, 고문하고, 가혹하게 다루는 이야기였다. 달라이 라마가 그런 이야기를 들으며 한없이 걱정스럽고 슬픈 표정을 짓는 것을 나는 여러 번 보았다. 이런 사람들 중에는 그를 잠깐이라도 보기 위해 2년에 걸쳐 히말라야를 걸어서 넘어온 이들도 종종 있었다.

그리고 그런 이야기들 속에는 단지 육체적 폭력에 대한 것만 있는 것이 아니었다. 중국인들이 티벳 사람들의 정신을 말살하려고 한다는 이야기도 종종 있었다. 한번은 피난민들이 티벳에서 자라는 청소년늘이 반드시 가야 하는 중국 학교에 대해 내게 얘기한 적이 있었다. 아침에 학생들은 마오쩌둥 주석의 〈작은 붉은 책〉을 마음에 새기며 공부해야 했다. 그리고 오후 시간에는 갖가지 숙제를 해야 했다. 숙제는 보통 티벳 사람들의 마음 깊이 새겨진 불교 정신을 말살하기 위해 일부러 만든 것이었다.

예를 들어 불교에서는 살생을 금지하고, 모든 살아 있는 생물을 똑같이 귀중한 생명을 가진 존재라고 믿는다. 이것을 알고 있던 어느 교사가 무엇인가를 죽여서 다음 날 학교로 가져오라는 과제를 학생들에게 내주었다. 그것으로 학생들의 성적이 매겨졌다. 각각의 죽은 동물에게는 일징한 점수가 주어졌다. 이를테면 파리는 1점, 지렁이는 2점, 쥐는 5점, 고양이는 10점이라는 식이었다.

최근에 이 이야기를 한 친구에게 해주자 그는 혐오스런 표정으로 머리를 흔들더니 흥분한 목소리로 말했다.

"학생들이 그 빌어먹을 교사를 죽이면 몇 점을 받을까?"

'마음을 변화시키는 여덟 편의 시'를 암송하는 것 같은 영적인 수행을 통해 달라이 라마는 이런 현실을 받아들이고, 40년 동안 티벳의 자유와 그곳에 남은 사람들의 인권을 위한 운동을 적극적으로 펼칠 수 있었다.

동시에 그는 중국에 대해 겸손하고 자비로운 태도를 갖고 있었다. 그의 이런 태도는 전세계의 수백만 명의 사람들을 감동시켰다. 그런데 나는 이런 기도가 오늘날 세계의 현실에는 적합하지 않다고 말했던 것이다. 그날의 대화를 생각할 때마다 나는 아직도 부끄러운 마음에 얼굴이 화끈거린다.

적에 대한 시각을 바꾸라는 달라이 라마의 제안을 실천하려고 노력하면서, 나는 어느 날 오후 또다른 방법을 우연히 발견했다. 이 책을 준비하는 동안 나는 달라이 라마가 미국 동부 해안에서 행한 강연에 몇 번 참석했었다.

한번은 집으로 돌아가기 위해 피닉스 행 논스톱 비행기를 탔다. 평소 때처럼 나는 통로쪽 자리를 예약했다. 영적인 가르침을 받는 자리에 참석했음에도 불구하고, 사람이 꽉 들어찬 비행기에 오르자 조금 짜증스런 기분이 들었다. 그런데 공항 직원의 실수로 내가 가운데 자리를 배정받은 것을 알게 되었다. 나는 덩치 큰 남자와 중년 여인 사이에서 샌드위치 신세가 되어야 했다.

덩치 큰 남자는 내 쪽 팔걸이로 자신의 두꺼운 팔뚝을 걸치며 나를 신경쓰이게 했다. 나는 중년 여자를 보자마자 바로 싫은 느낌이 들었다. 그녀가 내 통로쪽 자리를 빼앗았다는 생각이 들었기 때문이다. 그 여자는 내 기분을 정말 거슬리는 면을 갖고 있었다. 그녀는 째지는 목소리를 갖고 있었고, 확실치는 않지만 조금 거만해보이기까지 했다.

비행기가 이륙하자마자 그녀는 바로 앞자리에 앉은 남자와 계속 떠들기 시작했다. 알고보니 그 남자는 그녀의 남편이었다. 그래서 나는 용기 있게 그 남자에게 나와 자리를 바꾸자고 제안했다. 하지만 그들은 그럴 생각이 전혀 없었다. 두 사람 모두 통로쪽에 앉기를 원했기 때문이다. 나는 점점 더 짜증이 났다. 꼬박 다섯 시간 동안 이 여자 옆에 끼어 앉아 있을 걸 생각하니 도저히 견딜 수가 없었다.

전혀 알지도 못하는 여자에게 거부 반응을 보이는 자신의 모습을 발견하면서, 나는 과거의 다른 감정이 옮겨진 것이 분명하고 판단했다. 그녀는 나에게 어린 시절의 누군가를 무의식적으로 떠올리게 한 것이 분명했다. 내가 엄마나 다른 누군가에 대해 오래전부터 갖고 있던, 아직 풀리지 않는 증오감이 다시 살아났을 것이다. 나는 머리를 쥐어짰지만 그럴 만한 사람을 찾아낼 수 없었다. 결국 그녀를 보면서 과거의 누군가를 떠올릴 수는 없었다.

그 순간 지금이야말로 인내심을 키울 수 있는 절호의 기회라는 생각이 들었다. 그래서 내 통로쪽 자리에 앉아 있는 적을 나에게 도움이 되는 소중한 사람으로 상상하면서, 그녀가 나에게 인내와 관용의 정신을 가르쳐주기 위해 내 옆자리에 앉은 것이라고 생각하기 시작했다.

나는 그쯤은 아주 쉬운 일에 속한다고 생각했다. 어쨌든 적으로서 이보다 순한 사람을 만나기는 힘들 것이기 때문이다. 나는 단지 그 여자와 만난 것뿐이고, 그녀는 실제로 나를 해치는 일은 아무것도 하지 않았다.

약 20분이 흐른 뒤 나는 모든 것을 포기했다. 그녀에 대한 짜증스런 느낌이 여전히 그대로 남아 있었기 때문이다!

나는 할 수 없이 신경을 곤두세운 채로 나머지 시간을 버티기로 마음먹었다. 신경질적인 얼굴로 나는 내 팔걸이 쪽으로 은근히 파고드는 그녀의 손을 보았다. 나는 그 여자의 모든 것을 미워하고 있었다. 무심코 그녀의 엄지 손톱을 보고 있는데 언뜻 이런 생각이 머리를 스쳤다. 나는 그 엄지 손톱을 미워하는가? 그렇진 않다. 그것은 단지 평범한 손톱일 뿐이었다. 눈에 띨 만한 특징은 없었다. 다음으로 나는 그녀의 눈을 본 뒤 스스로에게 물었다. 난 그녀의 눈을 미워하는가? 그렇다. 물론 특별한 이유가 있는 건 아니었다. 그것은 그냥 단순한 미움일 뿐이었다.

나는 초점을 더욱 좁혔다. 그렇다면 난 그녀의 눈동자를 미워하는가? 아니다. 난 그 각막과 홍채를 미워하는가? 아니다. 그렇다면 난 정말로 그녀의 눈을 미워하는가? 그렇지 않다는 것을 인정할 수밖에 없었다.

그러자 뭔가 이해가 되는 느낌이 들었다. 나는 계속해서 그녀의 손가락 마디, 손가락, 턱, 팔꿈치를 보았다. 놀랍게도 그 여자의 그런 신체 부분을 미워하지 않는다는 걸 나는 깨달았다. 그냥 무턱대고 미워하는 대신, 세부적이고 특별한 것에 초점을 맞추자 미묘한 내면의 변화가 일어나면서 마음이 누그러졌다.

이런 시각의 변화는 내 편견을 깨뜨리고 그녀를 단순히 또다른 인간 존재로 볼 수 있게 해주었다. 내가 이렇게 느끼고 있을 때, 그녀가 갑자기 내 쪽으로 몸을 돌리더니 말을 걸어왔다. 우리가 무슨 이야기를 나눴는지는 지금 기억나지 않는다. 대체로 사소한 이야기였을 것이다. 하지만 비행기가 도착할 때쯤에는 내 마음속에서 분노와 짜증이 이미 사라지고 없었다. 그녀는 내가 새로 사귄 절친한 친구가 되진 않았지만, 더 이상 나의 통로쪽 자리를 차지한 못 돼먹은 강탈자도 아니었다. 그녀는 단지 나처럼 최선을 다해 삶을 살고 있는 또다른 인간이었다.

시각을 바꾸는 능력, 곧 자신의 문제를 다른 시각에서 바라보는 능력은 마음의 유연성에서 나온다. 마음의 유연성은 궁극적으로 우리로 하여금 삶의 모든 것들을 끌어안을 수 있게 해준다. 다시 말해 충분히 살아 있는 인간이 되는 것이다.

어느 날 오후, 아리조나 주 투손에서 오랜 시간 강연을 한 뒤 달라이 라마는 자신의 호텔 방으로 돌아가고 있었다. 천천히 걸어가는 그의 모습 저편으로 하늘에 드리워진 짙은 오렌지색 비구름이 늦은 오후의 햇빛을 빨아들이면서 카탈리나 산맥의 윤곽을 더욱 선명하게 드러내주었다. 주변이 온통 자줏빛으로 물들어 있었다. 정말 장관이었다. 따뜻한 공기 속에는 샐비아 같은 사막 식물의 향기가 흐르고 있었고, 축축한 습기와 끝없이 일렁이는 바람이 느껴지면서 사나운 폭풍이 다가오고 있음을 예감케 했다.

달라이 라마가 갑자기 걸음을 멈추었다. 그는 잠시 조용히 지평선을 응시하며, 눈앞에 펼쳐진 풍경을 눈여겨본 뒤 참으로 아름다운 경치라고 말했다. 그는 걸음을 옮겼지만 얼마 안 가 다시 멈춰서서 허리를 굽혀 흙 위에 핀 작은 라벤다 꽃봉오리를 살펴보았다. 그는 부드러운 손길로 라벤다꽃을 만지며, 그 섬세한 모습을 눈에 담으면서 낮은 목소리로 그 식물의 이름을 불렀다.

나는 그의 마음이 무척 유연하게 움직인다는 생각이 들었다. 그는 드넓은 풍경을 감상하고 나서 너무 쉽게 시선을 돌려 한 송이 작은 꽃봉오리에 집중하는 것이었다. 다시 말해 아주 세부적인 것과 전체 풍경을 동시에 감상하는 것처럼 보였다. 그는 삶의 전체적인 면과 다양한 모습들을 모두 감싸안는 능력을 갖고 있었다.

우리 각자도 이처럼 마음의 유연성을 기를 수 있다. 그것은 새로운 시각을 가지려는 노력, 그리고 시야를 넓히려는 노력을 통해 가능하다. 그때 우리는 자신이 처한 구체적인 상황뿐 아니라 전체의 큰 그림을 동시에 볼 수 있다. 큰 세상과 작은 세상을 동시에 보는 능력은 사물에 대한 분별력을 키워주고, 나아가 삶에서 무엇이 중요하고 무엇이 중요하지 않은가를 구별할 수 있게 한다.

나의 경우, 대화를 하는 동안 편협한 시각을 벗어나지 못하고 있는 나를 달라이 라마가 부드럽게 깨우쳐준 일이 있다. 나는 본래 타고난 성격과 지금까지 배워온 것 때문에 언제나 개인의 마음을 염두에 두고 문제를 다루는 경향이 있었다. 순전히 인간의 마음속에서 일어나는 심리적인 과정에 초점을 맞추는 방법이다. 나는 사회적이고 정치적인 시각에는 별로 관심을 갖지 않았다.

한번은 달라이 라마와 대화를 나누면서, 나는 폭넓은 시각을 갖는 것의 중요성에 대해 질문을 던지기 시작했다. 대화에 앞서 커피를 여러 잔 마셨기 때문인지, 나는 매우 활기 있게 이야기를 시작했다. 시각을 바꾸는 일은 인간의 마음 안에서 일어나는 과정이자 개인의 독자적인 노력의 결과이며, 다른 시각을 받아들이려는 개인의 의식적인 결심에 달린 것이라고 나는 말하고 있었다.

내가 들뜬 목소리로 이야기하고 있는데, 마침내 달라이 라마가 내 말을 가로막고 다음과 같은 점을 상기시켰다.

"당신이 폭넓은 시각을 받아들인다고 얘기할 때, 거기엔 다른 사람과 협력하는 것이 포함되어 있습니다. 예를 들어 환경 문제나 현대의 경제 구조 문제처럼 전세계적인 위기에 직면할 때는 좀더 많은 사람들이 책임감을 갖고 헌신적인 마음으로 협력해야 합니다. 이것은 개인 차원의 문제를 넘어선 전체의 문제입니다."

내가 개인의 문제에 집중하려고 하는데, 그가 세계의 문제를 끌어들이는 바람에 나는 짜증이 났다(인정하긴 싫었지만, 개인의 시각을 넓히는 문제가 바로 이런 것이었다!).

나는 주장했다.

"이번 주에 당신은 저와의 대화는 물론 강연에서도 내면의 변화를 통해 개인을 변화시키는 것이 중요하다는 말을 여러 차례 했습니다. 예를 들어 자비심과 따뜻한 마음을 키우고, 분노와 미움을 극복하며, 인내심과 관대한 마음을 키우는 것이 중요하다고 하지 않았나요?"

그가 말했다.

"그렇습니다. 물론 개인의 내면으로부터 변화가 일어나야 합니다. 하지만 전세계적인 문제에 대한 해결책을 찾을 때, 당신은 개인의 시각뿐 아니라 사회 전체의 차원에서도 이들 문제에 접근할 수 있어야 합니다. 따라서 유연하고 넓은 시각에 대해 이야기할 때 그것은 다양한 차원에서 문제를 다루는 것을 말합니다. 개인, 공동체, 전세계적인 차원에서 말입니다.

지난 저녁 한 대학에서 강연하면서 나는 인내심과 관대한 마음을 키워나감으로써 분노와 미움을 줄일 필요가 있다고 말했습니다. 미움을 줄이는 것은 내면의 군비 축소와 같습니다. 하지만 나는 또한 그 강연에서 내면의 군비 축소는 외부의 군비 축소와 함께 진행되어야 한다고 말했습니다.

난 이것이 정말 중요하다고 생각합니다. 다행히 소련 제국이 붕괴되어 적어도 당분간은 핵무기의 위협이 없는 상황입니다. 따라서 지금이 좋은 기회이고 좋은 출발을 할 때라고 생각합니다. 우리는 절대로 이 기회를 놓쳐선 안 됩니다! 우리는 지금 진정한 평화의 힘을 키워야 합니다. 단지 폭력이나 전쟁이 없는 상태가 아닌 진정한 평화를 말입니다.

이것은 아주 중요한 일입니다. 물론 그 일을 하룻밤 새 해낼 순 없습니다. 현실적인 방법은 한 걸음씩 나아가는 것입니다. 하지만 어쨌든 우리는 최종적인 목표를 아주 분명하게 가져야 합니다. 그것은 전세계를 비무장 상태로 만드는 일입니다.

따라서 우리는 마음의 평화를 이루기 위해 노력해야 하지만 동시에 바깥의 군비 축소와 평화를 위해 힘쓰는 일도 아주 중요합니다. 그래서 작은 것이라도 우리가 할 수 있는 일을 하는 것입니다. 그것이 우리에게 주어진 책임입니다."

마음의 유연성을 갖는 일과 시각을 바꾸는 능력은 서로 관계가 있다. 유연한 마음은 우리로 하여금 다양한 시각에서 문제를 볼 수 있게 한다. 또 거꾸로, 다양한 시각에서 객관적으로 문제를 살펴보려고 하는 것은 마음의 유연성을 키우는 훈련이 될 수 있다.

오늘날 전세계에서 유연한 사고를 가지려고 하는 것은 단순히 게으른 지성인들이 제멋대로 생각 연습을 하는 것이 아니다. 그것은 바로 생존의 문제가 될 수 있다. 진화론적인 시각에서 보더라도, 가장 유연하고 환경의 변화에 가장 잘 적응한 종이 계속 생존하고 번성했다. 오늘날의 삶의 특징은 갑자기 예기치 않은 변화가 생기며 가끔은 그런 변화가 매우 폭력적으로 일어난다는 것이다.

유연한 마음은 외부에서 일어나는 갑작스런 변화와 조화를 이루도록 도와준다. 또한 우리 내면에 있는 갈등과 불일치, 그리고 양면성을 해결하는 데 큰 도움을 줄 수 있다. 유연한 마음을 키우지 않는다면 우리의 미래는 불확실해지고, 우리는 공포를 갖고 세계를 대하게 될 것이다. 삶에 대해 직응력을 깊고 유연하게 접근한다면, 몹시 불안하고 소용돌이치는 환경 속에서도 마음의 평정을 유지할 수가 있다. 유연한 마음을 가지려는 노력을 통해 우리는 한층 더 탄력 있는 인간 정신을 키울 수 있다.

달라이 라마를 알게 되면서, 유연하게 생각하고 늘 다양한 관점을 인정하는 그의 능력에 나는 무척 놀랐다. 전세계에 가장 널리 알려진 불교도라는 그의 독특한 입장 때문에 그가 강력한 불교의 수호자일 것이라고 사람들은 예상할 것이다.

이런 점을 염두에 두고 내가 그에게 물었다.

"당신은 너무 경직된 시각으로 편협하게 생각하는 자신의 모습을 발견한 적이 없습니까?"

"글쎄요……."

그는 잠시 생각에 잠기더니 이윽고 단호하게 대답했다.

"아니오, 그런 적은 없습니다. 사실 그것과 정반대입니다. 이따금 난 너무 생각이 유연해서 일관된 정책을 갖고 있지 않다는 비난을 받지요."

그는 호탕하게 웃음을 터뜨렸다.

"누군가 나에게 와서 어떤 생각을 얘기하면, 난 그 말에 일리가 있다고 고개를 끄덕이면서 '아, 정말 대단한 생각이군요!' 라고 말할 것입니다. 하지만 다음 사람이 반대되는 의견을 말하면 난 그 말에도 일리가 있다고 여기고 동감을 표시할 것입니다. 가끔 난 이런 태도로 인해 비난을 받기 때문에 이런 말을 항상 기억해야 할 것 같습니다. '지금 이 방향으로 행동하고 있으니까, 당분간 그렇게 행동합시다' 하고 말입니다."

이 말만 들으면 달라이 라마가 우유부단하고, 행동의 기준이 되는 어떤 원리도 갖고 있지 않은 듯한 인상을 받을 수 있다. 그것은 사실과는 거리가 먼 말이다. 달라이 라마는 분명히 모든 행동의 바탕이 되는 기본적인 믿음을 갖고 있다. 그것은 모든 인간 존재가 근본적으로 선하다는 믿음, 자비심의 가치에 대한 믿음, 친절하게 행동해야 한다는 소신, 모든 살아 있는 생명체에 대해 느끼는 동질감 등이다.

유연한 자세와 적응력을 갖는 것이 중요하다고 말하고 있지만 나는 결코 카멜레온처럼 되자고 제안하는 것이 아니다. 우연히 접하는 새로운 믿음을 모두 흡수하고, 우리의 정체를 수시로 바꾸고, 우리가 접하는 모든 사상을 수동적으로 받아들이자는 말이 아니다.

오히려 더 높은 단계로 성장하고 발전하기 위해선 기본적인 가치관이 있어서 그것이 우리를 안내해야 한다. 우리의 삶을 일관성 있고 지속성 있게 만드는 것도 그 가치관이다. 우리는 그 가치관을 기준으로 우리의 경험을 평가할 수 있다. 또한 어떤 목표가 진정으로 가치 있고, 어떤 추구가 무의미한 것인지도 그 가치관을 기준으로 판단할 수 있다.

문제는 이것이다. 어떻게 하면 우리는 그런 기본 가치관에 변함
없이 충실하면서 다른 한편으로는 유연한 시각을 가질 수 있을까?
달라이 라마는 먼저 자신의 믿음을 몇 가지 기본적인 사실로 바꾸
어 표현함으로써 그 일에 성공한 듯했다. 그것은 다음과 같다.

첫째, 나는 인간 존재이다.

둘째, 나는 행복을 원하고 고통을 원치 않는다.

셋째, 다른 인간 존재들도 나처럼 행복을 원하고 고통을 원치
않는다.

다른 사람들과의 차이가 아니라, 그들과 자신의 공통점에 의미
를 둠으로써 그는 자신이 모든 인간 존재와 하나로 연결되어 있다
는 강한 느낌을 갖게 되었다. 또 그 결과 자비심과 이타주의가 매
우 가치 있는 것이라는 근본적인 믿음을 갖게 되었다.

이런 식으로 우리가 단지 약간의 시간을 내어 우리의 가치관에
대해 명상하고, 그것을 기본적인 원칙으로 바꾸는 것은 매우 의미
있는 일이다. 우리의 가치관을 가장 기초적인 요소들로 바꾸고 그
것들을 바탕으로 삶을 시작한다면, 우리는 삶에서 부딪치는 여러
문제에 훨씬 더 자유롭고 유연하게 대처할 수 있을 것이다.

삶에 대해 유연하게 접근하는 자세는 일상 생활에서의 문제에
대처하는 데도 도움이 될 뿐 아니라, 행복한 삶을 위한 또 하나의
필수 요소인 균형을 이루는 데도 중요한 기초가 된다.

어느 날 아침, 달라이 라마는 의자에 편히 앉아 균형 있는 삶을
사는 일의 가치에 대해 설명했다.

"삶에 대해 균형 감각을 갖는 것, 즉 극단을 피하려고 조심하는 것은 매우 중요한 일입니다. 그것은 삶의 모든 면에서 중요합니다. 예를 들어 한 그루의 묘목을 심는다면, 처음엔 아주 기술적이고 조심스럽게 나무를 다뤄야 합니다. 너무 높은 수분은 묘목을 죽일 것입니다. 너무 많은 햇빛을 받아도 같은 결과가 나타납니다. 물론 이런 것들이 너무 적어도 묘목은 죽을 것입니다.

따라서 당신이 해야 할 일은 묘목이 건강하게 성장할 수 있는 균형잡힌 환경을 만드는 것입니다. 사람의 건강을 예로 든다면, 몸 안에 어느 한 가지 물질이 너무 많거나 적을 경우에 건강에 해로울 수 있습니다. 이를테면 몸 안에 단백질이 너무 많거나 적은 경우 모두 해롭다고 하더군요.

이처럼 조심스럽고 기술적인 접근, 다시 말해 극단을 피하려고 주의하는 태도는 정신과 감정에도 적용됩니다. 자신이 성취한 일이나 남보다 우월한 점을 생각하며 자만심에 빠져 우쭐대는 자신을 발견한다면, 자신이 가진 문제와 고통을 더 많이 생각하고 존재의 불만족스런 면을 깊이 생각함으로써 그 자만심을 바로잡을 수 있을 것입니다. 그것은 당신의 들뜬 마음을 가라앉히고, 당신이 하늘에서 땅으로 내려오도록 도와줄 것입니다.

반대로 존재의 불만족스런 면과 고통 등에 대한 생각이 자신을 완전히 짓누르는 느낌이 든다면, 또다른 극단으로 갈 위험성이 있습니다. 이런 경우에 당신은 완전히 용기를 잃고, 무기력하고, 우울해져서 이렇게 생각할 것입니다.

'아, 난 아무것도 할 수 없어. 난 쓸모없는 인간이야.'

따라서 이런 상황에선 당신이 해낸 일과 지금까지 이룬 발전적인 모습들, 그리고 자신의 긍정적인 성격에 대해 생각함으로써 기분을 끌어올리는 일이 중요합니다. 그러면 당신은 기분이 좋아지면서, 용기를 잃고 의기소침한 마음에서 빠져나올 수 있습니다. 따라서 그런 상황에서 필요한 것은 매우 균형 있고 기술적인 접근법입니다.

이런 접근법은 사람의 신체와 정신 건강에 도움을 줄 뿐 아니라, 영적인 성장에도 해당이 됩니다. 예를 들어 불교에는 많은 수행법이 있습니다. 하지만 여러 수행을 할 때 극단을 피하는 것이 매우 중요합니다. 불교의 수행을 할 때는 경전을 공부하는 것과 명상하고 관조하는 수행이 함께 행해져야 합니다. 이것은 매우 중요한 일입니다. 학문적이고 지적인 추구와 구체적인 실천 사이에 어떤 불균형도 생겨선 안 됩니다. 그렇지 않으면 지적인 추구가 지나쳐서 명상 수행을 가로막을 위험이 있습니다. 또한 배움 없이 명상만을 너무 강조하는 것도 사물에 대한 이해를 어렵게 만들 것입니다. 따라서 균형이 필요합니다……."

잠깐 생각을 한 뒤, 달라이 라마는 덧붙였다.

"다르마를 수행한다는 것, 다시 말해 진정한 영적 수행은 어느 의미에서 전압 안정 장치와 같습니다. 전압 안정 장치의 기능은 불규칙하게 일어나는 전압 변화를 막고, 안정적이고 지속적으로 전기를 공급해주는 것입니다."

내가 그가 말하는 도중에 끼어들었다.

"당신은 극단을 피하는 것이 중요하다고 강조합니다. 하지만 삶에 흥분과 열정을 주는 것은 극단적인 것이 아닐까요? 살면서 모든 극단을 피하고 언제나 중간만을 선택한다면, 아무 개성도 없는 사람이 되지 않을까요?"

그는 머리를 흔들며 아니라는 표시를 하고서, 이렇게 말했다.

"당신은 극단적인 행동이 어디서 오는가를 이해할 필요가 있습니다. 집이나 가구, 옷 같은 물질을 추구하는 것을 예로 들어봅시다. 어떤 면에서 가난은 극단의 한 종류로 볼 수 있고, 따라서 누구나 가난을 극복하고 육체적인 편안함을 얻기 위해 노력할 권리가 있습니다. 한편 지나친 사치와 끝없이 부를 추구하는 것도 또다른 극단의 모습입니다. 우리가 더 많은 부를 추구하는 궁극적인 목적은 만족과 행복을 얻는 데 있습니다. 하지만 더 많은 것을 추구하는 마음의 바탕에는 충분치 않다는 느낌과 불만족이 깔려 있습니다. 불만족과 더욱 많은 것을 원하는 마음은 우리가 물질을 얻으려는 본성을 타고났기 때문이 아니라 우리의 마음 상태 때문에 생기는 것입니다.

따라서 나는 극단에 치우치는 성향은 종종 마음에 깔린 불만 때문이라고 생각합니다. 물론 우리를 극단으로 이끄는 또다른 것들이 있을 것입니다. 하지만 극단에 치우치는 것이 겉으론 매력적이고 흥분감을 줄지 모르지만, 사실은 해로울 수 있다는 걸 깨달아야 합니다. 극단에 치우치는 것과 그런 행동이 가져다주는 위험을 보여주는 예가 많이 있습니다. 그런 상황을 지켜봄으로써 당신은 극단에 치우쳤을 때 결국 얻게 되는 것은 고통뿐이라는 걸 알 수 있을 것입니다. 예를 들어 전세계가 미래에 나타날 결과를 생각하지 않고 아무 책임감 없이 물고기를 마구 잡는다면, 물고기의 씨를 말리는 결과를 가져올 것입니다……. 또는 성적인 행동을 생각해봅시다. 물론 후손을 얻으려는 생물학적인 성욕이 있으며, 사람은 성행위를 통해 만족을 얻기도 합니다. 하지만 올바른 책임감 없이 성욕을 극단적으로 추구한다면, 그것은 성직 획내와 근친상 간 같은 많은 문제를 일으킬 것입니다."

내가 말했다.

"당신은 불만족 이외에 사람을 극단으로 모는 또다른 요소가 있다고 말했는데……."

그가 고개를 끄덕이며 말했다.

"그렇습니다."

"예를 한 가지 들어주시겠습니까?"

"나는 편협한 마음이 우리를 극단으로 끌고가는 또다른 원인이라고 생각합니다."

"어떤 의미에서 편협한 마음을 말하시는지요?"

"물고기를 마구 잡아서 씨를 말리는 것이 편협한 마음의 한 가지 예가 될 수 있을 겁니다. 단지 눈앞만을 보면서, 더 넓은 상황을 무시한다는 의미에서 그렇습니다. 이런 경우에 사람들은 배움을 통해 사신의 시각을 넓히고, 좁은 시야를 벗어날 수 있을 깃입니다."

달라이 라마는 옆 테이블에 놓인 염주를 들더니, 손으로 돌리면서 조용히 토론의 주제를 생각했다. 염주를 쳐다보던 그가 갑자기 입을 열어 말했다.

"여러 가지 면에서 편협한 자세는 극단적인 생각으로 이어집니다. 그리고 그것은 문제를 일으킵니다. 티벳은 수백 년 동안 불교 국가였습니다. 이런 상황에서 자연히 티벳 사람들은 불교를 최고의 종교로 느끼고 모든 사람들이 불교도가 되었으면 좋겠다고 생각하게 되었습니다. 하지만 모든 사람들이 불교도가 되어야 한다는 생각은 아주 극단적인 것입니다. 그리고 그런 식의 극단적인 생각은 반드시 문제를 일으킵니다.

하지만 이제 우리는 티벳을 떠나 세상의 다른 종교들과 접촉하고 그들에 대해 배울 수 있는 기회를 얻었습니다. 이것은 우리를 진실에 좀더 가까이 다가가게 해주었습니다. 인간들이 매우 다양한 정신적인 성향을 갖고 있다는 것을 깨달은 것입니다. 전세계가 불교를 믿도록 우리가 아무리 노력하더라도, 그런 일은 일어날 수 없을 것입니다. 다른 종교들과 좀더 가까이 접하면서 우리는 그 속에서 긍정적인 면을 발견합니다. 이제는 다른 종교와 만나더라도 우리는 먼저 긍정적이고 편안한 느낌을 가질 것입니다. 어떤 사람이 자신이 믿지 않는 다른 종교를 더 훌륭하고 나은 종교로 생각하더라도, 그래 그것도 좋은 일이야 하고 느낄 것입니다!

이것은 음식점에 가는 것과 같습니다. 우리는 식탁에 둘러앉아 자신의 입맛에 따라 서로 다른 음식을 주문할 수 있습니다. 우리는 서로 다른 음식을 시켜먹겠지만, 그것을 시비하는 사람은 아무도 없습니다!

따라서 의식적으로 시야를 넓히려는 노력을 통해 우리는 극단적인 생각에서 벗어날 수 있고, 그런 생각들에서 생겨나는 부정적인 결과들도 피할 수가 있습니다."

이 말과 함께 달라이 라마는 염주를 손목에 감고 다정하게 내 손을 잡은 뒤, 대화를 끝내기 위해 자리에서 일어났다.

11

자기 스스로 만든 고통

나의 이 고통이 다른 모든 생명 가진 존재들의 고통을 대신하게 하소서. 이 고통을 경험하면서,
이와 비슷한 고통을 겪을지도 모르는 모든 생명 가진 존재들을 구원하게 하소서.

2차 세계 대전 당시 나치에 의해 투옥되었던 유태인 정신과 의사 빅터 프랭클은 말했다.

"고통 속에서 의미를 발견할 수 있는 한, 인간은 어떤 고통이든 기꺼이 받아들인다."

프랭클은 수용소에서 겪었던 야만적이고 비인간적인 경험을 통해 인간이 어떻게 잔혹한 상황 속에서 살아남는가에 대한 통찰력을 얻을 수 있었다. 살아남는 자들과 그렇지 못한 자들을 관찰한 끝에 그는 이런 결론을 내렸다. 수용소에서 살아남은 자들은 젊거나 기운이 있어서가 아니라 자신의 삶과 경험에서 어떤 목적과 의미를 발견함으로써 힘을 얻었기 때문에 살아남았다는 것이었다.

그렇다. 고통 속에서 의미를 발견한다면 우리는 삶의 가장 어려운 시간을 지나는 동안에도 고통을 견딜 수 있다. 하지만 고통에서 의미를 발견하기란 말처럼 쉬운 일이 아니다. 고통은 종종 아무 때나 무차별적으로, 그리고 무의미하게 일어나는 듯이 보인다. 특별하고 긍정적인 의미는커녕 아무 의미도 없는 것처럼 보일 때가 더 많다. 또 고통을 겪는 순간에는 우리의 모든 에너지가 고통을 벗어나는 일에 집중된다. 따라서 심각한 위기와 비극적인 일을 겪는 동안에는 고통 뒤에 숨겨진 의미를 생각하기란 불가능해 보인다. 그 순간에는 고통을 견디는 일 말고는 다른 생각을 할 겨를이 없다. 그리고 자신이 겪는 고통이 그저 무의미하고 불공평하게 만 보이며 '왜 나만 이런 고통을 겪어야 하지?'라고 의아한 생각이 드는 것이 당연하다.

하지만 다행히 비교적 편안한 시기, 다시 말해 극심한 고통을 겪기 전이나 그후에는 고통에 대해 생각하면서 그 의미를 이해하려고 노력할 순 있다. 그리고 우리가 고통의 의미를 찾으면서 보낸 시간과 기울인 노력은 실제로 나쁜 일이 닥칠 때 큰 도움을 주는 것으로 우리에게 보답할 것이다. 하지만 그런 보상을 얻으려면 상황이 좋을 때 고통의 의미를 찾기 시작해야 한다. 강한 뿌리를 갖고 있는 나무는 강한 폭풍도 견딜 수 있지만, 폭풍이 지평선에 나타나는 순간에 곧바로 나무뿌리가 자랄 순 없다.

그러면 고통의 의미를 찾기 위해 우리는 어디서부터 시작해야 할까? 많은 사람들이 자신이 믿는 종교를 통해 고통의 의미를 찾기 시작한다. 종교들마다 인간의 고통이 가진 의미와 목적에 대해 이해하는 방법이 서로 다르지만, 세계의 모든 종교들은 자신들의 기본적인 신앙을 바탕으로 고통에 대응하는 나름의 방법을 제시한다. 예를 들면 불교와 힌두교에서는 고통은 어디까지나 과거에 저지른 나쁜 행위의 결과이며, 영적인 해탈을 추구하는 데 자극제가 된다고 여긴다.

유태교는 우주가 선하고 정의로운 하느님에 의해 창조되었다고 믿는다. 하느님의 마스터 플랜이 때로는 불가사의하고 이해하기 어려운 듯 보이지만, 하느님의 계획에 대한 믿음은 유태인들로 하여금 고통을 보다 쉽게 견딜 수 있게 해준다. 그들은 다음과 같은 탈무드의 말을 믿는다.

'하느님이 하시는 모든 일은 최선의 결과를 위한 것이다.'

이런 생각을 가져도 삶은 여전히 고통스럽겠지만, 여자가 아이를 낳을 때 고통을 겪는 것처럼 그들은 어떤 고통을 받더라도 그것을 통해 좋은 결과로 보상받을 것이라고 믿는다. 다만 문제가 되는 것은 아이를 낳는 일과는 달리 좋은 결과가 무엇인지 종종 알 수 없다는 것이다. 그래도 하느님에 대한 강한 믿음을 가진 사람들은 인간에게 고통을 주는 하느님의 궁극적인 목적을 믿음으로써 힘을 얻는다. 그들은 유태교의 하시디즘을 따르는 한 현자의 다음과 같은 충고를 따르는 것이다.

"인간은 고통을 받을 때 '고통은 너무 싫어!'라고 말해선 안 된다. 하느님이 인간에게 지운 짐 중에서 나쁜 것은 아무것도 없다. 하지만 '고통은 너무 써!'라고 말하는 건 좋다. 약 중에는 쓴 것도 있기 때문이다."

유태교의 시각에서 볼 때, 고통은 유익한 점을 많이 갖고 있다. 고통은 인간의 믿음을 시험하고 강하게 만들어준다. 또한 고통을 통해 인간은 아주 근본적이고 친근한 방법으로 하느님에게 가까이 가고, 물질 세계와 거리를 두며, 피난처로서 하느님에게 의지하게 된다.

종교가 고통의 의미를 발견하는 데 값진 도움을 줄 수 있지만, 종교적인 세계관을 갖지 않은 사람들도 깊은 사색을 통해 고통의 뒤에 있는 의미와 가치를 발견할 수 있다. 고통은 보통 불쾌감을 주지만, 그 고통이 우리의 인생을 시험하고 더욱 강하고 깊이 있게 인생을 경험하게 만든다는 것은 의심의 여지가 없다. 마틴 루터 킹 2세는 이렇게 말했다.

"나를 파괴하지 못하는 것은 나를 더욱 강하게 만든다."

고통이 다가올 때 뒤로 물러서는 것은 당연하지만, 고통은 또한 우리에게 도전한 기회를 주어, 최선의 결과를 가져디즐 수 있디. 그레이험 그린은 〈제3의 인간〉이라는 자신의 책에서 이런 생각을 펼치고 있다.

"이탈리아에서 보기아스가 통치하던 30년 동안 사람들은 전쟁, 테러, 살인, 유혈 사태를 겪었다. 하지만 그들은 미켈란젤로와 레오나르도 다빈치를 배출하고 르네상스 시내를 얼었나. 스위스에서는 형제애를 갖고 5백 년 동안 민주주의와 평화를 누렸지만, 스위스인들이 만들어낸 것이 무엇인가? 뻐꾸기 시계가 고작이다."

때로 고통은 우리를 억세고 강하게 만들지만, 반대로 우리를 더 부드럽고, 민감하고, 다정하게 만드는 가치도 지니고 있다. 고통 속에서 경험한 자신의 나약함 덕분에 우리는 다른 사람과 더 깊은 관계를 맺을 수 있다. 시인 윌리엄 워즈워드는 말했다.

"깊은 고뇌가 내 영혼을 인간답게 만들었다."

고통이 사람을 인간답게 만드는 것을 설명하려다 보니 로버트라는 친구가 생각난다. 로버드는 아주 성공적인 회사의 최고 경영자였다. 하지만 몇 해 전 그는 심각한 경제적 타격을 입었고, 그 일로 인해 심각한 우울증에 빠졌다. 그가 우울증에 깊이 빠져 있는 동안에 그를 만난 적이 있었다. 나는 로버트가 자신감과 열정을 보여주는 본보기라고 늘 생각하고 있었는데, 너무나 풀이 죽어 있는 그의 모습은 나를 깜짝 놀라게 만들었다. 고뇌에 찬 목소리로 로버트는 말했다.

"내 인생에서 지금보다 나쁜 적은 없었어. 도저히 그 일을 마음 속에서 떨쳐버릴 수가 없을 것 같아. 내 마음이 이렇게까지 가라앉고, 무력하고, 자제력을 잃을 줄은 몰랐어."

그가 처한 힘든 상황에 대해 잠시 얘기를 나눈 뒤, 나는 그의 우울증을 치료하기 위해 동료 정신과 의사를 소개해주었다.

몇 주 뒤 나는 로버트의 부인 카렌을 우연히 만나, 남편이 좀 나아졌는가 물었다.

"남편이 매우 고마워하고 있어요. 당신이 소개한 정신과 의사가 정말 효과가 있는 항우울제를 처방해주었어요. 물론 우리가 사업상 생긴 문제를 해결하는 데는 좀더 시간이 걸릴 거예요. 하지만 지금 남편의 기분은 훨씬 나아지고 있고, 우리 두 사람 모두 좋아질 거예요."

"정말 반가운 소식이군요."

카렌은 잠시 주저하더니, 이내 속마음을 털어놓았다.

"이해하시겠지만, 난 우울증을 겪는 남편의 모습이 정말 보기 싫었어요. 하지만 어떤 의미에선 그 일이 우리에게 내린 축복인 것 같아요. 어느 날 밤 남편은 우울증이 폭발해서 걷잡을 수 없이 울기 시작했어요. 그는 울음을 그치질 않았어요. 난 할 수 없이 울음을 그치지 않는 남편을 몇 시간 동안 껴안고 있었어요. 그가 지쳐서 잠들 때까지. 23년 동안 결혼 생활을 하면서 그런 일은 처음이었어요……. 솔직히 말해 내 인생에서 그때처럼 남편을 가까이 느낀 적은 없었어요. 그리고 지금 남편의 우울증은 나아졌지만, 어쩐 일인지 상황이 전과 달라진 것 같아요. 좀더 마음이 열린 것도 같고……. 훨씬 더 가까워진 느낌이 아직도 내 마음에 남아 있어요……. 남편이 자신의 문제를 나와 나누고 두 사람이 함께 그것을 해결한 일은 어쨌든 우리 관계를 변화시켰고, 덕분에 우리는 더욱 가까워졌어요."

인간의 고통이 어떤 이미를 가질 수 있는가를 탐구하면서, 우리는 다시 한 번 달라이 라마에게 귀를 기울일 필요가 있다.

"불교 수행에선 개인의 고통을 자비심을 높이는 방법으로 이용합니다. 고통을 통렌 수행의 기회로 이용하는 것입니다. 통렌 수행이란 대승불교에서 행하는 마음속으로 그리는 수행입니다. 이 수행을 하는 불교도는 다른 사람의 고통을 떠밑고, 그들에게 자신이 가진 모든 것, 건강, 재산을 준다고 마음속으로 상상합니다. 이 수행에 대해선 나중에 더 자세히 설명할 기회가 있을 것입니다. 따라서 당신이 질병이나 또다른 고통을 겪는다면, 당신은 그것을 기회로 삼아 이렇게 상상할 수 있습니다.

'나의 이 고통이 다른 모든 생명 가진 존재들의 고통을 대신하게 하소서. 이 고통을 경험하면서, 이와 비슷한 고통을 겪을지도 모르는 모든 생명 가진 존재들을 구원하게 하소서.'

따라서 당신은 자신의 고통을 다른 사람들의 고통을 떠맡는 수행의 기회로 이용하는 것입니다.

여기서 한 가지 지적할 것이 있습니다. 예를 들어 당신이 병이 들어 앞에서 말한 방법대로 '나와 비슷한 병으로 고통받을 사람들을 대신해 내가 고통을 겪게 하소서'라고 생각하면서, 다른 사람들의 병과 고통을 떠맡고 그들에게 자신의 건강을 준다고 상상한다고 합시다. 하지만 이 말은 당신의 건강을 무시하라는 의미는 아닙니다. 병에 대처할 때 무엇보다 중요한 것은 그런 병으로 고통받지 않도록 예방하는 것입니다. 적절한 음식을 먹거나 그밖의 다른 예방 조치를 취하는 것입니다. 그리고 실제로 당신이 병에 걸리면 그것에 알맞은 약을 먹고, 전해 내려오는 모든 방법을 쓸 필요가 있음을 잊지 말아야 합니다.

하지만 일단 병에 걸리면 통렌 같은 수행은 당신이 매우 다른 자세로 그 상황에 대처하게 해줍니다. 자신이 처한 상황을 한탄하거나, 스스로에 대한 연민에 빠지고, 고민에 휩싸이는 대신에 당신은 올바른 자세로 불필요한 정신적 고통으로부터 자신을 구할 수 있습니다. 통렌 명상 수행, 다시 말해 '주고받는 수행'이 몸으로 느끼는 실제적인 고통을 줄이고 몸을 치료할 순 없지만, 불필요한 심리적 고통과 고민으로부터 우리를 보호해줄 순 있습니다.

당신은 이렇게 생각할 수 있습니다.

'내가 이 고통을 경험함으로써, 이와 똑같은 경험을 할지도 모르는 다른 사람들을 도와주고 구원할 수 있게 하소서.'

그러면 당신의 고통은 종교적이고 영적인 수행을 하는 데 도움을 주고, 따라서 새로운 의미를 갖게 됩니다. 가장 높은 차원에 있는 수행자라면 자신의 고통을 유감으로 여기거나 슬퍼하는 것이 아니라 일종의 특권으로 받아들일 것입니다. 그 사람은 고통을 매우 드문 기회로 생각하고 실제로 기뻐할 수 있습니다. 왜냐하면 이런 특별한 경험은 그를 풍요로운 감정을 가진 사람으로 만들어주기 때문입니다."

내가 말했다.

"당신은 통렌 수행을 하면서 고통을 이용할 수 있다고 말합니다. 또한 고통의 의미에 대해 미리 의식적으로 생각해두면 실제로 어려운 상황이 생겼을 때 고통에 심하게 짓눌리지 않을 거라고 말합니다······. 고통을 삶의 자연스런 일부로 더 잘 받아들일 수 있다고 말입니다."

달라이 라마가 고개를 끄덕이며 말했다.

"그렇습니다……."

내가 물었다.

"고통이 가진 의미에 대해 명상하는 것이 실제로 가치가 있음을 알려주는 또다른 방법이 있나요?"

그가 대답했다.

"물론 있습니다. 우리는 앞에서 불교에선 고통에 대해 명상하는 것이 매우 중요하다고 이야기했습니다. 왜냐하면 고통의 본질을 깨달음으로써, 고통의 원인과 고통으로 인도하는 불건전한 행동으로부터 벗어나려는 더욱 강한 결심을 할 수 있기 때문입니다. 그런 명상은 건전한 행동을 통해 행복과 기쁨을 누리려는 열정을 더욱 키워줄 것입니다."

내가 물었다.

"고통에 대해 명상하는 것이 불교도가 아닌 사람에게도 유익하다고 보십니까?"

"그렇습니다. 어떤 면에선 모두에게 그런 명상이 큰 가치를 지닌다고 생각합니다. 예를 들어 자신의 고통에 대해 생각하면 남들 앞에서 건방지게 행동하고 싶은 마음이 줄어들겠지요."

그는 웃으면서 말했다.

"물론 거만함과 자만심을 결점으로 생각하지 않는 사람들은 이 방법이 쓸모 있고 합리적이라 생각하지 않겠지요."

약간 심각한 표정을 지으며, 달라이 라마는 덧붙였다.

"하지만 어쨌든 우리가 경험하는 고통에는 매우 중요한 면이 있습니다. 당신이 고통을 느낄 때, 그것은 감정 이입을 할 수 있는 능력을 키우는 데 큰 도움을 줍니다. 감정 이입을 통해 당신은 다른 사람의 느낌과 고통을 자신의 것처럼 느낄 수 있습니다. 이것은 다른 사람에게 자비심을 가질 수 있는 능력을 키워줍니다. 이처럼 고통은 우리를 다른 사람과 연결시켜주기 때문에, 고통에 대해 생각하는 것은 가치가 있다고 볼 수 있습니다."

달라이 라마는 결론적으로 이렇게 말했다.

"따라서 고통을 이런 시각으로 바라본다면, 우리의 태도는 바뀌기 시작할 것입니다. 흔히 생각하듯이 고통을 가치가 없거나 나쁜 것으로 여기지 않을 것입니다."

삶의 좀더 평온한 시절, 다시 말해 모든 일들이 비교적 안정적으로 잘 풀려갈 때 고통에 대해 미리 명상한다면, 우리는 고통에 담긴 깊은 의미와 가치를 발견할 수 있을 것이다. 하지만 때로 우리는 아무 목적도 없고 어떤 보탬도 되지 않는 고통에 직면하는 듯하다. 육체적인 통증과 고통이 종종 이런 범주에 들어간다.

신체의 통증과, 그 통증에 대한 정신적 감정적 반응인 고통에는 분명한 차이가 있다. 따라서 이런 문제를 생각할 수 있다. 우리가 겪는 통증 속에 숨어 있는 목적과 의미를 발견한다면, 통증에 대한 우리의 자세도 바뀔 수 있을까? 그리고 이런 태도의 변화가 실제로 몸을 다쳤을 때 겪는 고통을 어느 정도 덜어줄 수 있을까?

〈통증—아무도 원치 않는 선물〉이라는 책에서 폴 브랜드 박사는 육체가 겪는 통증이 어떤 목적과 의미를 갖고 있는가를 조사했다. 브랜드 박사는 세계적으로 유명한 외과 의사이자 나병 전문가이다. 선교사의 아들로 태어난 그는 아버지와 함께 인도로 가서 극심한 어려움과 고통 속에서 사는 사람들과 함께 어린 시절을 보냈다. 그곳에 사는 사람들은 서양인들보다 육체적인 통증을 더 자주 겪고 참아야 한다는 것을 깨달으면서, 브랜드 박사는 인간의 몸에 있는 통증 시스템에 관심을 갖게 되었다.

마침내 인도의 나병 환자를 대상으로 연구하면서, 그는 주목할 만한 사실을 발견했다. 나병 환자가 끔찍한 모습으로 변하는 것은 직접적으로 살을 썩게 만드는 병원체 때문이 아니라, 팔다리에서 통증의 감각을 잃게 만드는 질병 때문이라는 것을 발견한 것이다. 통증이 주는 보호 장치가 없는 나병 환자들은 자신의 세포가 손상을 입고 있다는 경고를 받을 수 없었다. 따라서 브랜드 박사는 나병 환자들이 피부가 까지거나 뼈가 드러난 다리로 걷거나 뛰는 모습을 볼 수 있었다. 이렇게 되면 병은 계속 악화될 뿐이다. 통증을 느끼지 못하는 그들은 심지어 손을 불 속에 넣어 무언가를 꺼내기도 했다.

브랜드 박사는 환자들이 자신이 파괴되고 있는 상황에 완전히 무관심하다는 것을 알았다. 그는 저서에서 통증에 대한 감각이 없이 살 때 겪게 되는 참담한 일들에 대해 수없이 이야기하고 있다. 끝없이 상처를 입는 것은 물론 심지어 환자가 평화롭게 잠자고 있는 동안에 쥐가 손가락이나 발가락을 갉아먹는 경우도 있었다.

통증 때문에 고통받고, 통증을 느끼지 못해 고통받는 환자들을 연구하며 평생을 보낸 브랜드 박사는 차츰 통증을 서양에서 생각하듯 적으로 보지 않고, 놀랍고 훌륭하고 정교한 생물학적인 시스템으로 생각하게 되었다. 이 시스템은 몸이 상처를 입을 때 경고를 보내 우리를 보호해준다.

　하지만 왜 통증은 그렇듯 고통스러워야만 하는 걸까? 브랜드 박사는 우리가 끔찍하게 싫어하는 통증의 불쾌감 덕분에 우리는 몸에 닥친 위험과 상처에 대해 효과적인 경고를 받고 보호를 할 수 있다고 결론을 내렸다. 통증의 불쾌감은 인간의 몸 전체가 그 문제에 관심을 쏟게 만든다. 우리 몸이 가진 자동 반사 신경은 몸을 보호하는 일차적인 장치로서 통증을 재빨리 피하게 해주지만, 몸 전체가 관심을 기울여 행동하도록 자극을 주고 강제하는 것은 바로 불쾌감이다. 또한 불쾌한 통증의 경험은 기억 속에 확실히 새겨져 통증이 사라진 뒤에도 우리를 보호해준다.

　고통 속에서 의미를 발견하는 것이 삶의 문제에 대처하는 데 도움이 되듯이, 브랜드 박사는 육체적 통증의 목적을 이해하면 통증이 생길 때 겪는 고통을 줄일 수 있다고 생각한다. 이 이론을 바탕으로, 그는 통증 보험이라는 개념을 제시한다. 우리가 통증을 느끼는 이유에 대해 이해하고 통증을 느끼지 못할 때 우리가 어떻게 살아갈까를 생각함으로써, 건강할 때 미리 통증에 대비할 수 있다고 브랜드 박사는 믿는다. 하지만 격렬한 통증은 이성적인 생각을 무너뜨릴 수 있기 때문에, 우리는 통증이 일어나기 전에 그것에 대해 미리 생각해둬야 한다. 통증을 당신의 몸이 가장 효과적으로 관심을 끌어서 중요한 사실을 말하는 방법으로 생각한다면, 통증에 대한 우리의 태도는 바뀔 것이다. 그리고 통증에 대한 태도가 바뀌면서, 우리의 고통도 줄어들 것이다.

　브랜드 박사는 말한다.

　"우리가 통증에 대해 갖고 있는 자세가 실제로 통증이 닥쳤을 때 받게 될 고통의 강도를 결정하게 된다고 난 확신한다."

그는 사람들이 통증을 느끼면서 감사하는 마음을 가져야 한다고 믿는다. 우리는 통증 그 자체에 감사하지는 않겠지만, 통증을 느끼게 해주는 신체 시스템에 대해선 감사할 수 있을 것이다.

마음의 자세가 신체의 통증에 따라오는 고통의 크기에 강력한 영향을 미친다는 것은 의문의 여지가 없다. 예를 들어 건축 노동자와 피아니스트가 똑같이 손가락을 다쳐 고통받고 있다고 생각해보자. 몸으로 느끼는 고통의 크기는 두 사람에게 똑같겠지만 건축 노동자는 비교적 작은 고통을 느낄 것이고, 평소에 원하던 한 달간의 유급 휴가까지 받는다면 오히려 기뻐할 것이다. 반면에 연주를 인생 최고의 기쁨으로 생각하는 피아니스트에게는 똑같은 상처가 훨씬 심각한 고통을 안겨줄 것이다.

우리의 마음 자세가 고통을 느끼고 견디는 능력에 영향을 준다는 생각은 이처럼 이론적으로만 설명되는 것이 아니다. 이 사실은 많은 과학적인 연구와 실험을 통해서도 입증되었다.

이 문제를 조사하는 연구자들은 통증을 느끼고 경험하는 과정을 추적함으로써 연구를 시작했다. 통증은 감각 기관의 신호로부터 시작된다. 이 신호는 위험에 대한 느낌이 말초 신경을 자극할 때 울리는 경보음과 같다. 수백만 개의 신호가 척추를 타고 뇌 하부에 이른다. 그러면 이 신호들은 분류되고, 메시지가 뇌의 더 높은 곳으로 전달되어 통증을 알린다. 다음으로 뇌는 미리 추려낸 메시지들을 분류하고, 어떻게 반응할 것인지 결정한다.

바로 이 단계에서 우리의 마음이 통증에 가치와 의미를 주고, 우리가 통증을 강하거나 약하게 느끼도록 바꿀 수 있다. 다시 말해 우리는 통증을 마음속에서 고통으로 바꾸는 것이다. 통증을 고통으로 느끼는 것을 줄이기 위해 우리가 확실히 구별해야 할 것이 있다. 그것은 진짜 통증이 주는 통증과 통증에 대한 우리의 생각 때문에 생겨난 통증을 구별하는 일이다.

두려움, 공포, 죄책감, 외로움, 무력감은 모두 통증을 커지게 할 수 있는 마음의 반응들이다. 따라서 통증에 대처하기 위해 우리는 약이나 다른 치료법 같은 현대 의학의 수단을 써서 통증을 느끼는 낮은 단계에서부터 대응할 수 있지만, 또한 시각과 마음 자세를 바꿈으로써 높은 차원에서 통증에 대처할 수도 있다.

많은 연구자들은 통증을 느끼는 데 마음이 어떤 역할을 하는가를 조사했다. 파블로프는 심지어 개에게 전기 충격을 가하면서 보상으로 음식을 줌으로써 개가 통증을 느끼는 본능을 극복하도록 훈련시켰다. 로날드 멜작은 파블로프의 실험에서 한 걸음 더 나아갔다. 그는 스코틀랜드의 테리어 강아지를 쿠션을 깔아놓은 곳에서 키웠다. 강아지들이 자라면서 무엇에 부딪치거나, 상처를 입지 않도록 하기 위해서였다. 이 강아지들은 통증에 반응하는 기본적인 방법을 배우지 못했다. 발을 바늘로 찔러도 강아지들은 반응을 보이지 않았다. 이것은 다른 곳에서 자란 새끼들이 바늘에 찔렸을 때 비명을 지르는 것과는 정반대의 모습이었다. 이 같은 실험에 근거해서 멜작은 불쾌한 감정 반응을 포함해 우리가 통증이라고 부르는 느낌의 대부분은 본능적인 것이 아니라 학습된 느낌이라는 결론을 내렸다.

인간을 대상으로 한 최면 실험이나 플라시보 효과 등도 높은 차원의 두뇌의 기능이 낮은 단계의 신경에서 전해지는 통증의 신호를 어느 정도 통제할 수 있다는 것을 증명했다. 이것은 우리의 마음이 고통을 느끼는 정도를 결정할 수 있음을 보여준다.

이런 결과는 하버드 의과 대학에서 연구하는 리차드 스턴백과 버나드 터스키 박사가 발견한 흥미로운 것들을 이해하는 데도 도움이 된다. 두 사람은 통증을 느끼고 참는 능력이 인종에 따라 큰 차이가 있음을 알아냈다. 이것은 훗날 다른 연구소에서 일하는 메리앤 베이즈 박사의 연구에 의해 또다시 확인되었다.

이렇듯 통증에 대한 자세가 우리가 느끼는 고통의 강도에 영향을 미칠 수 있다는 주장은 단순히 철학적인 사색이 아니라, 과학적인 증거로도 뒷받침되고 있다. 그리고 통증의 가치와 의미에 대한 명상을 통해 통증에 대한 마음 자세를 바꿀 수 있다면, 우리의 노력이 전혀 쓸모없는 것은 아닐 것이다. 통증에 숨겨진 목적을 발견하려고 노력하면서, 브랜드 박사는 또 하나의 흥미롭고 중요한 관찰 결과를 보여준다. 그에 따르면 많은 나병 환자들이 다음과 같이 보고했다고 한다.

"물론 난 내 손과 발을 볼 수 있지만, 어찌된 일인지 그것들이 내 몸의 일부분으로 느껴지지 않아요. 그것들은 그냥 하나의 물건처럼 느껴져요."

이처럼 통증은 우리에게 경고를 보내고 우리 몸을 보호할 뿐 아니라, 우리를 하나의 유기체이게 만든다. 손이나 발에서 통증을 느끼지 못한다면, 그것은 더 이상 우리 몸의 일부분으로 생각되지 않을 것이다.

육체의 통증이 우리가 하나의 몸으로 통합되어 있다는 느낌을 주듯이, 고통에 대한 경험은 다른 사람들과 우리를 연결시켜주는 힘을 가진다고 생각할 수 있다. 아마 이것이 우리의 고통 뒤에 숨겨진 궁극적인 의미일 것이다. 우리가 느끼는 고통은 우리가 다른 사람들과 공유하는 가장 기본적인 요소이고, 우리를 모든 살아 있는 생물들과 하나로 연결시키는 요소이다.

이제 인간의 고통에 대한 토론의 결론으로 통렌 수행에 대한 달라이 라마의 가르침을 소개하고자 한다. 그는 앞에서 나눈 대화에서 이 수행법에 대해 언급했었다. 이제부터 그가 설명하겠지만, 마음속에서 상상하는 방법을 통한 이같은 명상법의 목적은 사람들이 더 많은 자비심을 갖게 하는 데 있다. 하지만 이것은 고통에 대한 태도를 바꾸는 데 큰 도움을 주는 방법으로도 볼 수 있다. 고통이나 시련을 겪는 사람은 자신의 자비심을 높이기 위해 이 수행법을 이용할 수 있다. 자비심을 높이는 방법은 자신과 비슷한 고통을 겪는 사람들을 구원해주는 상황을 마음속에 상상하고 나서, 그들의 고통을 자기 안으로 받아들여 없애는 것이다. 다시 말해 다른 사람을 대신해서 고통을 겪는 것이다.

찌는 듯한 9월의 어느 오후, 달라이 라마는 많은 청중을 앞에 놓고 이 수행법을 가르쳤다. 강당 안의 냉방기는 밖에서 치솟는 사막의 기온과 맞대결을 벌였지만, 1,500명의 몸에서 뿜어져나오는 체온이 더해지자 결국 힘을 잃었다. 강당 안의 기온은 점점 올라가기 시작해서, 고통에 대해 명상을 하기에 딱 알맞을 정도로 모든 사람들에게 불쾌감을 주고 있었다.

"오늘 오후에는 '주고받는' 통렌 수행에 대해 명상을 하도록 하겠습니다. 이 수행은 마음을 닦고, 자연스럽게 자비심을 키우기 위한 것입니다. 우리가 이렇게 할 수 있는 까닭은 통렌 명상이 이기심을 버리도록 도와주기 때문입니다. 이 명상은 마음의 문을 열고 다른 사람의 고통을 받아들이도록 용기를 줍니다. 그리고 그렇게 함으로써 우리 마음의 힘을 키워줍니다.

이 수행을 시작하려면 먼저 도움을 간절히 바라는 사람들이 한쪽에 있다고 마음속으로 상상해야 합니다. 이들은 고통스럽고 불행한 상황에 처해 있으며, 가난과 시련 속에서 살고 있습니다. 이런 사람들이 한쪽에 있다고 마음속으로 분명히 상상하십시오. 그리고 나서 다른 쪽에 누구보다 자기 중심적이고 습관적으로 이기적인 성향을 드러내며, 다른 사람의 행복과 소망엔 관심조차 없는 당신의 모습을 상상하십시오.

그리고 자신이 고통 받는 사람들과 이기적인 자신의 모습 사이에 서 있는 중립적인 관찰자라고 생각하십시오.

그 다음에 당신이 자연스럽게 어느 쪽으로 기울어져 있는지 생각하십시오. 당신은 이기심으로 가득 찬 사람 쪽으로 더 많이 기울어져 있습니까, 아니면 자연스럽게 타인의 고통을 느끼면서 도움을 필요로 하는 약한 사람에게 손길을 뻗치고 있습니까? 당신이 객관적인 눈으로 본다면, 집단이나 많은 사람들의 행복이 한 개인의 행복보다 중요함을 알 수 있을 것입니다.

다음으로 가난하고 절망에 빠진 사람들에게 관심을 집중하십시오. 당신의 모든 긍정적인 에너지를 그들에게 보내십시오. 마음속으로 당신의 모든 성공과 재산과 장점들을 그들에게 주십시오. 그런 다음 당신이 그들이 가진 고통과 문제와 모든 부정적인 것들을 떠맡는다고 마음속으로 상상하십시오.

예를 들어 당신은 소말리아에서 굶주리고 있는 순진한 아이를 마음속으로 상상하며, 그런 광경에 자신이 어떤 반응을 보이는지 느낄 수 있습니다. 당신이 깊은 감정 이입을 통해 아이의 고통을 공감할 수 있는 것은 '이 아이는 내 친척이니까, 또는 이 아이는 내 친구니까'라는 생각 때문이 아닙니다. 당신은 그 아이가 누군지조차 모릅니다. 그 아이 역시 인간 존재이고 당신 또한 인간 존재라는 사실이 당신으로 하여금 자연스럽게 그 아이의 고통을 느끼고 손을 뻗을 수 있게 하는 것입니다. 따라서 당신은 그런 자신의 모습을 마음속으로 상상하며, 이렇게 생각할 수 있을 것입니다. '이 아이는 지금 고통스런 상태로부터 자신을 구할 능력이 없어.' 이렇게 생각한 다음 마음속으로 가난과 굶주림과 박탈감에서 오는 모든 고통을 자신이 짊어지십시오. 그리고 마음속으로 당신의 재능과 재산과 성공을 그 아이에게 주십시오.

이처럼 '주고받는' 것을 마음속으로 상상하는 수행을 통해 당신은 마음을 닦을 수 있습니다. 이 수행을 하면서, 때로는 당신이 앞으로 겪게 될 고통을 먼저 상상해, 자비로운 자세로 모든 미래의 고통을 지금 이 순간 떠맡을 수가 있습니다. 미래의 고통으로부터 자신을 해방시키겠다는 진지한 바람을 갖고서 말입니다. 이 수행을 통해 자기 자신에 대해 자비로운 마음을 갖게 된 다음, 당신은 다른 사람들의 고통을 떠맡는 것으로 나아갈 수 있습니다.

자신이 타인의 고통을 떠맡는 것을 상상할 때 그 고통과 문제, 어려움 등을 해로운 물질, 위험한 무기, 끔찍한 동물로 상상하는 것이 좋습니다. 보기만 해도 치가 떨리는 것들로 말입니다. 그런 모습으로 고통을 상상하고 나서, 그것을 당신의 마음속으로 받아들이십시오. 이렇게 부정적이고 무시무시한 것이 우리 마음속에 녹아드는 것을 상상하는 이유는 우리의 습관적인 이기심을 깨뜨리기 위한 것입니다. 하지만 자신에 대해 부정적인 느낌을 갖고 있고, 자신을 혐오하거나 증오하고, 자부심이 별로 없는 사람들은 이 수행법이 적합한지 아닌지 판단하는 것이 중요합니다. 그들에겐 이 방법이 효과가 없을 수도 있기 때문입니다.

당신이 '주고받는 것'을 호흡과 연결시킨다면, 통렌 수행은 훨씬 큰 효과가 있을 것입니다. 다시 말해 숨을 들이마실 때 받는 상상을 하고, 숨을 내쉴 때 주는 상상을 하는 것입니다. 이런 마음속 상상이 제대로 이루어질 때, 당신은 조금 불편한 느낌을 받을 것입니다. 그것은 당신의 상상이 목표물을 두드리고 있음을 보여주는 것입니다. 우리가 흔히 갖고 있는 자기 중심적인 자세를 깨부수는 것이지요. 자, 이제 명상에 들어가도록 합시다."

통렌 명상에 대한 가르침의 결론으로, 달라이 라마는 한 가지 중요한 점을 지적했다. 어느 한 가지 수행이 모든 사람의 마음에 들거나 누구에게나 적합할 순 없다는 것이다. 영적인 여행을 하면서 우리 각자는 어떤 특별한 수행이 자신에게 적합한가 아닌가를 결정해야 한다. 처음에 어떤 수행이 우리 마음에 안 드는 경우도 있겠지만, 그 방법이 결과를 가져오려면 먼저 그것에 대해 잘 이해할 필요가 있다.

이것은 그날 오후 달라이 라마의 가르침을 들은 나에게 정확히 해당되는 말이었다. 당시에 나는 꼭 집어낼 순 없었지만 뭔가 곤

혹스런 느낌을 갖고 있었다. 그것은 일종의 저항감 같은 것이었다. 하지만 그날 저녁 늦게 달라이 라마의 가르침에 대해 생각하면서, 그런 저항감이 그가 여러 사람이 한 사람보다 중요하다고 말한 때부터 생기기 시작했다는 것을 깨달았다. 나는 그런 생각에 대해 전에도 들어본 적이 있었다. 이를테면 영화 〈스타 트랙〉에서 스포크 씨가 제시한 불카누스(고대 로마의 불과 대장장이의 신)의 원칙이었다. 그것은 '많은 사람의 요구가 한 사람의 요구보다 중요하다'는 것이었다. 하지만 이 주장에는 뭔가 문제가 있었다. 한 개인만을 생각하는 사람이란 인상을 주고 싶지 않았기 때문에, 나는 이 문제를 달라이 라마에게 물어보기 전에 오랫동안 불교를 믿어온 한 친구에게 말했다.

"나를 괴롭히는 문제가 하나 있는데 말야…… . 다수의 요구가 한 사람의 요구보다 중요하다는 말은 이론적으론 맞는 말이지만, 일상 생활 속에서 우리는 사람을 집단적으로 대하진 않잖아. 한 번에 한 사람씩 대하는 게 보통이지. 그러면 일대일 차원에서 왜 그 사람의 요구가 나의 요구보다 중요해야 하지? 나 또한 한 사람의 개인이고, 그런 의미에서 우린 똑같은데 말야…… ."

내 친구는 잠시 생각한 뒤, 이렇게 말했다.

"글쎄, 그건 사실이야. 하지만 다른 각 개인이 자신과 진정으로 같다고 생각할 수 있다면, 다시 말해 그들의 중요성이 자신보다 더하지도 덜하지도 않다고 본다면, 난 그것이 수행의 출발점으로 충분하다고 생각해."

나는 결코 이 문제를 달라이 라마에게 이야기하지 않았다.

12

마음의 길

부정적인 생각들은 우리 마음의 본질이 아니라, 마음의 자연스런 상태를 막는
일시적인 장애물이다. 따라서 긍정적인 마음이라는 교정 수단을 이용해,
부정적인 마음을 바로잡을 수 있다.

내가 물었다.

"우리는 지금까지 부정적인 행동과 마음 상태를 없애기 위해 노력함으로써 행복을 얻을 수 있다고 이야기했습니다. 그렇다면 실제로 그렇게 할 수 있는 방법은 무엇일까요? 어떻게 하면 부정적인 행동을 버리고 삶에 긍정적인 변화를 가져올 수 있을까요?"

달라이 라마가 대답했다.

"첫번째 단계는 배움입니다. 앞에서 배움의 중요성에 대해 말한 것 같은데요……"

내가 다시 물었다.

"당신은 행복을 추구할 때 부정적인 감정과 행동은 해를 끼치고 긍정적인 감정은 도움이 된다는 것을 배워야 한다고 말했는데, 지금 그러한 배움을 말하는 겁니까?"

"그렇습니다. 하지만 자신 안에 긍정적인 변화를 가져오는 방법을 이야기할 때, 배움은 단지 첫번째 단계일 뿐입니다. 그밖에도 확신, 결단, 행동, 노력 등 많은 요소들이 있습니다.

따라서 배움의 다음 단계는 확신을 갖는 일입니다. 배움은 변화가 필요하다는 확신을 심어주고, 변화에 대한 확신은 다시 결단으로 이어집니다. 그 다음에 사람은 자신의 결단을 행동으로 옮깁니다. 또한 변화에 대한 강한 의지를 통해 사람은 실제적인 변화를 이루기 위해 계속해서 노력하게 됩니다. 변화를 위해선 노력이라는 마지막 요소가 결정적으로 중요합니다.

담배를 끊으려고 한다면, 당신은 먼저 흡연이 몸에 해롭다는 사실을 알아야 합니다. 그런 사실에 대해 교육을 받아야 합니다. 나는 흡연의 해로운 영향에 대한 정보의 제공과 대중 교육이 사람들의 행동을 변화시켰다고 생각합니다. 현재 서양 사람들이 이런 정보를 쉽게 접하기 때문에 중국 같은 공산주의 국가의 사람들보다 담배를 훨씬 적게 핀다고 생각합니다. 하지만 배우는 것만으론 대개 충분하지 않습니다. 당신은 담배의 해로운 영향에 대해 굳은 확신이 설 때까지 그 생각을 더욱 자주 가져야 합니다. 이것은 변화를 위한 결단을 더욱 강하게 해줍니다. 끝으로 당신은 새로운 습관을 만들기 위해 노력해야 합니다. 당신이 이루려는 목표가 무엇이든 이런 과정을 통해 내면의 변화가 일어납니다.

당신이 바꾸려고 하는 행동이 무엇이든, 노력을 통해 이루려고 하는 특별한 목표가 무엇이든, 당신은 그 일에 대한 강한 의지와 소망을 갖는 일에서부터 시작할 필요가 있습니다. 당신은 무엇보다 강한 의지를 가져야 합니다. 그리고 의지를 갖기 위해선 반드시 절실한 마음이 필요합니다. 절실한 마음은 당신이 문제를 극복하는 데 매우 중요합니다. 예를 들어 에이즈의 심각한 결과에 대해 알게 되면서 많은 사람들이 절실한 마음을 갖고서 성적인 행동을 자제했습니다. 일단 올바른 정보를 얻으면, 사람들은 이처럼 문제를 심각하게 여기고 곧바로 행동을 취할 것입니다.

따라서 이런 절실함은 변화를 가져오는 결정적인 요소가 될 수 있습니다. 그것은 우리에게 엄청난 에너지를 줄 수 있습니다. 절실한 마음이 너무 크면, 사람들은 배고픈 것도 잊고 피곤하고 지칠 줄 모르고 자신들의 목표를 추구합니다.

절실한 마음은 개인 차원에서 문제를 극복하는 데 도움을 줄 뿐 아니라, 공동체와 전지구적인 차원에도 해당됩니다. 한번은 세인트루이스에 갔을 때 그곳의 주지사를 만난 적이 있습니다. 그 주는 최근에 큰 홍수를 겪었습니다. 주지사는 처음 홍수가 일어났을 때, 매우 걱정이 되었다고 나에게 말하더군요. 미국 사회의 개인적인 성향을 생각할 때, 사람들의 협동을 기대할 수 없고 따라서 서로 힘을 합쳐 재난을 극복하려고 노력할 것 같지 않았다는 것입니다. 하지만 막상 위기가 닥쳤을 때, 사람들이 대처하는 모습을 보면서 그는 깜짝 놀랐습니다. 사람들은 서로 힘을 합쳐 홍수에 대처하기 위해 노력했고, 주지사는 그런 모습에 깊은 감명을 받았습니다. 이 일을 통해 알 수 있는 것은 중요한 목표를 이루려면 절실함을 가져야 한다는 것입니다. 이 경우처럼 몹시 절박한 위기가 닥치면 사람들은 본능적으로 힘을 합쳐 위기에 대처합니다."

그는 슬픈 목소리로 말했다.

"불행히도 우리는 종종 이와 같은 절실한 느낌을 갖고 있지 않습니다."

달라이 라마가 절실한 마음을 강조하는 것을 들으면서 나는 무척 놀랐다. 왜냐하면 서양인들은 동양인들이 여러 번의 삶의 기회가 있다고 믿으며 되는대로 산다고 흔히 생각하기 때문이다. 다시 말해 동양인들은 지금 당장 어떤 일을 하지 않더라도 언제나 다음 기회가 있다고 믿는다는 것이다…….

내가 물었다.

"하지만 당신은 어떻게 일상 속에서 변화에 대한 강한 의지와 절실한 마음을 갖습니까? 불교 속에 무슨 특별한 방법이 있나요?"

단라이 라마가 대답했다.

"불교 수행자는 강한 의지를 갖기 위해 여러 가지 방법을 택합니다. 불경에서는 인간 존재의 가치에 대해 말합니다. 인간의 몸 안에는 많은 능력이 있으며, 그 능력은 의미가 있고, 또 좋은 목적에 쓸 수 있다는 것입니다. 그리고 인간의 모습으로 태어난 것의 징짐과 혜택에 대해서도 직혀 있습니다. 불경에서 이런 말을 하는 까닭은 인간에게 자부심과 용기를 주고, 우리 몸을 긍정적인 쪽으로 사용하겠다는 열망을 일으키기 위한 것입니다.

그리고 절박한 마음으로 영적인 수행을 하기 위해, 수행자는 인간의 덧없음, 즉 죽음을 생각합니다. 우리가 여기서 말하는 덧없음은 추상적인 개념이 아니라, 아주 평범한 의미를 가진 단어입니다. 다시 말해 어느 날 지신이 이곳에 더 이상 있을 수 없음을 깨닫는 것입니다. 이렇듯 단순하게 덧없음을 이해하는 것입니다. 덧없음에 대해 더 많이 생각하고 동시에 인간 존재가 무한한 능력을 갖고 있다고 생각한다면, 우리는 모든 순간이 귀중하며 잘 이용해야 한다는 절박한 느낌을 가질 것입니다."

내가 말했다.

"인생의 덧없음과 죽음에 대해 깊이 생각하는 것은 사람에게 자극을 주고, 긍정적인 변화를 향한 절실한 느낌을 불러일으킬 수 있는 훌륭한 방법인 듯합니다. 하지만 불교를 믿지 않는 사람들은 그 방법을 이용할 수 없을 것 같은데요?"

달라이 라마가 신중하게 말했다.

"불교를 믿지 않는 사람들에게 불교적인 방법을 소개할 때는 조심스러워야 합니다. 어쨌든 이 방법은 불교도들의 수행에 더욱 적합한 것 같군요."

그는 호탕하게 웃으며 말했다.

"덧없음에 대한 생각을 정반대의 목적에 이용할 수도 있을 것입니다. 그 사람은 아마 이렇게 생각하겠지요. '아, 내가 내일도 살아 있으리란 보장은 없어. 그러니 오늘 더 많이 즐기는 게 좋겠어!'라고 말입니다."

내가 물었다.

"불교를 믿지 않는 사람들에게 절실한 마음을 갖게 하는 방법이 뭐가 있을까요?"

그가 대답했다.

"글쎄요, 이미 지적했듯이 정보의 제공과 영적인 가르침을 통한 방법이 있겠지요. 예를 들어 환경 전문가들을 만나기 전엔 난 환경의 위기에 대해 깊이 깨닫지 못하고 있었습니다. 그들을 만나 우리가 직면한 문제에 대해 설명을 들으면서 상황의 심각성을 깨닫게 되었습니다. 이것은 우리가 직면한 다른 문제에도 적용될 수 있습니다."

내가 물었다.

"하지만 때로는 어떤 정보를 알아도 여전히 변화하겠다는 의지가 생기지 않을 때가 있습니다. 이 문제를 어떻게 극복해야 할까요?"

달라이 라마는 잠시 생각을 한 뒤, 이렇게 말했다.

"두 가지 다른 원인을 생각할 수 있을 것입니다. 한 가지는 생리적인 원인 때문에 변화에 무디고 의지가 생기지 않을 수 있습니다. 원인이 생리적인 요인에 있다면, 그 사람은 생활 습관을 바꿀 필요가 있습니다. 잠을 충분히 자고, 건강에 좋은 음식을 먹고, 술을 삼가는 등의 노력을 한다면, 마음이 더욱 예민해질 수 있을 것입니다. 만일 그 원인이 병에서 비롯된 것이라면, 약이나 다른 치료 방법을 써야 할 경우도 있을 것입니다. 하지만 이런 것과는 다른 종류의 게으름과 무딘 성격이 있습니다. 이런 태도는 순전히 나약한 마음에서 생기는 것입니다⋯⋯."

"그것이 바로 내가 말하려던 것이었습니다⋯⋯."

"그런 종류의 게으름을 극복하고, 부정적인 행동이나 마음 자세를 바꾸려는 의지를 가지려면, 무엇보다 가장 효과적인 유일한 방법은 역시 부정적인 행동들이 가져오는 파괴적인 결과에 대해 끊임없이 생각하는 것입니다. 반복해서 그런 파괴적인 결과를 마음속에 떠올려야 합니다."

달라이 라마의 말은 진실인 듯했다. 정신과 의사로서 나는 일부 부정적인 행동과 사고 방식이 얼마나 강력하게 뿌리를 내릴 수 있는지, 그리고 사람들이 그것을 바꾸기가 얼마나 어려운지를 절실히 느꼈던 것이다. 거기에는 복잡한 심리 요인이 작용한다고 여겼기 때문에, 나는 환자가 변화에 저항하는 이유를 조사하고 분석하느라 많은 시간을 바쳤다. 그 생각을 하면서 나는 달라이 라마에게 질문을 던졌다.

"사람들은 종종 자신의 삶에서 긍정적인 변화를 일으키고, 더욱 건전하게 행동하기를 바랍니다. 하지만 때로 타성에 젖거나 변화에 대한 저항감이 생기는 것 같습니다⋯⋯. 왜 그렇게 되는 걸까요?"

그는 의외로 쉽게 대답했다.

"이유는 간단합니다……."

"간단하다구요?"

"그것은 그저 우리가 일정한 방식으로 행동하는 것에 익숙하기 때문입니다. 그렇게 되면 습관이 잘못 들어서, 자기가 좋아하고 익숙한 일만 하려고 하게 되지요."

"어떻게 그것을 극복할 수 있을까요?"

"그것은 그 습관을 우리의 장점으로 이용하는 것입니다. 계속해서 익숙해지는 것을 통해, 우리는 분명히 새로운 행동 방식을 만들 수 있습니다. 한 가지 예를 들겠습니다. 다람살라에서 나는 보통 새벽 3시 반에 일어나 하루를 시작합니다. 이곳 아리조나에 온 뒤로는 4시 반에 일어나니까, 한 시간을 더 자는 셈이군요."

그는 웃으면서 다시 말했다.

"처음에 당신은 일찍 일어나는 일에 익숙해지기 위해 조금 노력할 필요가 있습니다. 하지만 몇 달이 지나면 그것은 평범한 일상이 되어버리기 때문에 더 이상 특별히 노력할 필요가 없습니다. 따라서 당신이 늦게 잠자리에 드는 일이 생긴다면 좀더 자고 싶은 생각이 들긴 하겠지만, 당신은 특별히 신경쓰지 않아도 여전히 3시 반에 일어나 하루의 일과를 시작할 수 있을 것입니다. 그것은 습관의 힘 때문입니다.

따라서 꾸준한 노력을 통해서 우리는 어떤 부정적인 상황도 극복하고, 삶에서 긍정적인 변화를 가져올 수 있다고 난 생각합니다. 하지만 진정한 변화는 하룻밤 새에 일어나지 않는다는 걸 명심해야 합니다. 내 경우를 예로 들면, 요즘의 내 마음의 상태를

2, 30년 전의 상태와 비교하면 큰 차이가 있습니다. 하지만 그 차이는 한 걸음 한 걸음 나아간 결과 생긴 것입니다. 난 여섯 살쯤에 불교의 교리에 대해 배우기 시작했는데, 당시엔 불교의 가르침에 대해 별로 관심이 없었습니다."

그는 웃음 띤 얼굴로 말했다.

"사람들은 나를 가장 높은 영혼이 윤회한 사람으로 생각했지만 말입니다. 열여섯 살이 되시야 불교에 대해 어느 정도 진지한 느낌을 갖기 시작했습니다. 그때부터 난 진지한 수행을 시작했습니다. 그 뒤로 난 여러 해에 걸쳐 불교의 교리와 수행에 대해 깊이 이해하기 시작했습니다. 처음엔 그렇게 수행을 하는 것이 불가능하게 느껴지고 매우 부자유스러웠지만, 점차 자연스럽고 쉽게 다가갈 수 있었습니다. 이런 일은 불교와 서서히 친숙해지는 일을 통해 일어났습니다. 물론 이렇게 되기까진 40년이 넘는 세월이 걸렸습니다.

당신도 알다시피 높은 정신적 성장을 이루려면 시간이 걸립니다. 누군가 '아, 여러 해 동안 시련을 겪고나니 내게 변화가 일어났어'라고 말한다면, 난 그것을 진지하게 받아들일 수 있습니다. 그것은 오래가는 진정한 변화일 가능성이 높습니다. 그런데 만일 누군가 '아, 2년이라는 짧은 시간에 큰 변화가 일어났어'라고 주장한다면, 그것은 비현실적인 말이라고 난 생각할 것입니다."

변화에 대한 달라이 라마의 접근법은 두 말할 필요없이 합리적이었지만, 거기엔 좀더 생각해봐야 할 부분이 있었다. 그래서 나는 그 점을 지적했다.

"당신은 자신의 마음을 바꾸고 긍정적인 변화를 가져오려면 강한 의지와 결단이 필요하다고 말합니다. 하지만 이와 동시에 진정한 변화는 긴 시간 동안 서서히 일어난다는 걸 알 수 있습니다. 변화가 그렇게 천천히 일어난다면, 사람들은 그 도중에서 좌절하기 쉬울 것입니다. 당신은 영적인 수행을 하면서 너무 천천히 나아간다는 느낌 때문에 좌절한 적은 없습니까? 그리고 삶을 살면서 또 다른 일에서 낙심한 적은 없나요?"

그가 대답했다.

"네, 분명히 있습니다."

내가 물었다.

"그때 어떻게 대처했습니까?"

"영적인 수행에 한해서 말한다면, 수행을 하면서 장애나 문제에 부딪힐 때는 한 걸음 뒤로 물러나 긴 안목으로 보는 것이 도움이 됩니다. 이것에 관해 내게 용기를 주고 결심이 흔들리지 않도록 도와주는 한 편의 시가 있습니다. 바로 이런 시입니다.

우주가 계속 존재하는 한
모든 생명 가진 존재들이 남아 있는 한
나 또한 여기에 남아
세상의 모든 불행을 물리치리라.

하지만 티벳의 자유를 위해 투쟁하는 일에서, 내가 이런 식의 믿음을 갖고 '영겁의 세월 동안…… 우주가 계속 존재하는 한' 기다릴 거라는 구절에 의지한다면, 그것은 어리석은 생각일 것입니다. 그런 문제는 서둘러서 적극적으로 달려들 필요가 있습니다.

물론 티벳의 자유를 위해 투쟁하면서 지난 15년간 협상을 했지만 아무 소득이 없고, 그래서 그 세월 동안 실패만 거듭했다는 생각이 들 때면, 조바심이 나거나 좌절감을 느낍니다. 하지만 이런 좌절감에도 불구하고 난 희망을 잃을 정도로 실망하진 않습니다."

그것에 대해 좀더 이야기하기 위해 나는 다시 질문을 던졌다.

"당신이 희망을 잃지 않는 이유는 정확히 무엇입니까?"

"티벳 상황에 대해선 한층 더 폭넓은 시각에서 상황을 바라보는 것이 확실히 도움이 될 수 있습니다. 내가 좁은 시각에서 티벳 안의 상황을 보고 오로지 그것에만 초점을 맞춘다면, 거의 희망이 없는 것처럼 보일 것입니다. 하지만 더 폭넓은 시각, 이를테면 세계적인 시각에서 본다면, 우리의 상황은 국제적으로 매우 유리하다는 걸 알 수 있습니다. 공산주의와 전체주의가 붕괴하고, 중국에서까지 민주화 운동이 일어나고 있으며, 게다가 티벳인들의 정신은 여전히 생생히 살아 있습니다. 그래서 난 포기하지 않는 것입니다."

불교 철학과 명상에 대한 달라이 라마의 수많은 지식과 오랜 수행을 생각할 때, 그가 내면의 변화를 이루기 위한 첫단계로 초월적, 신비적인 영적 수행보다 배움과 가르침을 말한 것은 매우 흥미로운 일이다. 교육이 새로운 기술을 배우고 좋은 직업을 보장받는 데 중요하다는 것은 대개 인정하지만, 행복에 이르는 데도 핵심적인 역할을 한다고 생각하는 사람들은 그리 많지 않다.

하지만 연구 결과는 순수한 학교 교육까지도 행복한 삶과 직접적인 관계가 있음을 보여준다. 수많은 조사를 통해 밝혀진 바에 따르면, 높은 교육 수준은 건강과 장수에 긍정적인 영향을 주고, 심지어 우울증을 예방하는 효과까지 있다는 것이다. 과학자들은 이처럼 교육이 유익한 결과를 가져오는 원인에 대해 다음과 같이 추측했다. 교육을 많이 받은 사람들은 건강에 해로운 요소들을 더 많이 알고 있고, 건강에 좋은 생활 방식을 선택해 살 가능성이 높고, 자신의 능력에 대해 더 큰 자부심을 느끼며, 문제 해결 능력이 높고, 한결 효과적인 방법으로 문제에 대처한다는 것이다.

이 모든 요소들은 더욱 행복하고 건강한 삶을 사는 데 도움을 줄 수 있다. 학교 교육조차도 좀더 행복한 삶을 사는 데 도움이 된다면, 달라이 라마가 말한 배움과 가르침이 행복에 주는 영향은 얼마나 클 것인가? 그가 말하는 영적인 가르침은 영원한 행복으로 인도하는 여러 요소들을 이해하고 실천하는 데 특별히 초점을 맞춘 것이기 때문이다.

변화에 이르는 과정으로 달라이 라마가 제시한 다음 단계는 결단과 의지를 높이는 일이다. 이 단계 또한 목표를 이루는 데 중요한 요소로 현대의 서구 과학이 폭넓게 받아들이고 있다. 교육 심리학자 벤자민 블룸이 미국의 가장 탁월한 예술가, 운동 선수, 과학자들 중 일부의 삶을 조사한 연구가 있다. 블룸은 선천적인 재능으로만 보기 어려운 추진력과 결단력 덕분에 그들이 각자의 분야에서 성공을 거두었다는 사실을 발견했다.

이들처럼 우리도 행복해지기 위해 자신의 결단력을 이용할 수 있을 것이다. 행동 과학자들은 인간이 어떤 행동을 하게 되는 동기와 과정과 추진력에 대해 폭넓게 연구하면서, 이 분야를 인간의 동기 부여 연구라 불렀다. 심리학자들은 원칙적으로 동기에는 세

가지 종류가 있다고 말한다. 첫번째 가장 우선적인 동기는 생존을 위한 생물학적인 충동이다. 예를 들면 음식, 물, 공기 등을 필요로 하는 것이다.

두번째 동기는 자극을 원하고 정보를 얻고자 하는 욕구와 관계가 있다. 연구자들은 이것 역시 인간의 타고난 욕구라고 여긴다. 이것은 신경계가 적절하게 성장하고 발전하고 기능하는 데 필요한 것이다.

그리고 마지막 동기는 이차적인 동기로도 불리는데, 배움과 학습을 통해 얻은 욕구에 바탕을 둔 동기다. 많은 이차적인 동기는 성공, 권력, 지위 또는 성취에 대한 후천적인 욕구들과 관련되어 있다.

인간의 행동은 사회의 영향을 받고, 학습을 통해 만들어질 수 있다. 바로 이 단계가 현대 심리학의 이론과, 결단과 의지를 키우라는 달라이 라마의 사상이 만나는 지점이다. 하지만 달라이 라마는 의지와 결단을 단지 세속적인 성공을 추구하는 데 이용하는 것이 아니라, 진정한 행복으로 인도하는 요소를 분명히 이해하고 친절과 자비심, 영적인 발전 같은 더욱 높은 목표를 추구하는 데 이용한다.

노력은 변화를 가능케 하는 마지막 요소다. 달라이 라마는 노력을 새로운 조건을 만드는 데 꼭 필요한 요소로 본다. 새로운 조건을 부여함으로써 부정적인 행동과 생각을 바꿀 수 있다는 견해는 서양 심리학자들이 공통으로 갖고 있는 생각일 뿐 아니라, 사실 현대의 행동 치료에 있어 초석이 되는 생각이다. 이런 종류의 치료는 사람들이 대체로 자신의 존재 방식을 남에게 배워서 습득한다는 이론에 기초한 것이며, 새로운 조건을 부여하는 행동 치료가 여러 문제에 폭넓게 효과가 있음이 증명되었다.

최근의 과학적인 결과를 보면 타고난 유전적 성향이 인간이 세상에 반응하는 방식에 분명히 어떤 영향을 주기는 한다. 하지만 대부분의 사회 과학자들과 심리학자들은 우리가 행동하고, 생각하고, 느끼는 방법의 상당 부분이 배움과 환경에 의해 결정된다고 생각한다. 그리고 이런 배움과 환경은 성장 과정과 우리를 둘러싼 사회와 문화의 영향을 받아 만들어진다. 우리의 행동 방식이 환경에 의해서 대체로 결정되고, 습관이 그것을 더욱 굳혀준다고 생각되기 때문에, 달라이 라마가 주장하듯 해롭고 부정적인 환경을 없애고, 그것을 삶의 가치를 높이는 유익한 환경으로 바꿀 수 있는 가능성이 열린다.

외부의 행동을 바꾸려는 계속된 노력은 나쁜 습관을 극복하는 데 도움을 줄 뿐 아니라, 우리의 기본적인 태도와 느낌을 변화시킬 수 있다. 여러 실험 결과는 우리가 가진 마음 자세와 성격 등이 우리의 행동을 결정한다는 것을 보여주는데, 사실 이것은 일반적으로 받아들여지는 이론이다. 그런데 반대로 우리의 행동이 우리의 태도를 변화시킬 수도 있다. 과학자들은 억지로 눈살을 찌푸리거나 미소를 짓기만 해도 그런 행동과 일치되는 분노나 행복의 감정이 쉽게 생긴다는 사실을 발견했다. 이것은 단지 동작을 하고 반복적으로 긍정적인 행동을 하면, 마침내 진정한 내면의 변화가 일어날 수 있음을 말해준다.

더욱 행복한 삶을 살기 위한 달라이 라마의 이런 방식을 보면서 우리는 중요한 암시를 받을 수 있다. 그것은 바로 친절하게 돌보려는 특별한 생각이 없더라도 다른 사람들을 규칙적으로 돕는 단순한 행동을 하기 시각한다면, 우리는 진정한 자비심이 점차 커지는 것을 느끼면서 내면의 변화가 일어나는 것을 발견할 수 있다는 것이다.

진정한 내면의 변화를 일으키려면 꾸준한 노력이 중요하다고 달라이 라마는 강조한다. 변화는 서서히 일어나는 과정이다. 이것은 최근 서양 문화에서 인기를 얻고 있는 '순식간에 치료하는' 자기 치료 요법들과 선명하게 대비된다. 이런 자기 치료 요법은 자신에 대한 긍정적인 확인에서부터 내면에 있는 어린아이를 발견하는 것까지 다양하다.

달라이 라마의 접근법은 천천히 성장하고 성숙하는 것이다. 그는 마음의 엄청나고 무한한 힘을 믿는다. 하지만 그런 힘을 가지려면 마음은 체계적인 수행을 쌓고, 집중력을 키우고, 오랜 경험과 건강한 생각을 통해 단련되어야 한다. 문제를 일으키는 행동과 습관을 갖기까지는 오랜 시간이 걸린다. 행복을 가져오는 새로운 습관을 갖는 데도 이와 똑같이 오랜 시간이 걸린다. 결단, 노력, 시간과 같은 핵심적인 요소를 피해갈 방법은 없다. 이것들이 행복에 이르는 진정한 비밀이다.

우리가 변화를 위한 길에 들어설 때, 적당한 기대를 갖는 것이 중요하다. 너무 큰 기대를 하면 그것에 못 미치는 자신의 모습에 실망할 것이고, 반대로 기대가 너무 낮으면 한계에 도전하고 우리의 진정한 잠재력을 개발하려는 의지가 사라질 것이다. 변화의 과정에 대해 대화를 나누며 달라이 라마는 말했다.

"현실적인 태도를 갖는 것이 중요하다는 걸 잊어선 안 됩니다. 궁극의 목표를 향해 나아가면서, 당신은 자신이 처한 현실을 존중하고 그 상황을 매우 민감하게 느껴야 합니다. 변화를 위한 길에서 만날 수밖에 없는 어려움을 이기고 변화를 가능케 하려면 많은 시간과 지속적인 노력이 필요하다는 걸 깨달아야 합니다. 그리고 자신의 궁극적인 이상과 자신이 처한 현실을 분명히 구별하는 것이 중요합니다. 예를 들어 당신이 불교도라면, 이상을 아주 높게 세워야 합니다. 즉 완전한 깨달음이 당신이 궁극적으로 바라는 것이어야 합니다. 당신이 완전한 깨달음을 이상으로 놓고 이루려는 것은 극단적인 것이 아닙니다. 하지만 지금 바로 그것을 이루려는 바램은 극단적인 것입니다. 그것을 당신의 이상이 아니라 기준으로 삼는다면, 깨달음에 빨리 이르지 못할 때 당신은 실망하고 완전히 희망을 잃을 것입니다. 따라서 당신은 현실적으로 접근할 필요가 있습니다. 하지만 당신이 '난 지금의 상태에만 초점을 맞출 것이다. 이것이 현실적인 자세다. 난 미래의 일이나 궁극적으로 불성을 얻는 것에 대해선 관심이 없다'라고 말한다면, 그것 또한 반대쪽 극단이 될 것입니다. 따라서 우리는 그 사이에 있는 방법을 발견할 필요가 있습니다. 균형점을 발견해야 하는 것입니다.

기대는 참으로 다루기가 애매한 문제입니다. 타당한 근거 없이 지나친 기대를 한다면, 그것은 대개 문제를 일으킵니다. 반면에 기대나 희망, 열망이 없다면 나아지는 것도 없을 것입니다. 약간의 희망은 반드시 필요합니다. 하지만 적당한 균형을 발견하기란 쉽지 않습니다. 우리는 각각의 상황을 즉석에서 판단할 필요가 있습니다."

그러나 몇 가지 의문들이 여전히 내 머리를 떠나지 않았다. 충분한 시간과 노력을 들여서 우리가 가진 부정적인 행동과 태도의 일부를 확실히 바꿀 수 있더라도, 도대체 부정적인 감정을 어느 정도 없애는 것이 가능할 것인가? 그래서 나는 달라이 라마에게 말했다.

"당신은 궁극적인 행복이 우리가 가진 부정적인 행동과 마음의 상태 이를테면 분노, 증오, 탐욕 같은 것을 없애는 것에 달려 있다고 말합니다."

달라이 라마가 고개를 끄덕였다. 내가 다시 말했다.

"하지만 그런 감정들은 인간 심리의 자연스런 일부분인 것 같습니다. 인간 존재는 누구나 그런 어두운 감정들을 어느 정도 경험하게 마련입니다. 그렇다면 우리 마음의 일부분에서 증오하고 배척하고 싸움이 일어나는 건 당연하지 않을까요? 내 말은 우리의 자연스럽고 필수적인 부분을 완전히 제거하려는 것이 오히려 비현실적이고 심지어 부자연스러운 것 같다는 겁니다."

머리를 좌우로 흔들며 달라이 라마는 말했다.

"당신 말대로, 일부 사람들은 분노와 증오와 또다른 부정적인 감정들이 우리 마음의 자연스런 일부분이라고 주장합니다. 그들은 이런 감정들이 우리를 구성하는 자연스런 부분이기 때문에, 이런 마음 상태를 진정으로 바꿀 수 있는 방법은 없다고 생각합니다. 하지만 그것은 잘못된 생각입니다.

우리 모두는 아무것도 모르는 상태에서 세상에 태어납니다. 이런 의미에서 무지 또한 아주 자연스런 것입니다. 어찌 됐든 어린 시절에 우리는 아주 무지합니다. 하지만 성장하며 하루하루 교육을 받음으로써 우리는 지식을 얻어 무지한 상태를 벗어날 수 있습니다. 하지만 의식적으로 배움을 늘려가지 않고 무지한 상태에 자신을 놓아둔다면, 우리는 무지에서 벗어날 수 없을 것입니다. 따라서 무지에서 벗어나려고 노력하지 않고 자연스런 상태에 자신을 놓아둔다면, 교육과 배움 같은 무지를 몰아내는 것들이 자연스럽게 찾아오진 않을 것입니다. 마찬가지로 적당한 수행을 통해서 우리는 점차로 부정적인 감정을 줄이고, 사랑과 자비심과 용서 같은 긍정적인 마음을 더욱 키울 수가 있습니다."

나는 다시 물었다.

"하지만 부정적인 감정이 우리 정신의 일부분을 이루고 있다면, 어떻게 우리의 일부와 싸워서 마침내 이길 수 있을까요?"

달라이 라마가 대답했다.

"부정적인 감정과 싸우는 방법을 생각할 때, 인간의 마음이 어떻게 움직이는지 알면 도움이 될 것입니다. 물론 인간의 마음은 매우 복잡합니다. 그러나 마음은 또한 매우 뛰어난 재주를 갖고 있어, 다양한 상황과 조건에 대처하는 많은 방법을 알고 있습니다. 한 가지 예를 들면, 마음은 서로 다른 시각을 선택해 다양한 문제를 설명하는 능력을 갖고 있습니다.

불교 수행에선 이처럼 서로 다른 시각을 선택하는 능력을 이용한 여러 명상법이 있습니다. 그것은 자기 자신을 둘셋으로 나눠, 그들이 서로 대화를 나누게 하는 방법입니다.

예를 들면 이타적인 마음을 키우기 위해 만든 명상이 있습니다. 이 명상 속에서 당신은 자기 중심적인 태도, 즉 자신밖에 모르는 자아와 영적인 수행자인 자아 사이에 대화를 나누게 합니다. 자신

속에서 일종의 대화를 나누는 관계를 만드는 것입니다. 마찬가지로 주요이 분노 같은 부정적인 특징 또한 미음의 일부분이므로, 이런 감정을 대상으로 열심히 싸울 수도 있습니다.

더구나 당신은 일상 생활 속에서 자기 자신을 비난하는 경우를 종종 발견합니다. 당신은 이렇게 말합니다. '아, 오늘은 나 자신에게 실망했어.' 그리고 나서 당신은 스스로를 비난합니다. 당신은 뭔가 잘못을 했거나 뭔가를 하지 않았다고 스스로를 꾸짖고 자신에 대해 분노를 느낍니다. 이런 경우에도 당신은 자신과 일종의 대화를 나누고 있는 것입니다. 사실 서로 구분된 두 개의 자아는 없으며, 단지 하나로 통일된 사람이 있을 뿐입니다. 하지만 그럼에도 불구하고 스스로를 비난하고, 자신에 대해 분노를 느끼는 일은 이해할 수 있습니다. 이것은 사람들 모두가 경험을 통해 알고 있는 사실입니다.

따라서 실제로는 하나의 개인만 있을지라도, 당신은 두 개의 다른 시각을 채택할 수 있습니다. 당신이 스스로를 비난할 때 무슨 일이 생길까요? 비난을 하는 자아는 전체성, 즉 전체적인 존재로서 자신을 생각하는 것이고, 비난을 받고 있는 자아는 특별한 경험이나 사건에서 비롯된 자아입니다. 이처럼 '자아와 자아'의 관계를 가질 수 있음을 우리는 알 수 있습니다.

이 점에 대해 더욱 자세히 살펴보려면, 인간 존재에는 여러 가지 측면이 있음을 생각하는 것이 큰 도움이 될 것입니다.

티벳의 불교 승려를 예로 들어봅시다. 그 사람은 자신이 승려라는 생각을 갖고 자신의 정체성을 느낄 수 있습니다. 이것은 승려로서 갖는 자아입니다. 그는 또한 승려의 직분을 고려하기보다는 티벳인과 같은 민족적인 혈통에서 개인의 정체성을 가질 수 있습니다. 따라서 그는 '나는 티벳인이다'라고 말할 수 있습니다. 그리고 또다른 차원에서 그 사람은 승려의 직분과 민족의 혈통이 아무런 영향을 주지 않는 또다른 정체성을 가질 수 있습니다. '나는 인간이다'라고 생각할 수 있는 것입니다. 따라서 우리는 각 개인의 존재 속에서 서로 다른 시각을 볼 수 있습니다.

이것은 여러 시각에서 하나의 현상을 볼 수 있음을 말해줍니다. 그리고 다른 시각에서 사물을 보는 능력에는 다분히 선택적인 면이 있습니다. 우리는 특별한 생각을 갖고 어떤 현상의 특별한 측면에 초점을 맞추면서, 특별한 시각을 채택할 수 있습니다. 이런 능력은 우리의 부정적인 생각들을 확인하고 물리치거나, 또는 긍정적인 특징을 발전시키려고 할 때 매우 중요합니다. 이렇듯 다른 시각을 채택할 수 있는 능력 덕분에 우리는 제거하려고 하는 우리 안의 일부를 따로 분리시키고 그것과 싸울 수 있습니다.

그런데 이 주제를 더 자세히 살펴보면, 다음과 같은 아주 중요한 문제가 떠오릅니다. 분노와 미움, 그리고 다른 부정적인 마음의 상태와 전투를 벌인다 할지라도, 싸워서 이길 수 있다는 보장이 어디에 있을까요?

부정적인 마음에 대해 말할 때 나는 사실 티벳어로 논몽, 산스크리트어로는 클레스바로 불리는 것을 말하고 있는 것입니다. 이 단어의 문자 그대로의 뜻은 '내면으로부터 괴롭히는 것'입니다. 그 뜻이 너무 길기 때문에 이 단어는 종종 망상으로 번역됩니다. 티벳어 논몽의 어원은 자연스럽게 마음에 고통을 주고, 마음의 평화를 깨며, 정신적인 혼란을 일으키는 감정과 생각이라는 의미를 갖고 있습니다.

줌더 주의를 기울이면, 망상이 우리에게 고통을 주는 이유는 단순히 그것이 우리 마음의 평온과 침착함을 깨뜨리기 때문임을 쉽게 알 수 있습니다. 하지만 우리가 그것을 극복할 수 있는가 없는가를 발견하기는 무척 어렵습니다. 이것은 우리가 자신의 영적인 능력을 완전히 꽃피울 수 있는가 하는 생각과 직접 관련된 질문입니다. 이것은 대단히 심오하고 대답하기 어려운 질문입니다.

그렇다면 이렇게 고통스런 감정과 생각, 즉 망상을 마침내 우리 마음속에서 뿌리 뽑을 수 있다는 근거는 도대체 무엇일까요?

불교 사상에는 이런 일이 가능하다는 믿음을 주는 세 가지 기본 전제가 있습니다.

첫번째 전제는 마음에 있는 모든 망상, 즉 고통을 주는 모든 감정과 생각들은 본질적으로 왜곡되어 있다는 것입니다. 이 점에서 망상은 상황의 실제 모습에 대한 잘못된 생각에 뿌리를 두고 있습니다. 아무리 강하고 뿌리가 깊다 할지라도, 이런 부정적인 감정에는 정당한 근거가 없습니다. 이것들은 무지에 기초를 두고 있습니다. 반면에 모든 긍정적인 감정이나 마음, 이를테면 사랑, 자비심, 통찰력 같은 것은 튼튼한 기초를 갖고 있습니다. 마음이 이런 긍정적인 상태들을 경험하고 있을 때, 거기엔 비뚤어진 것이 없습니다. 게다가 이런 긍정적인 요소들은 진실에 근거하고 있습니다. 우리는 자신의 경험으로부터 그런 요소들의 진실성을 입증할 수 있습니다.

또한 긍정적인 감정은 이성과 이해에 뿌리를 내리고 있지만, 분노와 증오 같은 고통을 주는 감정은 그렇지 않습니다. 무엇보다도 모든 긍정적인 마음은 우리가 그 가능성과 능력을 무한정 늘릴 수 있는 성격을 갖고 있다는 것입니다. 물론 지속적으로 익숙해지는 수련을 통해 규칙적으로 그런 마음을 갖는다면 말입니다."

내가 그가 말하는 중간에 끼어들었다.

"당신은 긍정적인 마음의 상태는 정당한 근거를 갖고 있고 부정적인 마음의 상태는 정당한 근거가 없다고 말하는데, 그 의미에 대해 좀더 설명을 듣고 싶군요."

달라이 라마는 그 문제를 분명하게 설명했다.

"예를 들어 자비심은 긍정적인 감정입니다. 자비심을 일으키기 위한 첫걸음은 당신이 고통을 원하지 않으며, 행복을 누릴 권리를 갖고 있다는 깨달음입니다. 이 말이 얼마나 진실되고 정당한가는 당신의 경험을 통해 알 수 있을 것입니다. 다음으로 당신은 다른 사람들 또한 당신처럼 고통을 원치 않고 행복을 누릴 권리가 있음을 깨닫습니다. 이런 생각은 처음에 자비심을 일으키는 데 기초가 됩니다.

우리에게는 본질적으로 두 종류의 감정 또는 마음의 상태가 있습니다. 그것은 바로 긍정적인 것과 부정적인 것입니다. 감정들을 두 가지 범주로 나눌 수 있는 한 가지 방법은 긍정적인 감정은 정당화될 수 있지만, 부정적인 감정은 그럴 수 없다는 것입니다. 앞에서 욕망에 대해 얘기하면서, 우리는 어떻게 긍정적인 욕망과 부정적인 욕망이 있을 수 있는지 이야기했습니다. 인간의 기본적인 필요를 충족시키기 위한 욕망은 긍정적인 욕망입니다. 그것은 정당화될 수 있습니다. 그것은 우리 모두는 현재 존재하고 있으며, 또한 생존할 권리가 있다는 사실에 기초한 것입니다. 그리고 생존을 위해서 우리가 필요로 하는 물건들, 다시 말해 꼭 있어야 할 필수품들이 있습니다. 따라서 이런 종류의 욕망은 정당한 근거가 있는 것입니다.

그리고 우리가 이야기한 것처럼, 탐욕처럼 부정적인 성격을 가진 또다른 욕망이 있습니다. 이런 종류의 욕망은 정당한 근거를 갖고 있지 않으며, 종종 문제를 일으키고 우리의 삶을 복잡하게 합니다. 이런 종류의 욕망은 단지 만족하지 못하는 마음과 사실상 필요도 없는 물건을 더 많이 가지려는 욕심에 뿌리를 두고 있습니다. 이런 욕망은 그것을 가질 수밖에 없는 확실한 이유를 갖고 있지 않습니다. 따라서 긍정적인 감정은 확고하고 정당한 근거가 있지만, 부정적인 감정은 정당한 근거가 없다고 말할 수 있습니다."

달라이 라마는 인간의 마음에 대한 탐색을 계속하면서, 식물학자가 희귀한 꽃을 분류하는 것 같은 정밀함으로 마음의 움직임을 분석했다.

"이제 우리는 부정적인 감정을 뿌리 뽑을 수 있다는 주장의 근거가 되는 두번째 전제로 나아갈 수 있습니다. 이 전제는 우리의 긍정적인 마음이 부정적인 성향이나 망상에 사로잡힌 마음을 바로잡는 수단이 될 수 있다는 것입니다. 따라서 두번째 전제는 당신이 교정 수단이 되는 마음을 더욱 키우고 그 힘을 강하게 할수록, 정신적 감정적인 고통을 덜 느끼고 부정적인 마음도 줄일 수 있다는 것입니다.

우리가 부정적인 마음을 물리치는 것에 대해 말할 때, 기억해야 할 것이 하나 있습니다. 불교의 수행에선 인내, 관용, 친절 같은 긍정적인 마음을 키우는 것이 분노, 증오, 애착 같은 부정적인 마음을 변화시키는 교정 수단이 될 수 있습니다. 사랑과 자비심 같은 교정 수단을 이용하면, 정신적 감정적인 고통을 크게 줄일 수 있습니다. 하지만 이런 교정 수단은 단지 특정한 감정이나 개인의 고통스런 감정만을 제거하려고 하기 때문에 어떤 의미에선 단지 부분적인 수단으로 보일 수도 있습니다. 고통을 주는 감정들, 이를테면 애착이나 증오는 궁극적으로 무지에 뿌리를 두고 있습니다. 무지란 현실의 진정한 성격에 대한 잘못된 인식을 말하는 것입니다. 따라서 불교의 모든 학파들이 합의하는 한 가지가 있습니다. 그것은 모든 부정적인 성향을 완전히 물리치려면 무지를 벗어야 한다는 것입니다.

그것은 바로 지혜입니다. 이것은 없어서는 안 되는 요소입니다. 지혜는 현상의 참된 본질을 들여다보는 눈을 뜻합니다.

불교는 특정한 마음 상태에 대한 특정한 교정 수단을 갖고 있습니다. 분노와 증오를 바로잡는 수단으로 인내와 관용을 이용하는 것처럼 말입니다. 뿐만 아니라 모든 부정적인 마음을 바로잡는 일반적인 교정 수단도 있습니다. 이를테면 현실의 궁극적인 본질에 대한 통찰력 같은 것입니다. 이것은 해로운 나무를 제거하는 것과 비슷합니다. 당신은 특정한 가지나 잎사귀를 잘라서 해로운 영향을 제거할 수도 있고, 또는 뿌리를 뽑음으로써 나무 전체를 없애버릴 수도 있습니다.

부정적인 마음을 없앨 수 있다는 이야기의 결론으로 달라이 라마는 말했다.

"세번째 전제는 마음의 본질이 순수하다는 것입니다. 그것은 우리 존재의 바탕이 되는 의식은 부정적인 감정에 더럽혀지기 않는다는 믿음입니다. 마음의 본성은 순수하고 투명한 빛과 같다고 말할 정도입니다. 또한 순수한 마음의 본성은 불성으로 불립니다. 따라서 부정적인 감정은 불성의 본질적인 부분이 아니기 때문에, 그것을 몰아내고 마음을 맑게 하는 일은 얼마든지 가능합니다.

따라서 이런 세 가지 전제를 근거로 해 불교는 마음의 고통과 감정의 고통을 궁극적으로 없앨 수 있다고 말하는 것입니다. 물론 그것은 의식적으로 사랑, 자비심, 용서 같은 긍정적인 힘을 키우고, 명상 같은 다양한 수행을 통해 이뤄지는 일입니다."

마음의 본바탕이 순수하며, 우리에겐 부정적인 생각들을 완전히 없애버릴 힘이 있다는 이야기는 전에도 그에게서 들은 적이 있었다. 그때 그는 마음을 흙탕물에 비교했었다. 고통스런 마음 상태는 진흙과 같은 불순물이며, 물의 순수한 본질이 드러나도록 그것을 제거할 수 있다는 것이었다.

이런 말들이 조금 추상적으로 느껴진 나는 좀더 실제적인 관심사로 옮겨가서 이렇게 말했다.

"누군가 부정적인 감정을 없앨 수 있다고 생각하고, 그런 방향으로 나아갈 수 있을 것입니다. 그러나 우리의 이야기를 통해 본다면, 그런 어두운 면을 없애기 위해선 엄청난 노력을 해야 할 것으로 생각됩니다. 이를테면 부지런히 배우고, 깊이 생각하고, 변화의 수단이 되는 것들을 계속 이용하고, 맹렬히 명상 수행을 해야 할 것입니다.

이런 방법은 많은 시간을 수행에 바칠 수 있는 수도승 같은 사람에겐 적합할지도 모릅니다. 하지만 가족이나 친구들과 함께 사는 일반인들은 이렇듯 강도 높은 방법을 실천할 시간이나 기회가 없을 텐데, 그러면 이들은 어떻게 해야 할까요? 이 사람들은 부정적인 감정을 완전히 제거하려고 노력하기보다는 단순히 고통을 주는 감정을 조절하고, 그런 감정과 함께 사는 법을 배우며, 적당히 대처하는 것이 더 낫지 않을까요? 이를테면 당뇨병 환자처럼 말입니다. 당뇨병 환자는 완전한 치료법은 갖고 있지 않지만, 식사를 통제하고 인슐린을 맞으면서 병을 조절하고, 질병의 증상과 후유증을 막을 수 있습니다."

달라이 라마가 흥분한 목소리로 말했다.

"네, 바로 그것입니다! 당신 말이 맞습니다. 부정적인 감정이 주는 영향을 줄이기 위해 우리가 할 수 있는 일이 아무리 작더라도 그것은 큰 도움이 될 수 있습니다. 그것은 분명히 사람이 더욱 행복하고 만족스런 삶을 사는 데 도움이 될 것입니다. 하지만 보통 사람도 높은 수준의 영적인 깨달음을 얻을 수 있습니다. 일을 하고, 가족이 있고, 배우자와 성적인 관계를 갖는 사람도 말입니다. 뿐만 아니라 인생의 뒤늦은 시기에 진지한 수행을 시작하는 사람들도 있습니다. 그들은 사오십대, 심지어 팔십대에 수행을 시작했지만 매우 높은 깨달음을 얻은 스승이 될 수 있었습니다."

내가 물었다.

"그렇게 높은 경지에 이른 사람들을 개인적으로 많이 만나보셨습니까?"

"그것은 판단하기가 정말 어려운 일이라고 생각합니다. 진정한 수행자라면 그런 걸 결코 드러내지 않을 테니까요."

달라이 라마는 웃음을 지었다.

　서양의 많은 사람들은 행복을 주는 원천으로 종교에 의지한다.
하지만 달라이 라마의 접근법은 믿음보다는 이성적인 생각과 마
음의 수행에 더욱 의지한다는 점에서 서양의 많은 종교와 근본적
으로 다르다. 어떤 관점에서 보면, 달라이 라마의 접근법은 마음
의 과학과 닮아 있다. 정신요법에서 쓰는 것과 같은 그런 접근법
이다.
　하지만 달라이 라마는 그 이상을 제시한다. 우리는 특정한 나쁜
습관, 예를 들어 음주, 흡연, 쉽게 화내는 성격 등을 없애기 위해
행동 치료 같은 정신요법을 이용한다는 말에는 익숙해 있다. 하지
만 모든 부정적인 감정과 마음에 대항하는 무기로서 사랑, 자비
심, 인내, 관용 같은 긍정적인 성질을 키운다는 말에는 익숙지 않
다. 행복에 이르기 위한 달라이 라마의 방법은 부정적인 정신 상
태는 우리 마음의 본질이 아니라는 혁명적인 생각에 기초를 두고
있다. 부정적인 정신은 마음의 자연스런 상태인 기쁨과 행복감을
표현하지 못하게 막는 일시적인 장애물일 뿐이라는 것이다.
　서양에서 정신요법의 전통 학파들 대부분은 사람의 전체적인
시각을 철저히 조사하기보다는 신경증을 조절하는 데 초점을 맞
추는 경향이 있다. 그들은 개인의 내력, 타인과의 관계, 꿈과 환상
을 포함한 일상적인 경험, 심지어 치료사와의 관계까지도 검토한
다. 그 이유는 환자의 내면적인 갈등과 무의식적인 동기, 그리고
환자의 문제나 불행의 원인이 될 수 있는 심리적인 요소들을 분석
하려고 하기 때문이다. 그들은 행복해지기 위해 직접 마음을 닦기

보다는 건전한 대처 전략, 병의 조절, 증상의 개선을 목표로 한다.

마음을 변화시키는 달라이 라마의 방법에서 가장 눈에 띄는 것 중 하나는 긍정적인 마음이 부정적인 마음을 바로잡는 직접적인 교정 수단이 될 수 있다는 생각이다. 현대 행동 과학에서 이것과 유사한 접근법을 살펴본다면, 인지 치료가 아마 가장 가까울 것이다. 이런 종류의 정신요법은 지난 수십 년 동안 점차 유행하기 시작하여 다양한 성격의 문제를 치료하는 데 매우 효과적이라는 것이 입증되었다. 특히 우울증과 불안 같은 심리 장애에 효과가 있었다.

앨버트 엘리스 박사와 아론 벡 박사 같은 정신요법의 전문가들이 발전시킨 현대의 인지 치료는 우리가 혼란스런 감정을 갖고 외부에 적응하지 못하는 이유는 왜곡된 생각과 비이성적인 믿음을 갖고 있기 때문이라고 본다. 인지 치료는 환자들의 왜곡된 생각을 체계적으로 확인하고, 조사하고, 수정하는 것을 돕는 데 초점을 둔다. 어느 의미에서 수정된 생각은 고통의 원인이 되는 왜곡된 사고 방식을 교정하는 수단이다.

어떤 사람이 누군가로부터 거절당해서 커다란 마음의 상처를 입었다고 하자. 인지 치료사들은 먼저 그 사람이 자기 마음에 있는 비이성적인 믿음을 확인하도록 도와준다. 예를 들어 이런 믿음이다. '난 인생의 어느 순간이라도 모든 중요한 사람들로부터 사랑받고 인정받아야 한다. 만일 그렇지 않다면, 그것은 비참한 일이고 난 아무 가치도 없게 될 것이다.' 치료사들은 그에게 이런 비현실적인 믿음을 반박하는 증거를 제시한다. 이런 접근법이 피상적으로 보이지만, 많은 연구가 이런 인지 치료의 효과를 입증하고 있다.

인지 치료사는 우울증을 일으키는 것은 환자의 부정적이고 자기 파괴적인 생각이라고 주장한다. 불교에서 고통을 주는 모든 감정이 왜곡되어 있다고 보는 것과 매우 비슷하게, 인지 치료사는 우울증을 일으키는 부정적인 생각이 '본질적으로 비틀어져 있다'고 본다. 우울증에 빠진 사람들은 어떤 사건을 극단적인 성공과 실패로 보는 등 지나친 일반화로 자신의 생각을 왜곡시킬 수 있다. 직장을 잃거나 어떤 과목에 낙제라도 하면, 자동적으로 '난 완전히 실패했어!'라고 생각하는 것이다. 또는 어떤 사건만을 선택적으로 인식함으로써 생각을 왜곡할 수 있다. 하루에 세 가지 좋은 일과 두 가지 나쁜 일이 일어났을 때, 우울증에 빠진 사람은 좋은 일은 무시하고 오직 나쁜 일에만 관심을 집중한다.

따라서 우울증을 치료하면서, 치료사들은 환자들이 저절로 부정적인 감정을 갖는 것을 스스로 통제하도록 돕는다. '난 완전히 쓸모없는 인간이야!'라고 생각하지 않도록 용기를 주는 것이다. 그리고 그런 생각을 반박하고 부인하는 정보와 증거를 제시해 왜곡된 생각을 석극석으로 고쳐준다. 예를 들어 '난 두 아이를 키우기 위해 누구보다 열심히 일했다' '난 노래에 재능이 있다' '난 다른 사람의 좋은 친구다' '난 어려운 일을 계속하고 있다' 등의 생각을 심어주는 것이다. 연구자들은 왜곡된 사고 방식 대신에 정확한 생각을 갖게 함으로써, 환자가 감정의 변화를 일으키고 기분이 나아질 수 있다는 것을 입증했다.

우리가 생각을 바꿈으로써 감정을 변화시키고 부정적인 생각들을 없앨 수 있다는 과학적인 사실은 달라이 라마의 사상을 뒷받침한다. 그의 가르침은 긍정적인 마음이라는 교정 수단을 이용해, 그것의 반대편에 있는 부정적인 마음을 바로잡을 수 있다는 것이다. 최근에는 새로운 생각을 발전시킴으로써 뇌의 구조와 기능을 변화시킬 수 있다는 과학적인 결과까지 나왔다. 달라이 라마의 믿음과 이런 과학적 증거가 합쳐질 때, 마음의 수행을 통해 행복에 이를 수 있다는 생각은 더욱 현실성을 가질 것이다.

13

생각의 반대편에 있는 것들

분노와 미움의 파괴적인 영향으로부터 보호받고 피난처를 얻을 수 있는
유일한 길은 타인에 대해 인내심과 관대한 마음을 갖는 것이다.

이제 우리의 행복을 방해하는 부정적인 마음과 그것을 없애는 방법에 관심을 돌려보자. 모든 부정적인 마음은 행복을 가로막는다. 하지만 우리는 분노에서부터 출발할 것이다. 그것이 가장 큰 장애물로 여겨지기 때문이다.

스토아 철학자 세네카는 분노를 '모든 감정 중에서도 가장 끔찍하고 광적인 감정'으로 묘사한다. 분노와 미움이 파괴적인 결과를 가져온다는 것은 최근의 과학적인 연구로도 충분히 밝혀졌다. 물론 분노의 감정 때문에 우리의 판단이 흐려지고 극도로 불편한 느낌을 갖게 되며, 인간 관계가 엉망이 될 수도 있다는 사실을 깨닫는 데 과학적인 증거가 꼭 필요한 것은 아니다. 개인적인 경험을 통해서도 그 사실을 충분히 알 수 있다.

하지만 최근에 분노와 적개심이 인체에 해로운 영향을 미친다는 과학적 결과가 쏟아져 나왔다. 수십 건에 이르는 연구 결과가 분노의 감정이 질병과 조기 사망의 중요한 원인임을 보여주었다. 듀크 대학의 레드포드 윌리엄스 박사와 스탠포드 대학의 로버트 사폴스키 박사 같은 연구자들은 분노와 미움이 특히 심장 혈관계에 해로운 영향을 미친다는 걸 밝혀냈다. 이처럼 적개심이 해로운 영향을 미친다는 증거가 점점 많아지고 있으며, 사실 현재 이런 감정이 심장병을 일으키는 중요한 위험 요소로 여겨지고 있다. 이런 감정은 높은 콜레스테롤이나 고혈압 같은 위험 요소와 적어도 비슷하거나, 오히려 높다고 생각된다.

따라서 일단 분노와 미움이 해롭다는 것을 인정한다면, 다음으로 우리는 이런 질문을 해야 할 것이다.

'그렇다면 우리는 어떻게 그런 감정을 극복할 것인가?'

정신과 상담자로 일하기 위해 치료 기관에 첫 출근하던 날, 나는 한 직원의 안내로 내 새 사무실을 구경하고 있었다. 그때 복도에 울려퍼지는 처절한 고함소리가 들렸다.

"난 화가 난다……."

"더 크게!"

"난 화가 난다!"

"더 크게 말해요! 내가 보고, 느낄 수 있게!"

"난 화가 난다! 난 화가 난다! 난 당신을 증오한다! 난 당신을 증오한다!"

정말 소름이 끼쳤다. 나는 직원에게 빨리 가봐야 할 문제가 생긴 것 같다고 말했다.

그러자 직원이 웃으며 말했다.

"걱정하지 말아요. 저쪽 방에서 집단 치료를 받고 있는 거예요. 환자가 자신의 분노를 마주 보도록 도와주는 겁니다."

그날 늦게 나는 바로 그 환자와 상담을 했다. 그녀는 가슴이 후련한 것처럼 보였다.

그녀가 말했다.

"마음이 너무 편해요. 치료가 정말 효과가 있었나 봐요. 내 모든 분노가 몸 밖으로 빠져나간 느낌이에요."

하지만 다음 날 두번째 상담에서 그 환자는 말했다.

"어쩐지 내 분노를 모두 내보내지 못한 것 같아요. 어제 치료를 받고 이곳의 주차장을 막 빠져나가는데, 어떤 멍청이가 내 앞에 갑자기 끼어들었어요. 그러자 화가 다시 치밀어올랐어요! 그리고 집으로 가는 동안 그 멍청이를 저주하는 말을 계속 중얼거렸어요. 내 안에 남아 있는 분노를 내보내기 위해 좀더 치료를 받아야 할 것 같아요."

분노와 미움을 물리치는 방법을 설명하면서, 달라이 라마는 먼저 이와 같은 파괴적인 감정의 성격을 살피기 시작했다.

"일반적으로 고통을 주는 감정, 즉 부정적인 감정에도 여러 종류가 있습니다. 자만심, 거만함, 시기심, 질투, 성욕, 배타적인 마음 같은 것이지요. 하지만 이 모든 것 중에서도 가장 나쁜 감정은 미움과 분노입니다. 왜냐하면 이 감정들은 자비심과 이타적인 마음을 갖는 데 가장 큰 장애물이 되고, 인간의 가치와 마음의 평화를 파괴하기 때문입니다.

먼저 분노를 생각해보면, 분노에도 두 종류가 있을 수 있습니다. 첫번째 분노는 긍정적일 가능성이 있습니다. 그것은 분노를 가진 사람의 동기 때문입니다. 인간은 자비심과 책임감 때문에 분노할 수 있습니다. 자비심이 동기가 되어 분노가 일어나는 경우에, 그것은 긍정적인 행동을 위한 자극이나 계기가 될 수 있습니다. 이런 상황에서 분노와 같은 감정은 재빨리 행동하게 만드는 힘으로 작용할 수 있습니다. 사람이 빠르고 단호하게 행동하게 하는 힘을 만들어내는 것입니다. 또한 이것은 사람을 강하게 자극하는 원인이 될 수 있습니다. 따라서 이따금 이런 종류의 분노는 긍정적일 수 있습니다. 하지만 이런 식의 분노가 사람을 보호하고 더 큰 힘을 준지라도, 그 힘 여시 맹목적일 수가 있습니다. 따라서 이렇게 분노를 터뜨려서 생기는 결과가 건설적일지 파괴적일지는 불확실합니다.

따라서 분노가 긍정적인 역할을 하는 상황이 아주 가끔 있을 수는 있지만, 대개 분노는 나쁜 감정과 미움으로 발전합니다. 그리고 미움 자체만 볼 때, 그것은 결코 긍정적이지 않습니다. 그것이 도움이 되는 경우는 전혀 없습니다. 그것은 언제나 예외 없이 부정적입니다. 우리가 단순히 억누른다고 해서 분노와 미움을 사라지게 할 순 없습니다. 우리는 미움에 대한 교정 수단을 적극적으로 키워야 합니다. 그것이 바로 인내심과 관대한 마음입니다.

우리가 앞서 말한 대로 인내심과 관대한 마음을 키우는 데 성공하려면, 그것을 얻으려는 강한 열망을 가질 필요가 있습니다. 열망이 강할수록 그 과정에서 마주치는 시련을 잘 견딜 수 있습니다. 인내심과 관대한 마음을 얻기 위한 수행을 할 때, 그것은 실제로 미움과 분노에 대항해 전투를 벌이는 것입니다. 이것은 전투 상황이기 때문에 당연히 당신은 승리를 바라겠지만, 다른 한편으론 전투에서 패할 가능성에 대비해야 합니다. 따라서 전투를 벌이는 동안 많은 문제에 부딪치게 되리라는 걸 잊지 말아야 합니다. 당신은 그런 시련을 견딜 만한 능력을 갖고 있어야 합니다. 그렇듯 힘겨운 과정을 거쳐 미움과 분노에 대항해 마침내 승리를 거둔 사람이 진정한 영웅입니다.

이와 같은 생각을 마음에 간직할 때, 우리는 강한 열망을 가질 수 있습니다. 열망은 관용과 인내가 주는 유익한 영향과, 분노와 증오심이 주는 파괴적이고 부정적인 영향에 대해 배우고 명상할 때 생겨납니다. 그리고 바로 이런 행동, 즉 본질에 대한 깨달음을 통해 당신은 관용과 인내심에 친근감을 느끼고, 분노와 증오심에 대해선 더욱 조심하고 경계할 것입니다.

우리는 흔히 분노나 미움에 대해 크게 신경쓰지 않으며, 그런 감정을 그대로 받아들입니다. 하지만 일단 그런 감정에 대해 조심하는 태도를 서서히 갖게 되면, 그렇게 꺼리는 태도 자체가 분노나 증오심을 예방하는 수단이 될 수 있습니다.

미움이 파괴적인 결과를 가져온다는 것은 바로 눈으로 확인할 수 있습니다. 당신 내면에서 강한 미움이 생기는 순간, 그것은 완전히 당신을 짓누르고 마음의 평화를 깨뜨립니다. 당신의 평온했던 마음은 온데간데없이 사라집니다. 이렇듯 강한 분노와 미움이 생길 때, 그것은 인간의 지능이 갖고 있는 가장 훌륭한 능력을 마비시킵니다. 옳고 그름을 판단하고, 당신 행동이 가져올 결과를 판단하는 능력이 사라지는 것입니다. 당신의 판단력은 완전히 멈춰버려서 더 이상 기능할 수가 없습니다. 그것은 미쳐버리는 상황과 거의 비슷합니다. 그러므로 분노와 미움은 당신을 혼란스런 상태로 몰아가며, 당신이 가진 문제와 어려움을 더욱 악화시킬 뿐입니다.

미움은 심지어 몸에도 영향을 미쳐서, 사람의 모습을 험악하고 불쾌하게 바꿔놓습니다. 분노와 미움을 강하게 느끼는 순간 화가 난 사람은 품위를 잃지 않으려고 노력하지만, 일그러지고 험악해진 표정을 도저히 감출 길이 없습니다. 미움을 품은 사람은 매우 불쾌한 표정으로 적개심을 드러냅니다. 다른 사람들도 그것을 쉽게 눈치챌 수 있습니다. 그것은 마치 그 사람의 몸에서 증기가 피어오르는 것과 같습니다. 이런 상황에선 사람만이 그것을 느끼는 것이 아니라, 동물까지도 눈치를 채고 그 사람을 피하려고 할 것입니다. 또한 어떤 사람이 증오심을 마음에 품고 있을 때, 그런 감정은 마음에 점점 쌓이기 쉽습니다. 그러면 그는 식욕을 잃고, 잠도 못 자고, 더욱 긴장하고 불안해집니다.

이런 까닭에 미움은 적으로 비유될 수 있습니다. 그러나 이 내부의 적은 우리를 해치는 것 말고는 아무 일도 하지 않습니다. 미움은 우리의 진정한 적이자, 최종적인 적입니다. 미움은 우리를 파괴하는 것 외에는 다른 역할이 없습니다. 그것은 지금 당장 피해를 줄 뿐 아니라 먼 훗날까지도 피해를 미칩니다. 미움은 일반적인 적과는 아주 다릅니다. 우리가 적으로 간주하는 사람은 우리에게 해를 주는 행동을 하지만, 그밖에 다른 활동도 합니다. 그는 음식을 먹고 잠을 잡니다. 따라서 그는 다른 일도 많이 해야 하므로, 하루 24시간을 우리를 해치는 일에 바칠 순 없습니다. 반면에 미움은 우리를 해치는 것 말고는 다른 일을 하지 않고, 다른 목적도 없습니다. 따라서 우리는 이 점을 깨닫고 마음속에서 미움이라는 적이 생겨날 기회를 절대로 주어선 안 된다고 스스로 결심해야 합니다."

내가 물었다.

"분노에 대처하는 방법으로 서양의 일부 정신요법에선 분노를 표현할 것을 권하는데, 그것에 대해선 어떻게 생각하십니까?"

달라이 라마가 말했다.

"우린 서로 다른 상황이 있을 수 있음을 이해해야 합니다. 어떤 사람들은 과거에 학대받은 일 때문에 강렬한 분노와 상처를 마음에 간직하고 있으면서, 그 감정을 계속 억누릅니다. 티벳엔 이런 말이 있지요. 소라 껍데기 안에 병이 나면, 소라를 불어서 깨끗이 할 수 있다는 겁니다. 다시 말해 뭔가가 소라 껍질을 막고 있다면, 단지 그것을 불어서 깨끗이 할 수 있다는 것입니다. 마찬가지로 어떤 감정이나 분노가 자신을 억누르고 있을 때 그것을 드러내 표현하는 것이 좋은 결과를 가져올 수 있습니다.

하지만 일반적으로 분노와 미움은 자제하지 않고 내버려두면 악화되고 계속 커지기 쉬운 성질을 갖고 있습니다. 당신이 그런 감정이 생기는 것에 점점 익숙해지고 계속 그것을 표현한다면, 그런 감정은 줄어드는 것이 아니라 더욱 커집니다. 따라서 이런 감정을 경계하는 자세를 갖고 그 힘을 줄이려고 적극적으로 노력할수록, 더 좋은 결과가 얻어진다고 난 생각합니다."

내가 물었다.

"분노를 표현하고 발산하는 것이 좋지 않다면, 어떤 해결 방법이 있을까요?"

"무엇보다도 분노와 미움은 불만스런 마음을 갖고서 괴로워하는 가운데 생겨납니다. 따라서 내면에 만족을 느끼고, 친절한 마음과 자비심을 키우기 위해 꾸준히 노력함으로써 당신은 미리 그 상황에 대비할 수 있습니다. 그런 노력은 마음의 평화를 가져와 당신이 순식간에 분노를 터뜨리는 것을 막아줄 수 있습니다. 그리고 당신을 화나게 만드는 상황이 생길 때, 당신은 분노를 직접 마주하고 그것에 대해 명상해야 합니다. 어떤 것 때문에 분노나 미워하는 마음을 품게 되었는지 따져봐야 합니다. 깊이 살펴본 뒤 그렇게 분노를 터뜨리는 것이 적절한 반응인지, 특히 그런 분노가 좋은 것인지 파괴적인지 살펴봐야 합니다. 그리고 내면에서 자제력을 가지려고 노력하면서, 교정 수단을 이용해 그런 감정에 적극적으로 싸워나가야 합니다. 다시 말해 인내와 관용의 정신으로 그 부정적인 감정에 맞서야 하는 것입니다."

달라이 라마는 잠시 숨을 돌리고 나서, 늘 그렇듯이 실용적인 자세로 이렇게 덧붙였다.

"물론 처음엔 아무리 노력해도 여전히 분노와 미움을 느끼게 될 것입니다. 그런 경험에도 여러 수준이 있습니다. 가볍게 화가 난다면, 당신은 그 순간에 그것과 직접 대결해 전투를 벌일 수 있습니다. 하지만 부정적인 감정이 아주 강하게 솟구친다면, 그것에 도전하거나 맞서기가 매우 어려울 것입니다. 그런 경우엔 곧바로 그 일에 대해 잊으려고 노력하는 것이 최선일 것입니다. 무엇인가 다른 것을 생각하는 겁니다. 마음이 조금 진정된다면, 그때야 비로소 당신은 명상할 수 있습니다. 자신이 분노한 원인을 생각하는 것입니다."

간단히 말해 그는 시간을 벌라고 말하는 듯했다. 그의 말은 계속됐다.

"분노와 미움을 없애려고 할 경우, 반드시 인내심과 관대한 마음을 키우려고 의식적으로 노력해야 합니다. 당신은 인내와 관용의 가치와 중요성을 다음과 같은 관점에서 생각해볼 수 있을 것입니다. 분노와 미움이 가져오는 파괴적인 영향은 돈으로도 막을 수 없습니다. 당신이 백만장자라 할지라도, 분노와 증오심의 파괴적인 영향에는 굴복할 수밖에 없습니다. 교육을 많이 받는다고 해서 그런 영향에서 벗어날 수 있다는 보장도 없습니다. 법 또한 당신에게 어떤 보호나 보장도 해줄 수 없습니다. 핵무기를 비롯해 아무리 정교한 방어 체계라도 그런 영향으로부터 당신을 보호할 수 없습니다⋯⋯."

달라이 라마는 잠시 말을 멈췄다가, 분명하고 단호한 목소리로 결론을 내렸다.

"분노와 미움의 파괴적인 영향으로부터 보호받고 피난처를 얻을 수 있는 유일한 길은 인내심과 관대한 마음을 갖는 것뿐입니다."

달라이 라마의 지혜는 다시 한 번 과학이 내놓는 결과와 완전히 일치하고 있다. 알라바마 대학의 돌프 질만 박사가 실험을 통해 증명한 것에 따르면, 분노에 찬 생각을 가지면 심리적으로 각성 상태가 되어 화를 쉽게 낸다고 한다. 이렇게 분노가 분노를 낳고, 심리적 각성 상태가 심해질수록 화를 낼 만한 자극을 조금만 받아도 우리는 쉽게 화를 내게 된다.

만일 분노를 억제하지 않고 놔둔다면 분노는 더욱 커지기 쉽다. 그렇다면 우리는 어떻게 분노를 누그러뜨릴 수 있을까? 달라이 라마가 지적했듯이 격렬하게 분노를 발산하는 것은 아주 제한된 효과만을 줄 뿐이다. 카타르시스에 이르는 수단으로 분노를 발산하는 치료법은 프로이드의 감정 이론에서 시작된 듯하다. 그는 감정이 수압처럼 작용한다고 보았다. 다시 말해 압력이 생기면 그것을 배출해야 한다는 것이다. 분노를 발산함으로써 분노를 없앤다는 생각은 다소 극적인 호소력을 갖고 있으며, 어떤 면에선 재미있게 들리기도 한다. 문제는 이 방법이 효과가 없다는 것이다.

지난 40년에 걸친 수많은 연구가 일관되게 밝힌 바에 따르면, 분노를 말이나 몸으로 표현하는 것은 분노를 없애는 데 아무 도움이 안 되며 단지 문제를 악화시킬 뿐이라는 것이다. 메릴랜드 대학의 심리학자이자 분노 연구자인 아론 지그만 박사는, 반복해서 격렬한 분노를 표현하면 내면의 각성 체계가 자극을 받고, 동맥에 해를 입기 쉬운 생화학적 반응이 일어난다고 보고 있다.

분노를 발산하는 것이 해답이 아니라는 것이 분명하다면, 분노를 무시하거나 그것이 없는 것처럼 가장하는 것도 답이 아니다. 앞서 이야기했듯이, 문제를 피한다고 문제가 사라지는 것은 아니기 때문이다.

그렇다면 가장 좋은 방법은 무엇인가? 흥미롭게도 질만 박사와 윌리엄 박사 같은 현대의 분노 연구가들은 달라이 라마의 방법 같은 것이 가장 효과가 있다는 데 의견을 같이 한다. 분노가 가져오는 문제점에 대해 깨닫고 나면 처음부터 분노가 일어날 가능성이 줄어들기 때문에, 해결의 첫번째 단계는 예방이다.

달라이 라마가 말하듯 점차로 내면의 만족과 마음의 평화를 키워가는 것이 분명히 도움이 될 수 있다. 또한 분노가 일어날 때 적극 대처하고, 이성적으로 따져보고, 분노를 일으키는 생각을 되돌아보는 것이 분노를 없애는 데 도움이 된다는 연구 결과가 있다. 또한 우리가 앞에서 말한 방법, 이를테면 시각을 바꾸거나 하나의 상황을 다른 시각에서 바라보는 것도 큰 효과가 있음을 보여주는 실험 결과도 있다. 물론 이런 방법들은 화가 심하게 나지 않았을 때 쓰기 쉽다. 따라서 분노와 미움이 치솟기 전에 일찍이 대비하는 것이 중요하다.

분노와 미움을 물리치는 데 인내와 관용이 매우 중요하기 때문에 달라이 라마는 그것에 대해 좀더 자세히 이야기했다.

"삶의 경험에 비추어 생각할 때, 인내심과 관대한 마음은 우리에게 큰 혜택을 줍니다. 예를 들어 그런 마음을 많이 가지면, 우리는 마음의 평화를 유지할 수 있습니다. 따라서 어떤 사람이 인내하고 관용을 베푸는 능력을 갖고 있다면, 미쳐버릴 정도로 스트레스를 주는 극단적인 환경에서 살지라도 그의 마음의 평화는 쉽게 깨어지지 않을 것입니다.

어려운 상황을 맞아 분노의 감정에 굴복하는 대신 인내심을 갖고 반응할 때 또 하나의 이익이 있습니다. 그것은 화를 내며 반응함으로써 일어나는 바람직하지 않은 결과로부터 스스로를 보호할 수 있다는 것입니다. 당신이 분노와 미움을 갖고서 상황에 반응한다면, 그런 반응은 이미 당신이 받은 상처로부터 당신을 보호하지 못합니다. 왜냐하면 당신에게 상처를 준 일은 이미 일어났기 때문입니다. 더욱 중요한 것은 그런 반응을 통해 미래에 고통을 줄 또하나의 원인을 만들어놓는다는 것입니다.

하지만 상처를 준 일에 대해 인내심과 관대한 마음을 갖고 반응한다면, 잠시 마음이 불편하고 상처를 입을지는 모르지만 멀리 내다볼 때 위험한 결과가 생길 가능성을 피할 수 있을 것입니다. 작은 것을 희생함으로써, 다시 말해 작은 문제나 고난을 견딤으로써 당신은 미래에 더욱 크게 다가올 수 있는 고통을 겪지 않을 것입니다. 만일 사형을 선고 받은 죄인이 팔을 자르는 형벌을 받음으로써 자신의 생명을 구할 수 있다면, 죄인은 그런 기회를 얻은 것에 감사하지 않을까요? 팔이 잘리는 고통을 참아냄으로써, 죄인은 더 고통스런 죽음으로부터 자신을 구하려고 할 것입니다."

내가 말했다.

"서양인의 눈으로 보더라도 인내와 관용은 분명히 미덕으로 생각됩니다. 하지만 사람들이 직접 당신을 괴롭힐 때, 즉 누군가 당신을 잔인하게 해치려고 할 때, 인내심을 갖고 너그럽게 반응하는 것은 나약하고 수동적인 행동처럼 여겨지지 않을까요?"

내 말에 수긍하지 않는 표시로 고개를 가로저으며, 달라이 라마는 말했다.

"인내와 관용의 정신은 한결같은 마음을 갖는 능력과 불리한 상황을 만나도 그것에 압도당하지 않는 능력에서 생기는 정신입니다. 따라서 그것을 나약하거나 굴복의 표시로 여겨선 안 됩니다. 오히려 그것은 흔들림 없는 마음을 지키는 강한 능력에서 비롯된 강인함의 표시로 봐야 합니다. 어려운 상황에 분노와 미움을 갖고 대응하는 대신 인내와 관대한 마음으로 반응하려면 강한 자제력이 필요합니다. 그리고 이런 자제력은 강인하고 절제된 마음에서 나옵니다.

물론 조급한 마음이 언제나 나쁜 것은 아닙니다. 조급한 마음은 당신이 행동에 옮겨 무엇인가를 하게 하는 데 도움을 줍니다. 방을 치우는 일상적인 일에서조차 인내심을 발휘해 몸을 천천히 움직인다면 거의 일을 하지 못할 것입니다. 또한 세계 평화를 하루라도 빨리 이루려는 조급함은 분명히 긍정적입니다. 하지만 어렵고 도전적인 상황에서는 인내심이 당신에게 의지력과 버틸 수 있는 힘을 줄 것입니다."

인내의 의미에 대해 더욱 깊이 들어가면서, 달라이 라마는 점점 활기를 띠며 이야기했다. 그는 계속해서 말했다.

"겸허한 마음은 인내와 아주 가까운 관계에 있다고 생각합니다. 겸허함은 저항할 능력이 있고 원하기만 하면 복수할 능력을 갖고 있지만, 그렇게 하지 않기로 신중하게 결심하는 것입니다. 바로 이것이 내가 진정한 겸허함이라 부르는 것입니다. 자제력이란 다르게 행동할 수 있지만, 다시 말해 더욱 공격적인 방법을 쓸 수 있지만 그렇게 하지 않기로 결심하는 것입니다.

반면에 무기력하고 무능력한 느낌으로 할 수 없이 수동적으로 대응할 수도 있습니다. 하지만 난 이것을 진정한 겸허함이라 말할 수 없습니다. 그것은 나약한 마음이지 너그러움이 아닙니다. 우리를 해치는 사람들에게 관대한 마음을 갖는 것에 대해 이야기할 때, 우리는 그것을 어떤 일을 당하든 착하게 받아들여야 한다는 의미로 오해해선 안 됩니다."

달라이 라마는 잠시 말을 멈추더니, 웃으며 말했다.

"하지만 가장 현명하고 올바른 방법은 우리를 해치려는 사람으로부터 도망치는 것일지도 모릅니다. 멀리 멀리 도망가는 거지요!"

"도망간다고 해서 늘 해를 입지 않을 순 없을 텐데요……."

그가 말했다.

"맞습니다. 때론 강력한 대응이 필요한 상황을 만날 수도 있습니다. 하지만 그 사람에게 분노를 느껴서가 아니라 관심과 자비심을 갖고 있기 때문에 강력한 입장에서 대응할 수도 있다고 난 생각합니다. 그 사람에게 아주 강력한 대응 수단을 써야 하는 이유 중 하나는, 당신이 어떤 피해를 당하든지 그것을 그대로 받아들인다면 그가 습관적으로 부정적인 행동을 할 위험이 있기 때문입니다. 그것은 사실 그 사람을 타락시키고, 멀리 내다보더라도 그에게 좋지 않은 영향을 줄 것입니다. 따라서 강력한 대응 수단이 필요한데, 그렇다 하더라도 당신은 그 사람에게 관심과 자비심을 갖고서 그 일을 할 수 있습니다. 예를 들어 우리가 중국에 대응하는 것을 생각할 때, 중국에 대해 증오심 같은 것이 생길지라도 우리는 신중하게 스스로를 억제하고 그런 감정을 줄이려고 합니다. 그리고 의식적으로 중국인들에 대해 자비심을 가지려고 노력합니다. 분노와 증오심을 갖지 않고 대응하는 방법이 궁극적으론 더욱 효과적일 수 있다고 난 생각합니다.

당신이 과거에 좋지 않은 일을 많이 겪었다 할지라도 인내심과 관대한 마음을 키우면, 들끓는 분노를 떨쳐버릴 수 있습니다. 상황을 잘 살펴본다면, 당신은 과거의 일은 과거의 일이고 분노와 미움을 아무리 갖고 있어도 전혀 소용이 없다는 걸 깨달을 것입니다. 그런 감정은 상황을 바꿔놓지 못하며, 단지 당신의 마음을 혼란스럽게 만들고 끊임없이 불행하게 만들 뿐입니다. 물론 당신은 그 일들을 계속 기억할 수 있습니다. 잊는 것과 용서하는 것은 다른 일이니까요. 좋지 않았던 일들을 단순히 기억하는 것은 잘못된 일이 아닙니다. 만일 당신이 예민한 마음의 소유자라면 당신은 언제나 그 일을 기억하겠죠."

그는 크게 웃고 나서 다시 말했다.

"난 부처님께서 모든 걸 기억하셨다고 생각합니다. 하지만 인내심과 관대한 마음을 가진다면, 그 일에 관한 나쁜 느낌을 버릴 수가 있습니다."

여러 차례에 걸친 대화 속에서 달라이 라마가 분노와 미움을 버리기 위한 가장 주요한 수단으로 이야기한 것이 있었다. 그것은 분노의 원인을 이해하기 위해 명상을 하고, 분노에 대한 이해를 통해 그토록 해로운 마음 상태와 전투를 벌이는 것이었다.

어떤 의미에서 이런 접근법은 논리를 이용해서 분노와 미움을 무력하게 만들고, 인내와 관용이라는 교정 수단을 키우는 것으로 볼 수 있다. 하지만 그것이 달라이 라마가 내놓는 유일한 방법은 아니었다. 그는 대중 강연을 통해 분노하는 마음을 버릴 수 있는 단순하지만 효과적인 명상법 두 가지를 가르쳐주면서 자신의 방법을 보충했다.

분노에 대한 명상 ─ 첫번째

"자신과 가까이 지내는 소중한 사람이 심하게 화를 내는 상황을 상상해보십시오. 다른 사람과의 관계가 나빠졌거나 개인적으로 화를 낼 만한 일이 있어서, 그런 일이 일어났다고 당신은 상상할 수 있습니다. 그 사람은 너무 화가 나서 마음의 평정을 완전히 잃고, 매우 부정적인 생각에 빠져 심지어 자해를 하거나 물건을 부수기까지 합니다.

그러면 이제 그 사람이 분노를 터뜨리는 순간 곧바로 일어나는 결과에 대해 생각해봅시다. 당신은 그 사람의 몸에 변화가 일어난 것을 알 수 있습니다. 당신이 친근감을 느끼며 좋아했고, 과거에 당신에게 기쁨을 주었던 그 사람의 모습이 지금 보기 흉하게 변해 있습니다. 그는 자신의 감정을 몸으로 드러내고 있는 것입니다.

내가 이런 일이 다른 사람에게 일어나는 상상을 하라고 말한 데는 이유가 있습니다. 그것은 자신의 결점보다 다른 사람의 결점을 더 쉽게 볼 수 있기 때문입니다. 따라서 상상력을 이용해 이 명상을 하면서 몇 분 동안 그 상황을 마음속으로 그려보십시오.

이렇게 상상을 하고 난 뒤 그 상황을 당신의 경험과 연결시키십시오. 당신이 지금까지 이런 상태에 자주 있었다는 것을 깨달으십시오. 다시는 이렇듯 강렬한 분노와 미움에 지배 받지 않겠다고 결심하십시오. 왜냐하면 나 또한 그렇게 행동한다면 내가 상상했던 사람과 똑같은 상황에 놓일 것이기 때문입니다. 마음의 평화를 잃고, 침착성을 잃고, 흉한 모습을 보여줄 것입니다. 일단 이런 결심을 하고 나면, 명상의 마지막 몇 분 동안 그 결론에 마음을 집중하십시오. 그리고 더 이상 분석하지 말고, 단순히 분노와 미움에 영향을 받지 않겠다고 계속 마음속으로 결심하십시오."

분노에 대한 명상 — 두번째

"마음속에 그리는 방법으로 또다른 명상을 해봅시다. 먼저 당신이 싫어하는 사람, 당신을 괴롭히고, 당신에게 골치아픈 문제를 많이 던져주고, 당신을 짜증나게 하는 사람을 마음속에 그려보십시오. 그리고 나서 그 사람이 당신의 화를 돋구거나 당신을 불쾌하고 짜증나게 하는 행동을 한다고 상상하십시오. 그리고 상상 속에서 이런 광경을 보면서, 당신 자신이 자연스럽게 반응하게 하십시오. 그냥 자연스럽게 마음이 흘러가게 두는 것입니다. 다음으로 당신이 어떻게 느끼는지, 그 일이 당신의 심장 박동수를 높이는지 등을 살펴보십시오. 당신이 편안해하는지 불편해하는지 판단하십시오. 곧바로 더욱 평화로운 마음이 되는지, 아니면 점점 불편한 느낌이 드는지 살펴보십시오. 스스로를 지켜보십시오. 대략 3, 4분 동안 지켜본 뒤 '그래, 화를 내봤자 아무 소용 없어. 곧바로 마음의 평화를 잃을 뿐이야'라는 생각이 든다면, 스스로에게 이렇게 말하십시오. '앞으로 다신 그렇게 하지 않을 거야.' 이런 결심을 더욱 굳게 다지십시오. 수행의 마지막 몇 분 동안 오로지 그런 결론 또는 결심에만 마음을 집중하십시오. 이상이 명상을 하는 방법입니다."

달라이 라마는 잠시 말을 멈추고 강당 안에서 명상을 하려고 준비하는 진지한 표정의 청중들을 둘러보았다. 그리고 나서 웃으며 말했다.

"내가 다른 사람의 마음을 읽을 수 있는 능력을 갖고 있다면, 지금 이곳에서 굉장한 일이 벌어지는 걸 볼 수 있을 겁니다!"

청중 속에서 잠시 웃음의 물결이 일어났지만, 사람들이 명상을 시작하면서 술렁임은 곧 잦아들었다. 청중들은 진지하게 자신의 분노와 대결을 벌이기 시작했다.

14

두려움으로부터의 자유

삶에 대한 대부분의 두려움들은 우리의 생각이 만들어낸 것들이다.
그런 두려움들은 단지 우리의 생각 속에만 있는 것들이다.

평생 동안 적어도 미국인 네 명 중 한 명이 심리 불안 장애로 진단받을 만큼 많은 사람들이 심각한 불안과 걱정 때문에 고통을 겪으며 살아가고 있다. 하지만 병적이거나 무기력할 정도의 불안으로 고통받지 않는 사람들도 한두 번쯤은 지나친 걱정과 불안을 경험할 것이다. 이런 불안은 좋은 점을 전혀 갖고 있지 않으며, 단지 사람들의 행복을 방해하고 목표를 이룰 수 있는 인간의 능력을 해칠 뿐이다.

인간의 두뇌는 두려움과 걱정을 기록하는 정교한 시스템을 갖추고 있다. 이런 시스템은 중요한 일을 한다. 우리가 위험에 처했을 때, 생화학적이고 생리적인 과정을 일으켜 신속하게 위험에 대응하게 만드는 것이다. 걱정은 우리를 상황에 대처하게 만드는 역할도 하기 때문에, 우리는 위험을 예상하고 예방 조치를 취할 수 있다. 따라서 어떤 종류의 두려움과 어느 정도의 걱정은 건강한 것으로 볼 수 있다.

하지만 두려움과 불안감은 계속될 수 있으며, 심지어 실제 위협이 없는데도 점점 커질 수 있다. 이렇게 불안감이 실제 위험과 비례하지 않고 계속 커질 때, 그것은 우리가 상황에 대처하는 데 아무 도움이 안 된다. 지나친 불안과 걱정은 분노와 미움처럼 몸과 마음을 파괴하며, 감정적인 고통을 주는 것은 물론 질병의 원인이 될 수도 있다.

주기적으로 불안을 느끼면 정신은 판단력이 흐려지고, 점점 초조해지고, 제대로 행동할 수가 없다. 불안은 또한 면역 기능을 떨어뜨리고 심장 질환, 위장 장애, 피곤, 그리고 근육의 긴장과 통증 같은 신체의 문제를 일으킬 수도 있다. 심지어 계속되는 불안은 사춘기 소녀들의 성장을 방해한다는 것이 밝혀졌다.

달라이 라마가 지적하듯이 불안에 대처하는 방법을 찾으면서 우리는 먼저 우리를 불안하게 만드는 많은 원인들이 있음을 깨달아야 한다. 어떤 경우에는 생리적 원인이 강하게 작용해서 불안감을 느낄 수도 있다. 일부 사람들은 걱정과 불안에 적절히 대응하지 못하는 신경계를 갖고 있는 듯하다. 과학자들은 최근에 불안감과 부정적인 생각에 쉽게 빠지는 사람들과 관련이 있는 유전자를 발견했다. 하지만 지나친 걱정의 대부분이 유전적인 원인에서 비롯된 것은 아니다. 학습과 환경이 이런 질병을 일으키는 데 중요한 역할을 한다는 것은 의심할 여지가 없다.

불안감이 생기는 중요한 원인이 신체에 있든 마음에 있든 상관없이, 한 가지 반가운 소식은 우리가 그것을 치료하기 위해 무엇인가 할 수 있다는 것이다. 불안이 극심한 경우엔 약을 먹는 것도 좋은 방법이 될 수 있다. 하지만 계속되는 걱정과 불안에 시달리는 대부분의 사람들에게 약물 치료 방법이 도움이 된다고 말할 순 없을 것이다. 불안을 치료하는 분야의 전문가들은 다양한 접근 방법이 최선이라고 생각한다. 이런 방법들 속에는 환자에게 불안감을 준다고 생각되는 의학적인 치료법은 들어가지 않는다. 적절한 음식과 운동을 통해 건강을 유지하는 것도 도움이 될 것이다. 그리고 달라이 라마가 강조한 것처럼, 자비심을 키우고 사람들과 친밀한 관계를 갖는 것은 청신을 건강하게 만들어서, 불안감과 싸우는 데 도움을 줄 수 있다.

하지만 불안한 마음을 이기는 구체적인 방법을 찾는다면, 특히 효과가 좋은 방법이 한 가지 있다. 그것은 이해를 통해 접근하는 방법이다. 이것은 매일매일의 걱정과 불안을 극복하기 위해 달라이 라마가 전하는 중요한 방법 중 하나다. 그것은 분노와 미움에 대처하며 이용했던 과정을 똑같이 써서, 불안을 일으키는 생각에 적극적으로 도전하고, 불안감을 충분한 근거가 있는 긍정적인 생각과 태도로 바꾸는 방법이다.

서양 문화 속에는 불안감이 널리 퍼져 있기 때문에 나는 달라이 라마에게 이 문제를 꺼내서 그가 심리적인 불안에 어떻게 대처하는지 무척 알고 싶었다. 그날따라 달라이 라마의 일정은 빈틈없이 잡혀 있었고, 인터뷰를 하기 직전에 대화를 짧게 끝내야 할 거라는 비서의 말을 들으면서 나는 점점 불안하고 초조해졌다. 내가 토론하고픈 주제를 모두 얘기할 수 없을 것 같아서 시간에 쫓기는 느낌으로 나는 서둘러 자리에 앉았다. 그리고 하던 습관대로 달라이 라마로부터 간단한 대답을 이끌어내려고 하면서 이야기를 시작했다.

"아시겠지만 두려움과 불안은 우리가 목표를 이루는 데 중요한 장애물이 될 수 있습니다. 그것이 외부에 있는 목표든 내면의 성장을 위한 목표든 상관없이 말입니다. 정신 의학에는 이런 감정을 다루는 여러 가지 방법이 있습니다. 당신은 두려움과 불안을 이기는 최선의 방법이 무엇이라고 생각하십니까?"

아주 간단히 대답해달라는 부탁에도 불구하고, 달라이 라마는 특유의 꼼꼼한 접근 방법으로 대답했다.

"두려움에 대처할 때, 우리는 먼저 서로 다른 종류의 두려움이 있음을 깨달아야 합니다. 어떤 두려움은 진정한 것으로, 정당한 근거를 갖고 있습니다. 폭력에 대한 두려움이나 피에 대한 공포 같은 것이 그것입니다. 우리는 그런 것들이 아주 나쁘다는 걸 알 수 있습니다. 그리고 우리의 부정적인 행동이 가져올 미래의 결과에 대한 두려움, 고통에 대한 두려움, 미움 같은 부정적인 감정에 대한 두려움도 있습니다. 이런 것들은 올바른 두려움이라고 난 생각합니다. 이런 종류의 두려움은 우리를 올바른 길로 인도하고 더욱 따뜻한 인간이 될 수 있게 합니다."

그는 말을 멈추고 잠시 생각에 잠겼다. 이윽고 그가 다시 입을 열었다.

"이런 감정들을 두려움이라고 말할 순 있겠지만, 두려움을 느끼는 것과 폭력과 피 같은 것의 파괴적인 성격을 아는 것과는 조금 다를 것입니다……."

달라이 라마는 다시 말을 멈추고, 깊은 생각에 잠기는 듯했다. 나는 그 사이에 손목시계를 살짝 훔쳐보았다. 분명히 그는 나처럼 시간에 쫓기는 것처럼 보이지 않았다. 마침내 그가 여유 있는 태도로 계속 말했다.

"반면에 어떤 두려움들은 우리의 생각이 만들어낸 것입니다. 그런 두려움은 단지 우리의 생각 속에만 있는 것들입니다."

그가 웃으면서 말했다.

"예를 들어 어린 시절 우리가 어두운 곳에서 느꼈던 두려움, 특히 내가 포탈라 궁*의 어두운 방들을 지나가면서 느꼈던 두려움 같은 것이지요. 그것은 완전히 우리의 마음이 지어낸 두려움입니다. 내가 어렸을 때 청소부와 나를 보살피던 사람들이 어린아이를 잡아먹는 올빼미가 있다고 항상 나에게 겁을 주었지요."

달라이 라마는 호탕하게 웃으며 말했다.

"그런데 난 정말로 그들의 말을 믿었어요!"

그가 계속 말했다.

"우리의 마음이 지어내는 또다른 두려움이 있습니다. 당신이 부정적인 느낌을 갖고 있다면, 당신의 마음 상태 때문에 다른 사람들에 대해서도 그렇게 바라볼 것입니다. 그러면 상대방도 부정적이고 적대적인 사람처럼 보일 것입니다. 결국 당신은 그에게 두려움을 느낍니다. 이런 종류의 두려움은 미움과 관계가 있으며 마음이 만들어낸 두려움입니다. 따라서 두려움에 대처할 때, 당신은 먼저 이성의 힘을 이용해 당신의 두려움에 정당한 근거가 있는지 알려고 노력할 필요가 있습니다."

내가 물었다.

---

*포탈라 궁은 전통적으로 달라이 라마가 겨울에 머무는 궁전이며, 티벳의 종교와 역사를 상징한다. 원래 7세기에 티벳 왕 송첸 감포가 세웠지만, 그 뒤에 파괴되어 17세기에 5대 달라이 라마가 다시 지었다. 현재의 건축물은 라사에 있는 붉은 산 정상에 134미터의 높이로 장엄하게 솟아 있다. 건물의 폭은 400미터가 넘고, 높이는 13층 건물과 같으며, 건물 안에는 천 개가 넘는 방, 집회장, 신전 그리고 법당이 있다.

"특정한 사람에 대해 또는 특별한 상황 속에서 강렬한 두려움을 느끼는 경우도 있겠지만, 대다수의 사람들은 매일 여러 가지 문제에 대해 언제나 걱정하고 괴로워합니다. 이런 문제에 대처할 방법은 무엇일까요?"

그가 고개를 끄덕이며 말했다.

"내가 개인적으로 발견한 것으로, 그런 걱정을 덜어주는 좋은 방법 중 하나는 이렇게 생각하는 것입니다. 먼저 어떤 상황이나 문제가 해결할 수 있는 성질의 것이라면 그것에 대해 걱정할 필요가 없습니다. 다시 말해 해결책이 있거나 어려움을 벗어날 방법이 있다면, 그 문제로 고통받을 필요가 없습니다. 당신이 해야 할 행동은 해결책을 찾는 것뿐입니다. 그 문제로 고민하기보다는 해결책을 찾는 데 힘을 집중하는 것이 훨씬 지혜로운 태도입니다. 이와는 달리 문제의 해결책도 없고 어려운 상황에서 벗어날 방법이 없다면, 그것에 대해 걱정해도 아무 소용이 없습니다. 왜냐하면 어쨌든 당신은 그 일에 대해 아무것도 할 수 없기 때문입니다. 이경우엔 그 사실을 빨리 받아들일수록 더욱 쉽게 마음이 평화로운 것입니다. 이 원칙은 물론 당신이 직접 문제에 부딪친다는 것을 전제로 한 것입니다. 그렇지 않으면 그 문제에 해결책이 있는지 없는지조차 알지 못할 테니까요."

"이런 방법이 자신의 불안감을 줄이는 데 도움이 안 된다고 생각되면 그 다음엔 어떻게 해야 할까요?"

"글쎄요, 당신은 이 원칙에 대해 좀더 생각하고, 마음속에 확실히 새기려고 노력해야 할 것입니다. 그것을 반복해서 떠올리십시오. 어쨌든 난 이런 접근법이 불안과 걱정을 줄일 수 있다고 생각하지만, 그렇다고 언제나 효과가 있을 거라는 말은 아닙니다. 불안이 계속되는 것을 해결하려면, 당신은 그 상황을 잘 살펴볼 필요가 있습니다. 불안에도 여러 종류가 있고 그 원인도 여러 가지이기 때문입니다. 어떤 불안감이나 신경 질환은 생리적인 원인에서 비롯될 수 있습니다. 예를 들어 사람의 손바닥에 땀이 잘 나는 것은 티벳 의학에 따르면, 몸에 흐르는 기의 차원에서 불균형이 있기 때문입니다. 우울증 같은 불안은 생리적인 원인 때문에 생길 수도 있습니다. 이런 병은 의학적인 치료 방법이 도움이 될 것입니다. 따라서 불안에 잘 대처하기 위해선 불안의 종류와 원인을 살펴볼 필요가 있습니다.

이처럼 두려움과 마찬가지로 불안에도 서로 다른 종류가 있습니다. 흔히 볼 수 있는 불안감에는 이런 것이 있습니다. 다른 사람들 앞에서 바보처럼 보일지도 모른다는 불안감이나, 남들이 자기를 나쁘게 생각할지도 모른다는 불안감입니다."

내가 물었다.

"당신도 그런 불안감이나 초조함을 경험한 적이 있나요?"

달라이 라마는 큰소리로 웃으며 주저 없이 대답했다.

"네, 물론 있습니다!"

"예를 하나 들어주시겠습니까?"

그는 잠시 생각하고 나서 말했다.

"1954년 중국에서 마오쩌둥 주석과 처음 만났을 때, 그리고 주은라이를 만났을 때 그런 불안감을 느꼈습니다. 당시에 난 올바른 의전 절차와 관례를 전혀 모르고 있었습니다. 그런 만남은 보통 가벼운 대화로 시작해 그 다음에 일에 대한 논의로 진행됩니다.

하지만 두 사람과의 만남에서 난 너무 긴장한 탓에 앉자마자 당면한 일에 대해 바로 말하기 시작했지요!"

달라이 라마는 그 일을 떠올리며 호탕하게 웃었다. 그리고는 말했다.

"당시에 통역을 맡았던 사람은 티벳 출신의 공산주의자이자 나에겐 둘도 없는 친구였는데, 그는 그 일이 있은 뒤로 나만 보면 웃음을 터뜨리며 놀려대곤 했습니다. 그 일이 아직도 기억이 납니다.

심지어 요즘에도 대중들 앞에서 강연을 시작하기 바로 전엔 언제나 약간의 불안감을 느낍니다. 그러면 수행원들이 나에게 이렇게 말하지요. '그렇게 불안해하실 거라면 왜 강연 요청을 곧바로 수락하셨습니까?' 하고 말입니다."

그는 다시 웃음을 터뜨렸다.

내가 물었다.

"당신은 개인적으로 그런 불안에 어떻게 대처하십니까?"

불만스런 마음을 감추지 않은 솔직한 목소리로 그가 조용히 말했다.

"글쎄요, 잘 모르겠군요……."

그가 말을 멈췄고, 우리는 오랫동안 조용히 앉아 있었다. 그는 다시 한 번 깊은 생각에 잠긴 듯했다. 마침내 그가 입을 열었다.

"올바른 동기와 정직성을 갖는 것이 그런 두려움과 불안을 이기는 열쇠가 된다고 생각합니다. 사람들에게 말을 하기 전에 불안감이 생긴다면, 내가 강연을 하는 중요한 목적은 적어도 사람들을 이롭게 하려는 것이지 결코 내 지식을 자랑하려는 것이 아니라는 사실을 떠올릴 것입니다. 따라서 난 내가 아는 한도에서 설명을 할 것입니다. 내가 올바르게 이해하지 못하는 게 있더라도 그것이 그렇게 중요한 문제는 아닙니다. 난 그저 '그것은 이해하기가 어렵군요'라고 말합니다. 뭔가를 감추거나 아는 체할 이유가 없습니다. 이런 자세로 올바른 동기를 갖는다면, 남들에게 바보처럼 보일 것 같아 걱정하거나 나에 대해 다른 사람들이 어떻게 생각할지 염려할 필요가 없습니다. 난 진실한 동기가 두려움과 불안을 줄여준다고 생각합니다."

내가 말했다.

"때로는 남들에게 바보처럼 보일 것 같아서 느끼는 불안보다 더 큰 불안을 느끼기도 하지요. 실패에 대한 두려움, 자신의 무능력에 대한 두려움 같은 것말입니다……."

나는 잠시 이 문제를 생각하면서, 달라이 라마가 얼마나 자신의 이야기를 들려줄지 궁금했다. 그는 내 말에 열심히 귀를 기울이면서 조용히 고개를 끄덕였다. 그것이 무슨 의미였는지는 알 수 없다. 내 말에 동감하는 것 같기도 했지만, 그 의미를 알기도 전에 나는 이야기의 방향을 바꿔 내가 가진 두려움과 불안에 대처할 수 있는 방법에 대해 그의 조언을 구했다. 내가 말했다.

"이따금 어떤 환자들은 치료하기가 매우 어렵습니다. 이런 환자들은 대개 쉽게 치료할 수 있는 우울증이나 또다른 병으로 확실한 진단을 내리기 어려운 경우입니다. 예를 들어 심각한 성격 장애를 갖고 있는 환자들이 있는데, 그들은 약을 먹어도 소용없고 정신요법을 이용해서 정성껏 치료해도 크게 나아지지 않습니다. 때로 나는 이 사람들을 어떻게 치료하고 어떻게 도와줘야 할지 모르겠습

니다. 그들에게 무슨 일이 일어나고 있는지 파악조차 안 되는 것
같습니다. 그런 일이 있으면 난 어떻게도 해볼 수 없는 무기력한
상태에 빠지고 맙니다."

나는 불평을 하듯 말했다.

"그런 일이 생기면 나 자신이 무능력하게 느껴지고, 정말로 두
렵고 불안해집니다."

달라이 라마는 진지하게 듣고 있다가 다정한 어조로 물었다.

"당신은 당신을 찾아오는 환자 중 70퍼센트의 사람들을 도와줄
수 있다고 말할 수 있습니까?"

내가 대답했다.

"적어도 그 정도는 도와줄 수 있을 겁니다."

내 손을 다정하게 두드리면서 그가 말했다.

"그러면 문제는 없다고 생각됩니다. 만일 당신이 환자의 30퍼센
트만 도와줄 수 있다면, 난 당신에게 다른 직업을 생각해보라고
권했을 것입니다. 하지만 그 정도면 잘하고 있다고 생각합니다.
내 경우에도 도움을 요청하기 위해 사람들이 많이 찾아옵니다. 많
은 사람들이 깜짝 놀랄 기적이나 기적 같은 치료를 바라지만, 물
론 난 모든 사람들을 도와줄 수 없습니다. 그러나 중요한 것은 동
기라고 생각합니다. 그들을 도우려는 진실한 동기만 있으면 되는
것입니다. 그리고 단지 최선을 다하면 당신은 그 일에 대해 걱정
할 필요가 없습니다.

물론 내 경우에도 매우 복잡하고 심각한 상황이나, 무거운 책임
감을 느끼게 하는 상황이 종종 있습니다. 내 생각에 최악의 경우
는 사람들이 지나칠 정도로 나를 믿을 때입니다. 사람들이 내 능

력 밖에 있는 일을 해결해주기를 바라는 것이지요. 이런 경우엔 물론 불안감이 밀려오기도 합니다. 그러면 난 다시 한 번 동기의 중요성을 생각합니다. 내가 가진 동기를 떠올리면서, 나는 진실한 마음으로 최선을 다했다고 생각하려고 합니다.

자비심과 같은 진실한 동기를 가지면, 실수를 하거나 그 일을 해결하지 못했다고 하더라도 후회할 이유는 없습니다. 내 입장에선 최선을 다한 결과이기 때문입니다. 만일 내가 실패했다면, 그것은 내가 최선을 다해도 안 될 상황이었기 때문입니다. 따라서 진실한 동기는 두려움을 없애고 당신에게 자부심을 느끼게 해줍니다. 만일 누군가를 속이려는 동기로 어떤 일을 해서 그 일에 실패한다면, 당신은 정말로 짜증이 날 것입니다. 하지만 자비로운 동기를 갖고 시도한 일에 실패한다면, 굳이 후회할 필요는 없을 것입니다.

따라서 나는 올바른 동기가 스스로를 보호하는 역할을 할 수 있으며, 두려움과 불안으로부터 자신을 지켜준다고 생각합니다.

동기는 정말 중요합니다. 사실 모든 인간의 행동을 겉으로 드러나는 움직임으로 생각할 수 있지만, 모든 행동의 뒤에서 사람을 움직이게 만드는 것은 동기입니다. 진실하고 순수한 동기를 많이 갖는다면, 그리고 친절과 자비와 존경을 바탕으로 남을 도우려는 동기로 행동한다면, 당신은 어떤 일도 해낼 수 있고, 그것도 별로 두려워하거나 걱정하지 않고 잘할 수 있습니다. 또한 다른 사람의 생각에 대해서는 물론 결국 목표를 이룰 수 있을지 없을지에 대해서도 두려워하지 않을 것입니다. 설령 목표를 이루는 데 실패할지라도 당신은 노력한 사실만으로도 만족할 것입니다. 하지만 나쁜 동기를 갖고 있다면, 당신이 사람들의 칭찬을 받고 목표를 달성하더라도 여전히 행복하지 못할 것입니다."

불안을 치료하는 방법에 대해 이야기하면서, 달라이 라마는 서로 다른 차원에서 효과가 있는 두 가지 방법을 말한다. 첫번째는 다음과 같이 생각하면서 그것에 대처하는 방법이다.

'문제에 해결책이 있다면, 걱정할 필요가 없다. 해결책이 없다면 역시 걱정해도 소용없는 일이다.'

두번째는 좀더 폭넓은 효과가 있는 방법이다. 이것은 사람의 기본적인 동기를 바꾸는 일이다. 인간의 동기에 대해 말할 때, 달라이 라마의 접근법과 서양 심리학의 접근법 사이에는 흥미로운 차이가 있다. 앞서 말했듯이 인간의 동기에 대해 연구한 학자들은 인간의 동기를 조사하고 나서, 인간의 욕구와 충동에는 본능적인 것과 학습된 것이 있다고 생각했다. 달라이 라마는 열정와 결단을 키우기 위해 학습된 동기를 키우고 이용하는 데 초점을 맞추었다. 어떤 면에서 이것은 서양의 전통적인 동기 부여 전문가들의 견해와 비슷하다. 이들 또한 목표를 이루기 위해 인간의 열정과 결단을 강화하는 방법을 찾고 있기 때문이다.

하지만 달라이 라마는 더 건강하게 행동하고 부정적인 마음을 없애기 위해 결단과 열정을 추구하는 것이지만, 서양의 전문가들은 세속적인 성공과 돈, 권력을 얻기 위해 그런 감정을 강조한다는 점에서 차이가 있다. 그리고 가장 뚜렷한 차이점은 서양의 동기 부여자들이 세속적인 성공을 위해 사람이 이미 갖고 있는 동기를 부채질하느라 바쁘고, 서양의 이론이 인간의 기본적인 동기를 분류하는 데 열중해 있는 반면에, 달라이 라마는 인간의 기본적인 동기를 자비롭고 친절한 것으로 바꾸는 데 가장 큰 관심을 갖고 있다는 것이다.

마음의 수행을 통해 행복에 이를 수 있다는 달라이 라마의 관점에서 바라본다면, 남을 위하려는 동기를 가질수록 극심한 불안을 일으키는 상황에 부딪쳐도 두려워하는 일이 줄어들 것이다. 하지만 완전히 남을 위한 일이라고는 할 수 없는 작은 일들에도 이 원칙을 적용할 수 있다. 그럴 때도 한 걸음 뒤로 물러서서, 자신에게 남을 해치려는 생각이 없고 자신의 동기가 진실하다고 확신한다면 우리는 크고 작은 상황 속에서도 불안감을 줄일 수 있다.

달라이 라마와 이런 이야기를 하고 얼마 지나지 않아서 나는 여러 사람들과 함께 점심을 먹을 기회가 있었다. 그들 중에는 그 지방의 대학에 다니는 청년이 끼어 있었다. 점심을 먹는 동안 누군가 달라이 라마와의 대화가 어떻게 진행되고 있느냐고 물어서, 나는 불안을 극복하는 문제에 대해 우리가 나눈 대화를 자세히 이야기해주었다. 그 대학생은 '진실한 동기가 불안을 치료하는 수단이 된다'는 내 말에 조용히 귀를 기울이더니, 자신의 고민을 털어놓았다. 자신은 언제나 고통스러울 정도로 부끄럼을 타고, 인간 관계 속에서 큰 불안감을 느낀다는 것이었다. 청년은 어떻게 하면 자신의 불안을 극복하는 데 이 방법을 쓸 수 있을지 궁리하는 표정을 지으며 이렇게 말했다.

"정말 흥미로운 이야기군요. 하지만 친절과 자비심 같은 고상한 동기를 항상 갖고 있기는 무척 힘들 것 같습니다."

나는 그의 말에 동의하지 않을 수 없었다.

"맞는 말인 것 같군요."

른 내화는 나른 구세로 넘어겼고, 이윽고 우리는 찜심식사를 바쳤다. 다음 주에 나는 같은 음식점에서 그 대학생과 우연히 마주쳤다.

그 청년은 활기찬 모습으로 내게 다가와 말했다

"지난번에 우리가 동기와 불안에 대해 말했던 걸 기억하세요? 그때 선생님이 말씀하신 방법을 한번 시도해봤는데 정말 효과가 있더라구요! 백화점에서 일하는 여자가 있는데, 난 백화점에 갈 때마다 그녀를 보러가곤 했어요. 난 언제나 그녀에게 밖에서 만나자고 말하고 싶었지만 그녀를 모르는 상태였고, 무엇보다 그때마다 너무 부끄럽고 불안한 생각이 들었어요. 그래서 그녀에게 감히 말도 못 붙였거든요. 그런데 며칠 전에 다시 그 백화점엘 갔는데, 이번엔 내가 그녀에게 밖에서 만나자고 말하려는 동기를 생각하기 시작했어요. 내 동기는 물론 그녀와 데이트를 하고 싶다는 것이었지요. 하지만 그 바탕에는 단지 내가 사랑할 수 있고 나를 사랑해줄 사람을 발견했으면 하는 바램이 있었지요. 이런 생각을 하면서 난 내 바램이 잘못된 것이 아니며, 내 동기가 진실하다는 걸 깨달았어요. 나는 그녀와 나 자신에게 해를 끼치기를 원하지 않았고 단지 좋은 일이 생기기만을 바라고 있었어요. 이 점을 가슴에 새기며 두세 번 다시 생각하자 어쩐지 기운이 솟는 것 같았어요. 결국 그 생각은 그녀에게 말을 붙일 수 있는 용기를 주었어요. 내 심장은 여전히 세차게 뛰었지만 적어도 용기를 내어 그녀에게 말을 걸 수 있었고, 그래서 지금 기분이 아주 좋아요."

내가 말했다.

"그 말을 들으니 기쁘군요. 그래서 어떻게 되었죠?"

"알고보니 그녀에겐 이미 오랫동안 사귀고 있는 남자 친구가 있었어요. 조금 실망스러웠지만 지금은 괜찮아요. 내가 부끄러움을 극복할 수 있어서 기쁠 뿐이에요. 그 일을 통해 난 깨달았어요. 내 동기에 잘못이 없다는 확신이 있고 그 사실을 명심한다면, 다음에 똑같은 상황이 닥치더라도 다시 용기를 낼 수 있으리란 걸 말이죠."

건강한 의미의 자부심은 우리의 목표를 이루는 데 매우 중요한 요소다. 그 목표가 학위를 따는 것이든, 사업에 성공하는 것이든, 만족스런 인간 관계를 갖는 것이든, 더욱 행복해지기 위해 마음을 수련하는 것이든 상관없이 이 말은 진실이다. 자부심이 부족하면 우리는 앞으로 나아가거나 도전하지 않을 것이고, 심지어 목표를 추구하면서 겪게 되는 어느 정도의 위험도 감수하지 않으려고 할 것이다.

지나친 자부심도 똑같이 위험할 수 있다. 자신이 가진 능력과 업적에 대해 과장된 느낌을 갖고 사는 사람들은 현실이 드러나고, 이상화된 자신의 모습을 세상이 인정하지 않을 때마다 끊임없이 좌절하고 실망하고 분노할 수밖에 없다. 그리고 이상화된 자기 이미지에 맞게 살지 못할 때, 늘 불안한 마음을 갖고 우울증에 빠질 것이다. 게다가 그들이 갖고 있는 대단한 자기 이미지는 종종 거만한 태도로 발전해, 다른 사람들은 거리감을 느끼게 되고 결국 이들은 만족스런 인간 관계를 맺을 수가 없다. 마침내 자신의 능력에 대한 과대 평가는 그를 위험한 상황으로 몰아갈 수 있다. 〈매그넘 포스〉라는 영화에서 감사관 더티 해리 칼라한은 악당이 거들먹거리는 꼴을 보면서 자못 철학적인 말투로 이렇게 말한다.

"인간은 언젠가 자신의 한계를 깨닫게 되지."

서양의 정신 치료 이론가들은 너무 낮거나 높은 자부심은 둘 다 인간의 자기 이미지에 혼란을 가져온다고 여겨왔다. 그리고 이런 혼란의 뿌리를 어린 시절의 가정 교육에서 찾으려고 했다. 많은 이론가들은 초라하거나 과장된 자기 이미지는 동전의 양면이라고 생각한다. 예를 들어 과장된 자기 이미지는 마음 깊은 곳에서 느끼는 스스로에 대한 불안감과 부정적인 생각을 무의식적으로 방어할 때 생긴다는 것이다.

특히 심리 분석의 측면에서 연구하는 정신 치료사들은 어떻게 자기 이미지의 왜곡이 일어나는가에 대해 꽤 자세한 이론을 세웠다. 그들은 인간이 환경으로부터 받아들인 정보를 내면화하면서 자기 이미지가 만들어지는 과정을 설명한다. 그 설명에 따르면 사람들은 어린 시절에 부모님이 자신에게 보내는 분명하거나 암시적인 메시지를 받아들이면서 자신이 누구인지 점차 깨닫게 된다. 그리고 어린 시절에 자신의 보호자와 건강하고 교육적인 관계를 갖지 못할 때 자기 이미지의 비틀림이 일어날 수 있다.

자기 이미지의 혼란이 삶에서 중대한 문제를 일으킬 만큼 심각할 때, 많은 사람들이 정신 치료사를 찾아간다. 환자의 과거에서 실마리를 찾으려고 노력하는 정신 치료사들은 어린 시절에 맺은 관계가 잘못됨으로써 문제가 생긴다고 여기고, 환자에게 그것을 이해시키는 데 치료의 초점을 맞춘다. 그리고 환자가 부정적인 자기 이미지를 점차 고쳐나갈 수 있도록 적절한 정보를 제공하고 치료 환경을 만든다. 반면에 달라이 라마는 누가 화살을 쏘았는가를 생각하며 시간을 보내기보다는 '화살을 뽑는 데' 집중한다. 다시 말해 그는 왜 사람들이 너무 낮거나 지나친 자부심을 갖는가를 생각하는 대신 이런 부정적인 마음의 상태와 직접 싸우는 방법을 이야기한다.

최근 수십 년 동안 인간의 자아에 대한 것은 심리학 분야에서 사람들이 가장 많이 연구한 주제 중 하나였다. 자아의 시대인 1980년대에는 학자들이 매년 수천 편의 논문을 쏟아놓으며 자존심과 자부심에 관련된 주제를 연구했다.

이런 생각을 하면서 나는 달라이 라마에게 그 주제에 대해 이야기를 꺼냈다.

"우리가 나눈 대화 중에서 당신은 겸허함을 긍정적인 것으로 이야기하면서, 그것이 어떻게 인내와 관용을 키우는 일과 관계가 있는지 말했습니다. 서양의 심리학과 문화는 대개 높은 자존심과 자부심 같은 성격을 키우는 것엔 관심이 있지만 겸허함에 대해선 별로 신경을 안 쓰는 것 같습니다. 사실 서양에선 자부심을 매우 중요하게 생각합니다. 그래서 난 당신에게 이런 질문을 하고 싶습니다. 서양인들이 이따금 자부심을 너무 강조하고, 자기 자신에 너무 몰두해 있다고 생각지 않습니까?"

달라이 라마가 대답했다.

"반드시 그런 것은 아닙니다. 물론 그것이 아주 복잡한 문제이긴 하지만 말입니다. 예를 들어 위대한 영적인 수행자는 모든 생명 가진 존재에게 영원한 행복을 주기 위해 자신의 부정적인 감정을 완전히 제거하겠다고 굳게 맹세한 사람들입니다. 그들은 그런 기대감과 열망을 갖고 있습니다. 그리고 그런 결심을 하려면 엄청난 자부심이 필요합니다. 이 자부심은 매우 중요한 역할을 할 수 있습니다. 왜냐하면 자부심은 위대한 목표를 이루는 데 필요한 대담한 마음을 갖게 해주기 때문입니다. 어느 면에서 그것은 거만함처럼 보일 수도 있습니다. 비록 부정적인 모습의 거만함은 아니지만 말입니다. 수행자들이 이런 태도를 갖는 데는 타당한 근거가 있습니다. 따라서 난 수행자들을 매우 용감한 사람들로 생각하곤 합니다. 난 그들을 영웅으로 여깁니다."

내가 그의 말을 인정하며 말했다.

"위대한 영적 스승들은 겉으론 거만하게 보일지라도 사실은 자부심과 용기를 가진 사람들일지도 모릅니다. 하지만 보통 사람들이 생활하는 일상적인 환경에서는 그와 반대되는 일이 일어날 가능성이 높습니다. 다시 말해 강한 자부심이나 지나친 자존심을 가진 것처럼 보이는 사람들이 실제로 거만한 사람들일 수가 있습니다. 불교에서 거만함은 '근본적으로 고통을 주는 감정'의 하나라고 난 알고 있습니다. 실제로 어느 불교 종파의 경전에서 일곱 가지 서로 다른 거만함에 대해 설명하는 것을 읽은 적도 있습니다. 이처럼 거만한 마음을 피하거나 버리는 것은 매우 중요한 일입니다. 하지만 강한 자부심을 갖는 것 또한 매우 중요합니다. 때로는 이 두 마음을 구분하기가 매우 애매한 경우도 있습니다. 당신에게 묻고 싶습니다. 두 가지 마음을 구별하는 방법과 거만함을 줄이고 자부심을 키울 수 있는 방법은 무엇일까요?"

"때로는 자부심과 자만심을 구별하는 것이 무척 어렵습니다."

달라이 라마는 그렇게 전제하고 나서 말했다.

"두 마음을 구별하는 한 가지 방법은 그 마음이 건강한지 아닌지 판단하는 것입니다. 우리는 건강한 마음과 타당한 이유를 갖고서 다른 사람에게 우월감을 가질 수 있습니다. 그것은 증명될 수 있고 정당화될 수 있는 우월감입니다. 또한 완전히 근거가 없는 부풀려진 자기 평가가 있을 수 있습니다. 그것은 거만한 마음일 것입니다. 따라서 겉으로 드러나는 모습으로는 두 마음이 똑같아 보이지만 사실은 다른 것입니다…….."

내가 말했다.

"하지만 거만한 사람은 언제나 자신이 그럴 만한 이유를 갖고 있다고 생각합니다…….."

달라이 라마가 내 말을 인정하며 말했다.

"맞습니다. 옳은 말입니다."

내가 물었다.

"그렇다면 어떻게 두 마음을 구별할 수 있을까요?"

"때로 그것은 자기 자신이나 제삼자의 시각으로 돌아보았을 때 판단할 수 있다고 생각합니다."

달라이 라마는 잠시 말을 멈추고, 한마디 농담을 던졌다.

"그것이 지나친 자부심, 즉 거만함인지 아닌지 알기 위해선 법원까지 가야 할지도 모릅니다!"

그는 잠시 웃고 나서 계속 말을 이어나갔다.

"자만심과 정당한 자부심을 구별하기 위해 우리는 그 사람의 태도가 가져올 결과에 대해 생각할 수 있습니다. 거만한 태도는 대개 부정적인 결과를 가져오는 반면에 건강한 자부심은 긍정적인 결과에 이릅니다. 여기서 우리는 자부심에 대해 생각하면서 자아가 무엇인지 살펴볼 필요가 있습니다. 나는 자아를 두 가지로 나눌 수 있다고 생각합니다. 첫번째 자아, 즉 에고는 오직 자신의 이익과 이기적인 욕망에만 관심이 있을 뿐 다른 사람의 행복에 대해선 전혀 관심이 없습니다. 또다른 종류의 에고, 즉 참된 자아는 다른 사람에게 진정으로 관심을 갖고 봉사하려는 소망에 바탕을 두고 있습니다. 타인에게 봉사하려는 바램을 이루기 위해선 참자아에 대한 강한 의식과 자부심이 필요합니다. 이런 자부심은 긍정적인 결과를 가져옵니다."

내가 말했다.

"앞에서 당신은 거만함이나 자만심을 줄이는 데 도움이 되는 한 가지 방법이 자신의 고통을 깊이 생각하는 것이라고 말했습니다. 물론 자만심을 단점으로 인정하고 극복하려고 할 때 말입니다. 그것은 우리가 겪을 수밖에 없고, 또 겪기 쉬운 고통들을 줄곧 생각하는 일이었습니다. 이처럼 자신의 고통을 깊이 생각하는 것 외에 자만심을 치료하는 또다른 방법이 있을까요?"

달라이 라마가 말했다.

"한 가지 방법은 당신이 모르는 여러 분야에 대해 생각하는 것입니다. 예를 들어 현대 교육에는 다양한 분야의 학문이 있습니다. 따라서 자신이 얼마나 많은 분야에 대해 무지한지 생각한다면 자만심을 극복하는 데 도움이 될 것입니다."

달라이 라마는 여기서 말을 멈췄다. 이 주제에 대해선 더 이상 할 말이 없는 듯했다. 그래서 나는 다른 주제로 옮겨가기 위해 내 메모 노트를 훑어보기 시작했다. 그때 갑자기 그가 생각에 잠긴 목소리로 말했다.

"알다시피 우리는 지금 건강한 자부심을 키우는 일에 대해 말하고 있습니다……. 정직이 자부심과 밀접한 관계가 있다는 생각이 드는군요."

내가 물었다.

"자신의 능력에 대해 자기 자신에게 정직한 것을 말하는 건가요, 아니면 다른 사람에게 정직한 것을 말하는 건가요?"

그가 말했다.

"둘 다를 의미합니다. 정직할수록 더욱 마음이 열릴 것이고, 그러면 두려움은 점점 줄어들게 됩니다. 왜냐하면 다른 사람에게 사실이 밝혀질 것에 대해 불안해 할 필요가 없기 때문입니다. 따라서 정직해질수록 자부심은 더욱 커질 것이라고 생각합니다……."

내가 말했다.

"당신이 개인적으로 자부심의 문제에 어떻게 대처하는지 좀더 알고 싶습니다. 당신은 사람들이 자신에게 찾아와서 기적을 행하기를 기대한다고 말했습니다. 실제로 사람들은 당신에게 많은 부담을 주고 너무 높은 기대를 하는 것 같습니다. 마음에 올바른 동기를 갖고 있더라도, 사람들의 기대 때문에 자신의 능력에 대한 자신감을 잃지는 않을까요?"

달라이 라마가 말했다.

"여기서 기억해야 할 것은 특별한 행위와 관련해서 '자신감을 잃는다'거나 '자신감을 얻는다'는 말이 도대체 무슨 뜻인가 하는 것입니다. 어떤 일에 자신감이 없다는 것은, 자기의 능력 안에 있는 일은 할 수 있다는 믿음을 당신이 갖고 있다는 뜻이기도 합니다. 그런데 만일 자기의 능력 안에 있는 일을 할 수 없다면, 당신은 이런 생각이 들기 시작할 것입니다. '난 이 일을 할 만큼 충분한 능력이나 자질이 없는 것 같아.'

하지만 내가 기적을 행할 수 없다고 깨닫는다고 해서 바로 자신감을 잃지는 않습니다. 왜냐하면 무엇보다도 내게 그런 능력이 있다고 내 스스로가 믿지 않기 때문입니다. 난 내가 완전히 깨달은 붓다와 같은 역할을 할 수 있다고는 생각하지 않습니다. 다시 말해 모든 것을 알고, 모든 것을 이해하고, 언제든지 올바른 일만 할수 있다고 생각하지 않습니다. 따라서 사람들이 날 찾아와 자신들을 치료하거나 기적 같은 일을 행하라고 요구할 때면 난 자신감을 잃기보다는 단지 아주 난처한 느낌이 듭니다. 자신이 할 수 있거나 없는 일에 대해 자신과 타인에게 정직하다면 자신감을 잃는 일은 없을 것입니다.

하지만 중국과의 상황에 대처하면서 이따금 난 자신감을 잃어버린 듯한 느낌이 들 때가 있습니다. 하지만 대개 난 그런 상황에 대해 관리들과 상의하고 때로는 일반인들의 의견을 듣기도 합니다. 친구들에게 그들의 생각을 묻고, 그 문제에 대해 함께 논의합니다. 많은 결정들이 다양한 사람들과의 토론을 통해 신중하게 이루어지기 때문에 일단 내려진 결정에 대해 나는 확신을 가지며 그것에 대해 후회하지 않습니다."

두려움 없는 마음과 정직한 자기 평가는 스스로를 의심하지 않고 자부심을 잃지 않게 하는 데 큰 도움이 될 수 있다. 그러한 정직함이 부정적인 마음을 치유하는 수단이 될 수 있다는 달라이 라마의 믿음은 사실 최근의 많은 연구로 확인되었다. 이들 연구에 따르면 스스로에 대해 현실적이고 정확한 생각을 갖고 있는 사람들이 자신에 대해 빈약하고 부정확하게 알고 있는 사람들보다 자기 자신을 더 좋아하고, 더 큰 자기 확신을 갖는다는 것이다.

여러 해에 걸쳐 달라이 라마는 자부심이 정직한 태도와 자기 능력을 솔직히 인정하는 것에서 생긴다는 것을 종종 내 눈앞에서 보여주었다. 그가 많은 청중들 앞에서 누군가의 질문을 받고서 '그것은 잘 모르겠습니다'라고 대답하는 것을 처음 들었을 때 나는 정말 깜짝 놀랐다. 내가 학술 강연에서 흔히 보았던 광경이나, 권위자로 자처하는 사람들의 모습과는 달리 그는 당황하거나, 둘러대거나, 뭔가 아는 체하지 않고 자기 지식의 부족함을 그대로 인정했다.

사실 달라이 라마는 자신이 대답하지 못하는 어려운 질문을 만날 때면 오히려 즐거워하는 것 같았다. 그리고 종종 그것에 대해 농담을 하기도 했다. 투손에서 강연하던 어느 날 오후, 달라이 라마는 논리가 특히 복잡한 산티데바의 〈입보리행론〉의 구절들을 설명하고 있었다. 그는 잠시 어느 구절과 힘겹게 씨름하더니, 곧 혹스런 표정으로 웃음을 터뜨리며 말했다.

"도무지 알 수 없군요! 이 구절은 그대로 남겨두는 게 좋겠습니다. 자, 다음 구절은……."

청중들의 이해하는 듯한 웃음에 답하듯이 그는 더 크게 웃으며 말했다.

"이런 경우에 잘 어울리는 표현이 있습니다. 이것은 치아가 아주 좋지 않은 노인이 음식을 먹는 것과 같습니다. 여러분은 부드러운 것은 먹고, 단단한 것은 남겨놓으면 됩니다."

여전히 웃는 얼굴로 그는 말했다.

"오늘은 이런 의미에서 이 구절을 남겨놓기로 합시다!"

그 순간에도 그의 확고한 자신감은 결코 흔들리지 않았다.

달라이 라마가 아리조나를 방문하기 2년 전인 1991년 나는 인도로 여행을 가서 다람살라의 집에서 그를 잠깐 만났다. 그 주에 달라이 라마는 매일 서양의 저명한 과학자, 물리학자, 심리학자 그리고 명상을 가르치는 스승들을 만나 육체와 마음의 관계를 탐구하고, 감정이 신체의 건강과 어떤 관계가 있는가를 이해하려고 노력하고 있었다. 어느 날 늦은 오후 달라이 라마가 과학자들과의 모임을 끝낸 뒤 나는 그를 만났다. 우리의 만남이 거의 끝나갈 무렵, 달라이 라마가 내게 물었다.

"이번 주에 내가 과학자들과 모임을 가진 것을 당신도 알고 있지요?"

"네, 알고 있습니다만⋯⋯."

"이번 주에 이야기를 하는 도중에 나를 아주 놀라게 만든 말이 있었어요. 바로 '자기 혐오'라는 말이었지요. 당신은 이 개념에 대해 잘 알고 있습니까?"

내가 대답했다.

"물론 잘 알고 있습니다. 내 환자 중 상당수가 그것 때문에 고통받고 있거든요."

그가 말했다.

"사람들이 자기 혐오에 대해 말할 때, 처음엔 내가 그 말을 제대로 이해하고 있는지 모르겠더군요."

그가 웃으며 계속 말했다.

"난 이렇게 생각했어요. '자기 자신을 사랑하는 건 당연하지 않은가! 어떻게 자신을 미워할 수 있단 말인가?' 사람의 마음이 어떻게 움직이는가에 대해 어느 정도 이해한다고 생각하고 있었지만, 자신을 미워한다는 생각은 내게 완전히 새로운 것이었지요. 내가 그 개념을 도저히 믿을 수 없다고 말하는 이유가 있습니다. 그것은 수행을 하는 불교도들은 대개 자기 중심적인 태도와 이기적인 생각들을 극복하기 위해 매우 열심히 노력하기 때문입니다. 이런 점에서 볼 때, 우리는 자신을 너무 사랑하고 소중히 여긴다고 난 생각합니다. 따라서 자신을 소중히 여기지 않는 사람, 심지어 자신을 증오하는 사람이 있다는 걸 도저히 믿을 수 없었습니다. 정신과 의사인 당신이 나한테 이 개념을 설명해주시겠습니까? 그런 일이 어떻게 일어나는 것입니까?"

나는 그에게 심리학적 관점에서 자기 혐오가 일어나는 과정을 간단히 설명했다. 부모와 가정 교육의 영향을 받아 자기 이미지가 형성되는 과정과 아이가 성장하면서 부모가 보내는 암시적인 메시지를 어떻게 받아들이는가를 설명하고, 부정적인 자기 이미지가 만들어지는 특별한 상황에 대해 간추려 말했다. 나는 이어서 자기 혐오를 악화시키는 요소들을 설명했다. 이를테면 우리의 행동이 이상화된 자기 이미지를 따라가지 못할 때 자신을 더욱 혐오하게 된다. 그리고 자기 혐오가 문화적으로 강요될 수도 있으며, 이런 현상은 특히 여성과 소수 집단에서 두드러진다. 내가 이 문제에 대해 설명하는 동안 달라이 라마는 무엇인가 미심쩍은 얼굴로 깊은 생각에 빠진 채 고개를 계속 끄덕였다. 여전히 그는 이 이상한 개념을 이해하기가 어려운 것처럼 보였다.

그루쵸 막스는 언젠가 빈정거리는 말투로 이렇게 말했다.

"나 같은 인간을 구성원으로 받아주는 클럽에는 결코 가입하지 않겠다."

마크 트웨인은 이와 같은 스스로에 대한 부정적인 생각을 인간의 본성에 대한 통찰력 있는 시각으로 발전시켰다. 그는 이렇게 말했다.

"마음 깊은 곳에서 스스로에 대해 깊은 존경심을 느끼는 사람은 아무도 없다."

인간성에 대해 이처럼 비관적인 시각을 받아들이고, 그것을 자신의 심리학 이론과 결합시킨 인간주의적 심리학자 칼 로저스는 언젠가 이렇게 주장했다.

"대부분의 사람들은 스스로를 경멸하며, 자신을 가치없고 사랑할 수 없는 사람으로 여긴다."

현대의 심리 치료사들이 대부분 공감할 뿐 아니라 우리 사회에 전반에 널리 퍼져 있는 생각이 있다. 그것은 현대 사회에 자기 혐오가 만연되어 있다는 것이다. 하지만 자기 혐오가 존재하는 것은 분명하지만, 다행히도 많은 사람들이 믿는 것만큼 널리 퍼져 있지는 않은 듯하다. 분명히 그것은 정신 치료를 받으러 오는 사람들이 공통적으로 갖고 있는 문제다. 그러나 임상 치료를 하는 심리 치료사들은 때로 빗나간 생각을 갖고 있다. 그들은 그들의 방으로 걸어들어오는 소수의 사람들에 근거해서 인간의 보편적인 성격을 결정하는 경향이 있다. 하지만 실험 결과에 기초한 대부분의 자료를 보면, 사람들은 보통 자신을 호의적인 시각에서 바라보는 경향이 있으며(적어도 그렇게 바라보고 싶어하며), 사회적으로 바람직한 성격을 갖고 있느냐고 물어보는 조사에서는 대부분이 스스로를 보통보다 나은 사람으로 평가한다.

흔히 생각하는 것만큼 자기 혐오가 보편적인 현상이 아니라고 할지라도, 그런 마음은 여전히 많은 사람들에게 커다란 장애가 될 수 있다. 달라이 라마가 자기 혐오라는 개념에 놀란 것만큼 나는 그 말에 대한 그의 반응을 보고 놀랐다. 그가 처음에 보인 반응만으로도 매우 의미 있고 치유의 힘을 가진 것이었다.

달라이 라마가 보인 특별한 반응에 대해 두 가지를 지적할 수 있다. 첫째는 단순히 그가 자기 혐오라는 말에 익숙하지 않다는 것이다. 많은 사람들이 자기 혐오의 문제를 안고 있다는 학자들의 기본적인 가정은 그것이 마치 인간의 정신에 깊이 새겨져 있는 것 같은 인상을 준다. 하지만 티벳 문화가 그렇듯이 실제로 모든 문화가 그 용어를 알고 있진 않다. 이러한 사실은 그토록 괴로운 정신 상태가 마음의 본질적인 부분이 아니라는 점을 분명히 말해준다. 그것은 우리가 앞에서 토론한 부정적인 마음들처럼 인간의 본질이 아닌 것이다.

그것은 타고난 것도, 어쩔 수 없이 간직해야 하는 것도 아니며, 우리 본성에서 없앨 수 없는 특징도 아니다. 자기 혐오는 충분히 내던져버릴 수 있는 심리 상태이다. 이런 깨달음만으로도 우리는 자기 혐오를 줄이고, 희망을 갖고 그것을 없애려고 더욱 노력할 수 있다.

달라이 라마가 자기 혐오에 대해 처음으로 보인 반응과 관련해서 두번째로 지적할 것은 그의 다음과 같은 대답이다.

"스스로를 증오한다구요? 당연히 우리는 자기 스스로를 사랑합니다!"

자기 혐오로 괴로워하는 사람이나, 그런 고통을 겪는 누군가를 아는 사람에게 달라이 라마의 이런 반응은 첫눈에 너무나 순진해 보일 것이다. 하지만 좀더 자세히 보면, 그의 반응에는 인간에 대한 통찰력과 진실이 담겨 있다. 사랑은 정의하기 힘들고, 또 서로 다른 정의가 많이 있을 것이다. 하지만 사랑에 대한 한 가지 정의, 그것도 가장 순수하고 고상한 사랑에 대한 정의는 다른 사람의 행복을 온 마음을 다해 무조건 바라는 것이다. 사랑은 다른 사람이 행복해지기를 진심으로 바라는 것이다. 그 사람이 자신을 해치는 짓을 했든 안 했든, 심지어 그를 좋아하든 안 하든 상관없이 그의 행복을 진정으로 바라는 것이다.

그리고 우리 자신이 행복해지고자 하는 소망을 가슴 깊이 간직하고 있는 것도 분명한 사실이다. 따라서 사랑을 누군가의 행복을 진정으로 바라는 것으로 정의할 수 있고, 우리 자신도 스스로를 사랑하고 있다면, 우리 모두는 진정으로 자신의 행복을 바랄 것이다. 임상 치료를 하면서 나는 때로 자기 혐오의 극단적인 경우를 만나곤 한다. 자살 충동이 주기적으로 일어날 정도로 심각한 사람도 있었다. 하지만 이런 극단적인 경우조차도 그가 죽음을 생각하는 이유는 궁극적으로 자신에게 고통을 주려는 것이 아니라 자신을 고통에서 해방시키기를 바라기 때문이다. 비록 그것이 왜곡되고 잘못된 소망이기는 하지만 말이다.

따라서 우리 모두가 기본적으로 자신을 사랑한다는 달라이 라마의 믿음은 빗나간 생각이 아닐 것이다. 그리고 이 생각은 자기 혐오에 대한 강력한 치료 수단이다. 우리가 자신의 성격의 일부를 얼마나 싫어하든, 우리 모두의 마음속에는 자신이 행복해지기를 바라는 깊은 사랑이 깔려 있다. 바로 이런 믿음을 통해 우리는 자신을 경멸하려는 생각을 물리칠 수 있다.

다음번 다람살라를 방문했을 때 나는 다시 한 번 달라이 라마에게 자기 혐오 문제를 꺼냈다. 그때는 그도 그 개념에 익숙해져서 그것을 없앨 수 있는 방법을 생각하고 있었다.

그는 말했다.

"불교 관점에서 보면 우울함과 좌절감에 휩싸여 있는 것은 일종의 극단적인 상태로, 목표를 이루는 데 분명히 장애가 될 수 있습니다. 자기 혐오는 단순히 좌절감을 느끼는 것보다 훨씬 극단적인 것으로, 매우 위험한 결과를 낳을 수 있습니다. 불교 수행에 매진하는 사람들이 자기 혐오를 없애려고 한다면 자신을 포함한 모든 존재가 불성을 갖고 있다고 생각하면 될 것입니다. 다시 말해 현재 자신의 처한 상황이 아무리 어렵고 궁핍할지라도 자신 속에는 해탈, 즉 완전한 깨달음을 위한 씨앗 또는 잠재력이 있다고 믿는 것입니다.

따라서 불교 수행을 하면서 자기 혐오 때문에 고통을 겪는 사람들은 존재의 고통스런 본질이나, 존재가 기본적으로 갖고 있는 만족하지 못하는 성격에 대해 생각하는 것을 피해야 합니다. 그 대신 인간 존재로서 자신 안에 있는 무한한 능력을 인정하는 것처럼 자기 존재의 긍정적인 측면에 집중해야 합니다. 이와 같이 스스로 기 갖고 있는 기회의 능력을 생각한다면, 자신의 가치에 대한 자신감이 더욱 커질 것입니다."

이제는 반복되는 질문이 되었지만, 나는 불교를 믿지 않는 사람을 염두에 두고 그에게 물었다.

"불성에 대해 듣도보도 못한 사람이나 불교를 믿지 않는 사람들이 자기 혐오를 극복할 수 있는 방법은 무엇인가요?"

"그런 사람들에게 해줄 수 있는 말은 우리가 인간 존재로서 너무나 훌륭한 지성을 선물로 받았다는 것입니다. 무엇보다 모든 인간 존재는 굳은 결심을 할 수 있는 능력이 있으며, 그토록 강한 결심을 이용해 무엇이든 할 수 있다는 것입니다. 이것은 의심할 여지가 없는 사실입니다. 만일 그 능력을 꾸준히 의식하고 반복해서 떠올려, 결국 자신을 포함한 모든 인간 존재를 그런 방향에서 생각하는 습관을 갖는다면, 좌절감이나 무기력, 자기 혐오의 느낌을 줄일 수 있을 것입니다."

달라이 라마는 잠시 말을 멈췄다가, 정밀하게 무엇인가를 살펴보는 어조로 계속 말했다. 그는 여전히 적극적으로 탐구하고, 계속해서 무엇인가를 발견하려고 노력하고 있었다.

"난 이것이 육체의 질병을 치료하는 방법과 비슷하다고 생각합니다. 의사는 어떤 사람의 특정한 병을 치료하면서, 특정한 치료 조건을 만들기 위해 환자에게 항생제를 투여합니다. 그리고 그 전에 환자의 기본적인 신체 조건이 항생제를 받아들이고 견딜 수 있는지 확인합니다. 이를 위해 의사들은 환자의 일반적인 영양 상태가 좋은지 살펴보며, 종종 기운을 보충해주기 위해 비타민 같은 것을 줘야 할지도 모릅니다. 환자의 몸에 기본적인 힘이 있는 한, 약을 통해 병을 치료할 잠재 능력이 몸 안에 있을 것입니다.

마찬가지로 우리가 인간의 지성이라는 놀라운 선물을 갖고 있고, 결단력을 키우고 또 그것을 긍정적으로 사용하는 능력이 있음을 계속 의식하는 한, 어떤 의미에서 우리는 기본적인 정신 건강을 유지하고 있는 것입니다. 이런 기본적인 힘은 인간이 위대한 능력을 갖고 있다는 깨달음에서 생겨납니다. 이와 같은 깨달음을 우리 마음에 새길 때, 우리는 어떤 어려움에 부딪치더라도 희망을 잃지 않고, 자기 혐오에 빠지지 않으면서 그 일에 대처할 수 있을 것입니다."

우리가 모든 인간 존재와 공유하고 있는 위대한 특성들을 기억하는 것은 스스로를 열등하고 무가치한 사람으로 생각하려는 충동을 막아준다. 사실 많은 티벳인들이 매일 명상 수행을 통해서 이것을 실천에 옮기고 있다. 아마도 이런 점이 티벳 문화에서 자기 혐오를 찾아보기 힘든 이유일 것이다.

15

행복의 기술

탐욕의 반대는 무욕이 아니라 만족이다.
당신이 큰 만족감을 갖고 있다면, 어떤 것을 소유하는가는 문제가 안 된다.
어떤 경우에도 당신은 변함없이 만족할 수 있다.

'행복의 기술'은 많은 요소로 이루어져 있다. 지금까지 우리가 본 대로, 행복의 기술은 진정한 행복이 어디서 오는가를 이해하고, 삶을 살면서 그것들을 키우는 일에 관심을 갖는 것에서부터 시작된다. 그것은 또한 내적인 수련을 통해 파괴적인 생각들을 뿌리 뽑고 차츰 친절, 관용, 용서 같은 긍정적이고 건강한 마음을 갖는 일이다. 우리는 지금까지 충만하고 만족스런 삶으로 인도하는 여러 요소들을 확인했으며, 이제 그 마지막 요소인 영성에 대한 이야기로 결론을 맺을까 한다.

사람들은 영성이 종교와 관련이 있다고 자연스럽게 생각하곤 한다. 달라이 라마는 계를 받은 승려로서 여러 해 동안 힘든 수행을 거치면서 행복에 이르기 위한 자신의 접근법을 만들어나갔다. 또한 그는 많은 사람들에게 뛰어난 불교 학자로 알려져 있다. 하지만 대다수 사람들에게 가장 호소력 있게 다가오는 것은 복잡한 철학 문제에 대한 그의 생각이 아니라, 삶에 대한 따뜻하고 유쾌하고 현실적인 그의 태도이다. 그와 대화를 나누는 동안 그의 인간적인 모습이 불교 승려로서의 본래 모습보다 더욱 눈에 띄는 듯했다. 깨끗이 밀어버린 머리와 인상적인 적갈색 승복에도 불구하고, 또한 세계에서 가장 유명한 종교 지도자 중의 한 명이라는 그의 위치에도 불구하고, 우리의 대화는 단순히 한 인간 존재가 다른 존재에게 말을 건네고, 우리 모두가 갖고 있는 문제를 토론하는 분위기 속에서 이루어졌다.

영성의 진정한 의미에 대한 이해를 돕기 위해, 달라이 라마는 영성과 종교의 구별에 대한 설명으로 이야기를 시작했다.

"인간 존재로서 우리가 가진 능력을 깨닫고, 내면을 변화시키는 것의 중요성을 깨닫는 일이 꼭 필요하다고 난 생각합니다. 그것은 우리가 흔히 마음의 수행이라고 부르는 과정을 통해 일어납니다. 바로 이런 과정을 나는 삶에서 영적인 차원을 갖는 일이라고 말합니다.

영성에는 두 가지 차원이 있습니다. 첫번째 차원의 영성은 종교적인 믿음과 관련이 있습니다. 이 세상엔 서로 다른 수많은 사람들과 그들이 갖고 있는 수많은 성향이 있습니다. 지구상에 50억의 인간 존재가 있으므로, 어떤 의미에선 50억 개의 다른 종교가 필요한지도 모릅니다. 왜냐하면 인간의 성향이 너무도 다양하기 때문입니다. 각 개인은 자신의 정신적 성향, 자연스런 취향, 기질, 믿음, 그리고 가족과 문화적인 배경에 가장 알맞은 영적인 길을 가야 한다고 난 생각합니다.

예를 들어 불교 승려인 나는 불교가 나에게 가장 알맞다고 생각합니다. 나는 불교가 나에게 가장 좋은 종교라는 것을 발견한 것입니다. 하지만 이 말이 불교가 모든 사람들에게 가장 좋은 종교라는 의미는 아닙니다. 이것은 분명한 사실입니다. 만일 불교가 모든 사람들에게 가장 좋은 종교라고 내가 믿는다면, 그것은 어리석은 생각일 것입니다. 서로 다른 사람들은 서로 다른 정신적인 성향을 갖고 있기 때문입니다. 따라서 다양한 사람들은 다양한 종교를 요구합니다. 종교의 목적은 사람들에게 도움을 주는 것입니다. 우리가 단지 하나의 종교만 갖고 있다면, 얼마 지나지 않아 종교는 그다지 많은 사람들에게 도움을 주지 못할 것입니다.

이 세상에 음식점이 오직 하나밖에 없어서 매일 끼니때마다 오직 한 가지 음식만 내놓는다면, 얼마 안 가서 많은 손님들이 발길을 끊을 것입니다. 사람들은 저마다 취향이 다르기 때문에 다양한 음식을 필요로 하고, 또 그것을 음미합니다. 이와 마찬가지로 종교는 인간의 영혼에 영양분을 주기 위해 있는 것입니다. 따라서 어떤 사람은 유태교나 그리스도교가, 또다른 사람은 이슬람교가 자신에게 가장 좋은 종교라는 것을 알 수 있습니다. 그러므로 우리는 세계의 모든 주요 종교의 가치를 존중하고 인정해야 합니다.

모든 종교는 인간에게 큰 혜택을 줄 수 있습니다. 이들 종교는 모두 개인을 더욱 행복하게 하고, 세상을 더욱 좋은 곳으로 만들도록 설계되어 있습니다. 하지만 종교가 세상을 좋은 곳으로 만드는 데 영향을 미치려면, 수행자 각자가 자기 종교의 가르침을 진심으로 실천하는 것이 중요합니다. 수행자는 자신이 어디에 있든 종교의 가르침과 자신의 삶이 하나가 되도록 만들어야 합니다. 그러면 그는 종교의 가르침을 내면의 힘을 기르는 원천으로 이용할 수 있습니다. 아울러 수행자는 종교를 깊이 이해해야 합니다. 단지 지적인 차원이 아니라 깊은 느낌으로 종교를 이해하고, 마음으로 경험해야 합니다.

나는 사람들이 모든 종교를 깊이 존중할 수 있다고 생각합니다. 다른 종교를 존중할 수 있는 한 가지 이유는 모든 종교가 인간 행동의 지침이 되고 인간에게 긍정적인 영향을 줄 수 있는 윤리관을 제공하기 때문입니다. 그리스도교에선 하느님에 대한 믿음이 인간의 행동과 생활 방식의 지침이 되는 일관되고 분명한 틀을 제공하고 있습니다. 하느님에 대한 믿음은 사람에게 깊인 영향을 줄 수 있습니다. 왜냐하면 인간과 하느님은 일정한 친밀감으로 연결되어 있고, 자신을 창조한 하느님에게 사랑을 보여주는 방법은 다른 인간 존재에게 사랑과 자비를 베푸는 일이기 때문입니다.

우리가 다른 종교를 존중해야만 하는 이와 비슷한 이유들이 많이 있을 것입니다. 물론 모든 중요한 종교들은 지난 수백 년 동안 수많은 사람들에게 엄청난 도움을 주었습니다. 그리고 지금 이 순간에도 수백만의 사람들이 여전히 서로 다른 종교로부터 도움과 영감을 받고 있습니다. 이것은 분명한 사실입니다. 이런 종교들은 앞으로 태어날 수백만의 사람들에게도 영감을 줄 것입니다. 이것 또한 틀림없는 사실입니다. 따라서 이런 깨달음을 통해 우리는 다른 종교를 존중하는 마음을 가져야 합니다.

종교들이 서로를 존중하게 만드는 방법은 서로 다른 믿음을 가진 사람들이 개인적으로 가까이 접촉하는 것이라고 생각합니다. 나는 지난 몇 년 동안 그리스도교와 유태교 공동체의 사람들과 만나 이야기를 나누는 일에 관심을 기울였습니다. 그래서 어느 정도 긍정적인 결과를 얻었다고 생각합니다. 이렇게 가까운 접촉을 통해 우리는 그 종교들이 인류에 기여한 것에 대해 알고, 다른 종교에서 우리가 배울 만한 유익한 것들을 발견할 수 있습니다. 우리는 심지어 자기 종교의 수행에서 이용할 수 있는 기법을 다른 종교에서 발견할 수도 있습니다.

따라서 다양한 종교들을 가까이 묶을 수 있는 방법을 생각하는 것이 반드시 필요합니다. 그 일을 통해 우리는 인류에게 도움을 주기 위해 공동으로 노력할 수 있습니다. 세상에는 인간을 분열시키는 것들이 많이 있고 문제도 많습니다. 종교는 세상의 갈등과 고통을 줄이는 치료제가 되어야 하지, 갈등의 또다른 원인이 되어선 안 됩니다.

우리는 종종 사람들이 모든 인간은 평등하다고 말하는 것을 듣곤 합니다. 이 말의 의미는 모든 사람들이 행복해지기를 분명히 바란다는 것입니다. 누구나 행복할 권리가 있습니다. 그리고 누구나 고통을 이겨낼 권리가 있습니다. 따라서 누군가 특별한 종교로부터 행복이나 어떤 도움을 얻고 있다면, 다른 사람들의 이런 권리를 존중하는 것은 중요한 일입니다. 따라서 우리는 모든 중요한 종교를 존중하는 법을 배워야만 합니다. 그것은 분명한 일입니다."

달라이 라마가 투손에서 강연한 한 주 동안, 서로를 존중하는 정신은 단순히 희망적인 생각의 차원을 넘어서 있었다. 청중들 속에는 다른 종교를 믿는 사람들이 많이 눈에 띄었고, 거기엔 기독교와 카톨릭의 성직자들도 여럿 있었다. 서로 다른 종교가 섞여 있었지만, 강당 안은 평화롭고 조화로운 분위기로 충만했다. 모두가 그것을 분명하게 느낄 수 있었다. 그곳엔 서로의 것을 배우려는 마음 또한 충만해 있어서, 불교도가 아닌 청중들 중에는 달라이 라마가 날마다 행하는 영적 수행에 대해 매우 궁금해하는 사람들이 있었다. 결국 그런 궁금증이 한 청중로 하여금 이런 질문을 하게 만들었다.

"불교를 포함한 대부분의 종교들이 기도와 같은 수행을 강조하고 있습니다. 영적인 삶을 살아가는 데 왜 기도가 중요한가요?"

달라이 라마가 대답했다.

"기도는 단순히 마음 깊이 간직한 원칙과 신념을 자신에게 날마다 깨우쳐주는 행위라고 난 생각합니다. 난 매일 아침 일정한 불경 구절을 암송합니다. 그 구절은 언뜻 보기에 기도문처럼 보이지만, 사실 난 그것을 암송하면서 어떤 것을 떠올립니다. 그 구절들은 다른 사람들을 상대하고 그들에게 말하는 방법과 일상 생활에서 마주치는 문제에 대처하는 방법 등에 대해 생각하게 만듭니다. 따라서 내가 하는 수행은 대부분 마음속으로 떠올리는 것입니다. 자비와 용서 같은 것들의 중요성을 되새기는 것이지요. 물론 나의 아침 수행에는 현상의 본질에 대한 명상과 마음속으로 상상하는 수행도 포함됩니다. 따라서 내가 매일 하는 수행, 즉 기도를 여유있게 한다면 네 시간 정도는 걸릴 것입니다. 정말 긴 기도지요."

하루에 네 시간 동안 기도를 해야 한다는 말에 자극을 받은 또 다른 청중이 이런 질문을 던졌다.

"전 아이를 키우며 직장에 다니는 엄마입니다. 저에겐 자유로운 시간이 아주 조금밖에 없습니다. 저처럼 바쁜 사람들은 기도와 명상 수행을 할 시간을 어떻게 낼 수 있겠습니까?"

달라이 라마가 대답했다.

"내 경우만 보더라도 불평을 하려고만 든다면 난 언제나 시간이 부족하다고 불평할 수 있을 것입니다. 난 무척 바쁜 사람입니다. 하지만 노력만 한다면 당신은 언제나 어느 정도 시간을 낼 수 있을 것입니다. 예를 들면 이른 아침 시간이 있겠지요. 주말에도 어느 정도 시간이 있을 겁니다. 정 안 되면 노는 시간을 희생할 수도 있겠지요."

달라이 라마는 웃으며 계속 말했다.

"따라서 적어도 매일 30분 정도는 시간을 낼 수 있을 것입니다. 당신이 정말 열심히 노력한다면 아침에 30분, 저녁에 30분을 낼 수도 있겠지요. 차분한 마음으로 생각하면, 얼마든지 시간을 낼 수 있을 것입니다.

하지만 영적인 수행이 무엇을 뜻하는가를 진지하게 생각한다면, 그것은 당신의 태도, 마음 상태, 감정 상태, 그리고 행복을 찾고 수행하는 일과 관계가 있습니다. 당신은 영적인 수행을 단지 기도문을 암송하고 찬송을 부르는 것처럼 몸이나 말로 하는 한정된 행위로 이해해선 안 됩니다. 영적인 수행을 단지 그런 행위에 한정해서 이해한다면, 물론 당신은 그런 수행을 하기 위해 특별한 시간을 따로 떼어놓아야 할 것입니다. 왜냐하면 당신은 만트라를 외면서 집안일을 하며 돌아다닐 순 없기 때문입니다. 만일 당신이 그렇게 한다면 주변 사람들이 굉장히 괴로울 것입니다.

하지만 진정한 의미에서 영적인 수행이 무엇인가를 이해한다면, 수행을 위해 하루 24시간을 모두 이용할 수 있습니다. 진정한 영성은 마음 자세로서, 당신은 그것을 언제 어디서든 실천할 수 있습니다. 예를 들어 다른 사람에게 모욕을 주는 행동을 하고 싶은 마음이 든다면, 즉시 조심스런 마음으로 그런 행동을 자제하는 것입니다. 마찬가지로 화가 날 만한 상황과 마주친다 해도 곧바로 정신을 차리고 이렇게 말하는 것입니다. '안 돼, 이건 올바른 방법이 아니야.' 사실 이것이 진정한 영적인 수행입니다. 이런 시각으로 본다면, 당신에게는 언제나 수행할 수 있는 시간이 있는 것입니다.

　이런 말을 하고보니 티벳의 카담파의 스승 중 한 명인 포타와가 생각나는군요. 그분은 내면의 평화를 이루고 깨달음을 얻은 명상가는 자신이 접하는 모든 사건과 경험을 가르침으로 받아들인다고 말했습니다. 모든 일들이 무엇인가를 배우는 경험이라는 것입니다. 나는 그분의 말이 정말 맞다고 생각합니다.

　따라서 이런 관점에서 본다면, 당신이 텔레비전이나 영화에서 폭력과 섹스로 얼룩진 장면을 접할 때는, 그것을 보며 극단적인 행동의 해로운 영향을 마음 깊이 새길 수 있습니다. 그리고 그런 장면에 완전히 압도되는 대신 당신은 부정적인 감정을 다스리지 않았을 때 오는 해로운 결과를 보고 있다고 생각할 수 있습니다. 바로 이것이 그런 경험으로부터 배울 수 있는 교훈입니다."

　하지만 영화를 보면서 교훈을 얻는다는 것은 단지 한 가지 예에 불과하다. 수행을 하는 불교도로서 달라이 라마의 영적인 수행 방법에는 불교의 독특한 모습들이 분명히 담겨 있다. 자신이 날마다 하는 수행을 소개하면서 그는 그것이 현상의 본질에 대한 명상뿐 아니라 마음속으로 상상하는 수행을 포함하고 있다고 말했다. 이야기가 나온 김에 그는 이런 수행에 대해 간단히 설명하고 지나갔지만, 사실 나는 여러 해 동안 그가 그 수행에 대해 자세히 설명하는 것을 여러 번 들을 수 있었다. 그것은 지금까지 들었던 어떤 이야기보다 복잡한 내용을 담고 있었다. 현상의 본질에 대한 이야기는 실타래처럼 엉킨 철학적 논쟁과 분석으로 가득 차 있었고, 탄트라 경전에 있는 마음속으로 상상하는 기법에 대한 설명은 도저히 이해가 안 갈 정도로 복잡하고 자세했다. 그러한 명상과 마음속으로 상상하는 기법은 마치 상상 속에서 우주에 대한 입체 지도를 그리는 것과 같았다.

달라이 라마는 평생 동안 그러한 불교의 명상을 배우고, 실천하는 데 몰두했다. 나는 이러한 사실과 많은 분야에 걸친 그의 노력을 생각하면서 이렇게 물었다.

"그와 같은 영적인 수행이 당신의 일상 생활에 실제로 어떤 도움이나 영향을 주었습니까?"

달라이 라마는 잠시 침묵하고 있다가, 조용히 대답했다.

"내 경험은 아주 작은 것에 불과하지만, 확실하게 말할 수 있는 것은 불교의 수행을 통해 내 마음이 훨씬 평화로워졌다는 것입니다. 그것은 분명한 사실입니다."

그는 웃으며 말했다.

"물론 이런 변화는 아주 천천히 일어났지만, 어쨌든 그동안 내 자신과 다른 사람에 대한 나의 태도가 바뀌었다고 생각합니다. 이런 변화가 일어난 정확한 원인을 지적하긴 어렵지만, 완전한 깨달음은 아닐지라도 어떤 깨달음 덕분이라고 생각합니다. 그 깨달음은 현상의 근본적인 성격을 의식하고, 덧없음, 인간의 본질적인 고통, 자비심과 이타주의의 가치 같은 것을 깊이 명상함으로써 얻은 것이었습니다.

티벳인들에게 극심한 고통을 안겨준 중국 공산주의자들을 생각할 때조차도, 불교의 수행을 한 결과 나는 고문을 하는 사람에게까지 어느 정도 자비심을 느낍니다. 왜냐하면 고문을 한 사람은 사실 다른 부정적인 힘에 굴복해 억지로 그렇게 했다고 생각하기 때문입니다. 아울러 나는 보디사트바의* 길을 가기로 맹세했기 때문에 누군가 잔인한 행동을 했더라도, 그런 일을 한 사람이 좋지 않은 일을 겪거나 불행해져야 한다고 단순하게 생각할 수는 없습니다.

보디사트바의 맹세는 내가 그런 태도를 갖는 데 도움을 주었습니다. 그것은 아주 유익했고, 그래서 난 자연스럽게 그 맹세를 사랑합니다.

보디사트바의 맹세를 말하고보니, 남걀 사원에 머물고 있는 염불에 정통한 노스승이 생각나는군요. 그분은 정치범으로 중국 감옥에 갇힌 뒤 20년 동안 강제 노동 수용소에 있었습니다. 한번은 내가 그분에게 감옥에 있을 때 가장 어려웠던 일이 무엇이었냐고 물어본 적이 있습니다. 놀랍게도 그분은 중국인들에 대한 자비심을 잃을까 봐 가장 걱정했다는 것이었습니다!

이와 같은 이야기는 사실 많이 있습니다. 사흘 전 나는 중국 감옥에서 여러 해를 보낸 어떤 스님 한 분을 만났습니다. 그분은 1959년 티벳에서 봉기가 일어났을 때, 자신의 나이가 스물네 살이었다고 말했습니다. 그때 그는 노불링가에 있는 티벳 부대에 들어

*영적인 수행자는 보디사트바의 맹세를 하면서 보디사트바가 되겠다는 의지를 다진다. 보디사트바, 즉 보살을 문자 그대로 번역하면 '깨어 있는 전사'라는 뜻인데, 그는 사랑과 자비심을 통해 보리심에 도달한 사람이다. 보리심은 모든 존재를 이롭게 하기 위해 완전한 깨달음을 얻으려는 자발적이고 진정한 열망을 가진 마음 상태이다.

갔다고 하더군요. 그는 결국 중국인에게 잡혀서 세 형제와 함께 감옥에 들어갔습니다. 그런데 세 형제는 감옥에서 죽음을 당했습니다. 나머지 두 형제도 중국인들의 손에 죽었습니다. 그리고 그의 부모님은 강제 노동 수용소에서 돌아가셨습니다.

하지만 그 승려는 나에게 이렇게 말했습니다. 자신이 감옥에 있을 때, 그때까지 살아온 인생을 되돌아보면서 비록 평생을 제풍 사원에서 승려로 지냈지만, 아직도 자신은 훌륭한 승려가 되지 못했다는 결론을 내렸다는 것입니다. 그는 자신을 어리석은 승려로 생각했습니다. 그 순간 그는 이제 감옥에 갇혔으니, 진정한 승려가 되기 위해 노력하겠다고 맹세했습니다. 그는 감옥에서 마음의 수행을 했기 때문에 몸은 고통스러울지라도 정신적으로는 아주 행복한 상태로 지낼 수 있었습니다. 고문이나 심한 구타를 당할 때도 그것을 이기고 살아남을 수 있었고, 그 일을 자신이 과거에 저지른 부정적인 카르마를 정화한 것으로 생각하며 지금도 행복하게 지내고 있습니다. 따라서 우리는 이런 예를 통해 일상 생활 속에서 영적인 수행을 하는 것이 가치가 있음을 분명히 이해할 수 있습니다."

다음으로 달라이 라마는 행복한 삶을 위한 마지막 요소를 말했다. 그것은 바로 삶에서 영적인 차원을 갖는 일이었다. 붓다의 가르침을 통해 달라이 라마를 비롯한 많은 사람들은 삶에서 때때로 일어나는 고통과 괴로움을 참고, 나아가 그것들을 초월하는 길을 발견했다. 그리고 달라이 라마가 지적하듯이 세계의 모든 중요한 종교들은 인간에게 더 행복한 삶을 살 수 있는 기회를 똑같이 줄 수 있다. 다양한 종교를 통해 폭넓게 생겨난 신앙의 힘이 수백만 명의 삶 속에 생생히 살아 있다. 이처럼 깊은 종교적 신앙 덕분에 수많은 사람들이 어려운 시기를 참고 견딜 수 있었다. 그 힘은 때로는 작고 조용한 방식으로, 때로는 깊은 변화를 주는 경험으로 작용한다.

우리 모두는 삶을 살면서 신앙의 힘이 가족, 친구, 또는 친지에게 영향을 미치는 것을 똑똑히 목격한 적이 있을 것이다. 이따금 인간을 지탱하는 신앙의 힘을 보여주는 예가 신문의 전면을 장식하기도 한다. 예를 들면 많은 사람들이 테리 앤더슨이 겪은 시련에 대해 잘 알고 있을 것이다. 평범한 한 사람으로 살고 있던 그는 1985년 어느 날 아침 베이루트 거리에서 갑자기 납치를 당했다. 누군가 그에게 담요를 뒤집어 씌워 차 안으로 강제로 밀어넣은 뒤로, 그는 무려 7년 동안 이슬람 근본주의자 단체인 헤즈볼라에 인질로 잡혀 있었다. 1991년까지 그는 축축하고 더러운 지하실 작은 방에 갇혀, 오랜 세월 동안 눈을 가리운 채로 쇠사슬에 묶여 상습적으로 구타를 당하는 참기 어려운 상황을 견뎌야 했다. 마침내 그가 풀려났을 때 세계의 이목은 그에게 집중되었고, 지구촌 사람들은 너무나 기뻐하며 자신의 가족과 인생으로 돌아가는 한 남자를 지켜볼 수 있었다. 하지만 놀라운 사실은 그가 자신을 납치한 자들에 대해 원한과 증오심을 거의 드러내지 않았다는 것이었다. 기자가 그토록 놀라운 힘이 어디서 나오느냐고 묻자, 그는 자신이 시련을 견디게 해준 중요한 힘은 신앙과 기도에서 나왔다고 대답했다.

어려운 시기에 신앙이 실제로 도움을 주는 이런 예들은 세상에 수없이 많다. 그리고 최근의 여러 연구는 종교적인 신앙이 실제로 행복한 삶에 기여할 수 있음을 확인해준다. 개별 연구자들과 갤럽 같은 조사 기관이 실시한 조사에 따르면, 종교를 믿는 사람들이 믿지 않는 사람들보다 행복감과 삶에 대한 만족을 더 자주 느꼈다. 많은 연구에 따르면, 신앙을 가진 사람들이 더 행복하다는 것을 예상할 수 있을 뿐 아니라, 깊은 신앙심은 개인적인 위기나 충격적인 사건은 물론 자신이 늙어가는 상황에 더 잘 대처하도록 도와준다. 게다가 통계적으로 볼 때, 신앙심이 깊은 가족들은 범죄를 저지르거나 술이나 마약에 중독되거나, 결혼 생활에 실패할 확률이 낮다. 신앙이 건강에 도움을 준다는 증거도 있다. 심지어 중병에 걸린 사람들에게도 신앙이 도움이 된다는 것이다.

사실 사람들의 신앙심이 깊을수록 사망률이 낮아지고 건강이 좋아진다는 사실을 입증하는 수백 건의 과학적 의학적 연구가 있었다. 한 연구에 따르면 깊은 신앙심을 가진 노인이 종교적 확신이 적은 노인보다 골반 수술을 받은 후에 더 멀리 걷고, 또 우울증에 빠지는 경우도 적었다고 한다. 피츠버그 대학 메디컬 센터의 로나 카사 헤리스와 메리 아만다 듀는 연구를 통해 깊은 신앙심을 가진 환자들이 심장 이식 수술을 받은 뒤에 식이요법에 더 잘 적응하고, 육체적 정신적으로 더 오래 건강하다는 사실을 발견했다. 다트마우스 의과 대학의 토마스 옥스만 박사와 그의 동료들은 또 다른 연구를 통해 관상 동맥이나 심장 판막에 생긴 병 때문에 심장 절개 수술을 받은 55세 이상의 환자들 중에서 종교적인 신앙에 의지하는 사람들이 그렇지 않은 사람들보다 살아남을 확률이 세 배나 높다는 것을 발견했다.

이따금 특정한 교리와 특별한 종교를 믿음으로써 직접 신앙심의 도움을 받을 수도 있다. 많은 불교 신자들은 카르마의 교리를 굳게 믿음으로써 고통을 견디는 데 도움을 받는다. 마찬가지로 하느님에 대한 흔들림 없는 신앙을 갖고 있는 사람들은 종종 전지전능하고 사랑이 넘치는 하느님에 대한 믿음 덕분에 가혹한 시련을 견뎌낼 수 있다. 지금 당장은 하느님의 계획이 애매하게 보일지도 모르지만, 전능한 지혜를 가진 하느님은 결국 인간에 대한 당신의 사랑을 드러낼 것이라고 그들은 믿는다.

성경의 가르침을 믿는 기독교인들은 로마서 8장 28절에 있는 다음과 같은 구절에서도 위안을 받을 수 있다.

'하느님을 사랑하는 자, 곧 하느님의 목적을 따르는 자에게는 모든 것들이 좋은 결과에 이르리라.'

신앙의 힘이 특별한 종교의 특정한 교리에서 나오는 경우도 있지만, 영적인 삶을 사는 데 도움을 주는 요소로 모든 종교에서 공통적으로 발견할 수 있는 것들도 있다. 어느 종교를 갖든지 그 안에 속해 있다는 느낌은 소속감과 공통체적인 유대감, 그리고 동료 수행자들과의 끈끈한 연대감을 창조할 수 있다. 이것은 다른 사람들과 관계를 맺을 수 있는 의미 있는 구실을 한다. 종교는 또한 그것을 믿는 사람들에게 자신이 받아들여졌다는 느낌을 줄 수 있다. 깊은 신앙심은 사람에게 강한 목적 의식과 삶의 의미를 제공해준다. 종교적 믿음은 역경과 고통과 죽음 앞에서 희망을 줄 수 있다. 또한 그것은 사람이 일상적인 문제에 짓눌릴 때, 영원의 관점을 가짐으로써 어려움에서 벗어나게 해준다.

세계의 주요 종교의 가르침을 실천하기로 결심한 사람들은 이 모든 혜택을 누릴 가능성이 있지만, 신앙만 있다고 해서 행복과 마음의 평화가 보장되는 것은 분명히 아니다. 사슬에 묶인 채로 작은 방에 갇혀 있던 테리 앤더슨이 신앙의 가장 훌륭한 특징을 보여주고 있던 그 순간, 그의 방 밖에서 분노한 이슬람 군중이 보여준 폭력과 증오심은 종교적 신앙의 가장 나쁜 속성을 잘 드러내고 있었다. 여러 해 동안 레바논에서는 회교도의 여러 분파들이 기독교와 유태교도들과 전쟁을 벌였고, 모든 집단들이 격렬한 증오심에 불타서 신앙의 이름으로 차마 말로 할 수 없는 잔악 행위를 저질렀다. 회교도들뿐 아니라 이것은 사실 역사 속에서 수없이 들어온 구태의연한 이야기이며, 현대 세계에서도 너무나 자주 반복되고 있다.

이처럼 종교는 사람들을 분열시키고 증오심을 키울 수 있기 때문에, 종교에 몸 담고 있으면서도 신앙심을 잃기가 쉽다. 이런 상황 때문에 달라이 라마 같은 종교계의 몇몇 인물들이 행복을 이루기 위해 누구든지 이용할 수 있는 영적인 삶의 요소들을 찾으려고 노력하게 되었다. 어느 종교를 믿든지, 또는 종교를 믿든 안 믿든 상관없이 이용할 수 있는 요소들을 발견하려는 것이다.

달라이 라마는 강한 확신이 담긴 목소리로 영적인 삶에 대한 자신의 생각을 말하면서 지금까지의 이야기에 결론을 맺었다.

"우리의 삶에서 영적인 차원을 갖는 것을 이야기하면서, 우리는 종교적인 신앙이 하나의 영적인 차원이 된다는 것을 확인했습니다. 종교에 대해 생각할 때, 우리가 어떤 종교를 믿는다면 그것은 좋은 일입니다. 하지만 종교적인 신앙이 없더라도 우리는 여전히 잘 지낼 수 있습니다. 심지어 어떤 경우엔 훨씬 잘 지낼 수도 있습니다. 그것은 어디까지가 우리의 개인적인 권리입니다. 신앙을 갖기 바란다면 그것은 좋은 일입니다! 만일 그렇지 않다면, 그것도 괜찮은 일입니다!

하지만 또다른 차원의 영성이 있습니다. 그것은 내가 기본적인 영성이라고 부르는 것으로, 이를테면 선함, 친절, 자비, 그리고 관심 같은 기본적인 인간의 특성입니다. 그리고 우리가 종교를 믿든 안 믿든 이런 종류의 영성은 반드시 필요합니다. 나는 개인적으로 이와 같은 두번째 차원의 영성이 첫번째로 말한 종교적인 영성보다 더 중요하다고 여깁니다. 왜냐하면 특정한 종교가 아무리 훌륭하다 할지라도 제한된 수의 인간, 다시 말해 인류의 일부만이 그것을 받아들일 것이기 때문입니다. 하지만 우리가 인간 존재이자 인간 가족을 이루는 한 사람인 이상, 우리 모두는 이와 같이 기본적인 영적인 가치를 필요로 합니다. 이것이 없다면 인간 존재는 무정하고 아주 건조하게 살아갈 것입니다. 그렇게 되면 그 누구도 행복해질 수 없고, 우리의 가족이 고통을 받고, 결국에는 사회 전체가 큰 어려움을 겪을 것입니다. 따라서 기본적인 영성을 키우는 일이 중요하다는 것을 우리는 분명히 알 수 있습니다.

우리는 지구상의 50억에 달하는 인간 중에서 대충 1,20억의 사람들만이 진실한 종교인이라는 것을 기억할 필요가 있습니다. 물론 진실한 종교인이라고 말할 때, 거기에 포함되지 않는 종교인들이 있습니다. 이를테면 기독교 집안에서 태어났기 때문에 '나는 기독교인이다'라고 쉽게 말하지만, 일상 생활 속에서 기독교 신앙에 대해 별로 생각하지 않고 적극적으로 믿음을 실천하지도 않는 사람들입니다.

따라서 이런 사람들을 제외하면, 진실하게 종교를 믿는 사람들은 많아야 10억 명 정도에 불과할 것입니다. 이 말은 그 나머지 40억 명, 다시 말해 지구상에 있는 대다수의 사람들이 신앙인이 아니라는 것을 의미합니다. 우리는 이런 대다수의 사람들, 즉 특정한 종교에 속해 있지 않은 40억 명의 사람들이 좀더 바람직한 삶을 살아가게 할 방법을 찾아야 합니다. 종교를 갖고 있지 않더라도 이들이 선하고 도덕적인 인간이 되도록 도와줄 방법을 찾아야 하는 것입니다.

여기서 나는 교육이 아주 중요하다고 생각합니다. 교육을 통해 자비심과 친절 같은 것이 단지 종교에서만 논의하는 주제가 아니라 인간에게 필요한 기본적인 품성이라는 사실을 심어주는 것입니다. 우리는 앞에서 건강과 행복, 마음의 평화를 얻기 위해선 따뜻한 마음과 애정 그리고 자비심을 갖는 것이 중요하다는 걸 매우 자세히 이야기했습니다. 이것은 아주 실제적인 문제입니다. 결코 종교적인 이론이나 철학적인 사색이 아닙니다. 이것은 매우 핵심적인 문제입니다. 사실 이것이 모든 종교적 가르침의 핵심이라고 생각합니다.

이것은 특정한 종교를 따를 생각이 없는 사람에게도 마찬가지로 중요합니다. 이런 사람들에게는 다음과 같은 내용을 마음에 새기도록 가르칠 수 있다고 생각합니다. 즉 종교를 갖지 않는 것은 괜찮지만 선하고 분별력 있는 인간이 되어야 하고, 그래서 책임감을 갖고 더 좋고 행복한 세계를 만드는 데 헌신해야 한다는 것입니다.

당신이 믿는 특별한 종교나 영적인 생활 방식을 겉으로 드러내는 것이 가능합니다. 특별한 옷을 입거나 집안에 성스런 유물이나 제단을 차려놓거나, 경전을 외고 노래를 부르는 등의 행동을 할 수 있을 것입니다. 이처럼 겉으로 신앙을 드러내는 다양한 방법이 있습니다. 하지만 이런 관행이나 행동은 기본적인 영적 가치에 바탕을 두고 진정한 영적 생활을 하는 데 부차적인 역할을 할 뿐입니다. 왜냐하면 아주 부정적인 마음을 갖고 있으면서도 겉으로 드러내는 종교 행위를 할 수 있기 때문입니다. 하지만 진정한 영성은 인간을 더욱 평온하고, 행복하고, 평화롭게 만들어야 합니다.

모든 고결한 마음의 상태, 이를테면 자비, 관용, 용서, 관심과 같은 정신적 특징은 진정한 다르마이며, 그것이 진정한 영적인 특성입니다. 왜냐하면 이런 내면적인 특성은 나쁜 느낌이나 부정적인 정신과는 함께 있을 수 없기 때문입니다.

따라서 내면을 갈고 닦는 수행은 종교 생활의 핵심입니다. 내면의 수행은 긍정적인 정신을 키우려는 목적을 갖고 있기 때문입니다. 따라서 영적인 생활을 할 수 있는지 없는지는 훈련되고 길들여진 마음을 가질 수 있는지, 그리고 그런 마음을 매일 실천으로 옮길 수 있는지에 달려 있습니다."

달라이 라마는 티벳 독립을 열렬히 지지하면서 후원금을 내는 사람들에게 고마움을 표시하는 작은 행사에 참여할 예정이었다.

행사장 밖에는 그가 나타나기를 기다리며 많은 군중들이 모여 있었다. 그가 도착할 무렵이 되자, 행사장은 모여든 사람들로 그야말로 발 디딜 틈이 없었다. 나는 그들 중에서 지난 주에 몇 번

보았던 남자의 얼굴을 볼 수 있었다. 그는 나이를 짐작하기 어려운 남자였는데, 아마 20대 중반이나 30대 초반 정도인 듯했다. 그는 키가 크고 깡마른 체격을 하고 있었다. 그의 흐트러진 외모가 우선 눈에 띄었지만, 사실 내 눈길을 끈 것은 그의 표정이었다. 나는 나를 찾아오는 환자들에게서 이런 표정을 자주 보았다. 그것은 불안하고, 고통스럽고, 심각한 우울증에 빠진 표정이었다. 그리고 그의 입 주변의 근육이 무의식적으로 가볍게 움직이는 것을 나는 눈치챘다.

'타디브 디스키네시아.'

나는 조용히 그의 병을 진단했다. 그것은 계속해서 정신병 약을 먹을 때 생기는 신경 증상이었다.

'불쌍한 친구!'

잠시 그런 생각이 들었지만 나는 곧 그에 대해 잊어버렸다.

달라이 라마가 도착하자, 군중들이 인사를 하기 위해 앞으로 몰려들었다. 주로 자원 봉사자들로 구성된 경호원들이 앞으로 모여드는 군중들을 힘들게 제지하며, 행사장으로 가는 길을 트기 위해 안간힘을 쓰고 있었다. 앞에서 보았던 고통스런 표정의 남자는 이제 조금은 당황한 얼굴로 군중들에게 떠밀려서, 경호원들이 터놓은 길옆에 서 있었다. 달라이 라마는 사람들 사이로 난 길을 가다가 그 남자를 보고는 경호원들의 만류에도 불구하고 그 남자와 이야기를 나누기 위해 걸음을 멈추었다.

그 남자는 처음엔 놀라는 기색을 보이더니 곧 아주 빠르게 달라이 라마에게 무슨 말을 하기 시작했다. 그러자 달라이 라마는 간단하게 대답을 했다. 나는 그들이 무슨 이야기를 나누는지 들을 수 없었지만, 그 남자가 말을 하면서 눈에 띄게 흥분하는 모습을 볼 수 있었다. 남자는 무슨 말인가를 했지만, 달라이 라마는 대답 대신에 자연스럽게 자신의 두 손으로 그 남자의 손을 잡고 다정하게 그 손을 두드리며, 말없이 고개만 끄덕이면서 잠시 동안 그 자리에 서 있었다.

달라이 라마가 남자의 손을 더욱 굳게 잡고 그의 눈을 들여다보자, 남자는 자신을 둘러싼 수많은 사람들을 의식하지도 못하는 것 같았다. 남자의 얼굴에서 갑자기 고통스럽고 흥분된 표정이 사라지고, 곧이어 눈물이 뺨을 타고 흘러내렸다. 희미하지만 그의 얼굴로 서서히 미소가 번져가면서, 두 눈에 편안하고 기쁜 느낌이 나타나고 있었다.

⚘

달라이 라마는 내적인 수행이 영적인 생활의 기초가 된다고 반복해서 강조했다. 그것은 행복에 이르는 근본적인 방법이다. 이 책에서 설명했듯이, 달라이 라마의 시각에서 볼 때 내면의 수행은 분노, 증오, 탐욕 같은 부정적인 마음의 상태와 싸우고, 친절, 자비, 관용 같은 긍정적인 마음을 키우는 것이다. 그는 또 행복한 삶은 평화롭고 안정된 마음의 바탕 위에서 이루어진다는 것을 지적했다. 내면의 수행에는 마음의 안정과 평화를 찾기 위한 명상이 포함될 수 있다. 대부분의 영적인 종교에서는 마음을 차분히 가라앉히고, 깊은 영적인 본성과 더 많이 접하는 수행을 한다.

턱슨에서 행한 여러 차례의 대중 강연의 결론으로 달라이 라마는 우리의 생각을 조용히 가라앉히고, 바탕에 있는 마음의 본성을 관조하고, 고요한 마음에 이르는 명상 한 가지를 가르쳐주었다.

달라이 라마는 그곳에 모인 사람들을 둘러보면서 그만의 독특한 방법으로 말하기 시작했다. 그는 큰 집단에게 말하는 것이 아니라 언제나 청중들 각자에게 개인적으로 말하는 듯한 느낌을 주었다. 때로는 고요하고 집중된 모습으로, 때로는 활기 차게 이야기하면서, 그는 미묘한 고갯짓, 손동작, 다정한 몸짓으로 자신의 가르침을 다양하게 연출했다.

마음의 본성에 대한 명상

"이 수행의 목적은 마음의 본성을 깨닫고 느끼려는 것입니다. 흔히 마음이라고 말할 때, 우리는 추상적인 개념을 말합니다. 예를 들어 마음에 대한 직접적인 경험이 없는 상태에서 마음이 무엇인지 말해보라고 질문을 하면, 우리는 단지 뇌를 가리키지 않을 수 없을 것입니다. 또는 마음을 정의해보라고 하면, 우리는 어떤 것을 아는 능력을 가진 무엇, 또는 맑은 무엇, 인식하는 무엇으로 말할 것입니다.

하지만 명상 수행을 통해 마음을 직접 이해하지 않는다면, 이런 정의들은 단순히 말에 지나지 않습니다. 단지 추상적인 개념이 아니라 직접 경험을 통해 마음이 무엇인지 아는 것이 중요합니다. 이 명상의 목적은 마음을 직접 느끼거나 이해하기 위한 것입니다.

따라서 마음에 맑고 인식하는 특성이 있다고 말할 때, 당신은 단지 추상적인 개념이 아니라 경험을 통해 그것을 확인할 수 있을 것입니다.

이 명상은 당신이 안정된 마음을 갖고 산만한 생각들을 피할 수 있게 해주고, 차츰 더 오랫동안 그 상태에 머물도록 도와줍니다. 이 명상을 하면서 당신은 마침내 아무것도 없는 듯한 텅 빈 느낌을 받을 것입니다. 하지만 좀더 수행을 계속하면, 당신은 마침내 마음의 기본적인 성격, 다시 말해 맑고 인식하는 성격을 깨닫기 시작할 것입니다. 그것은 물이 가득 찬 맑은 유리컵과 같습니다. 물이 맑으면 당신은 컵의 바닥을 볼 수 있습니다. 하지만 컵 안에 물이 있다는 사실도 알고 있을 것입니다.

따라서 오늘은 어떤 관념도 떠올리지 말고 명상을 하십시오. 그것은 단순히 멍하거나 텅 빈 마음의 상태를 말하는 것이 아닙니다. 무엇보다 먼저 할 일은 관념적인 생각이 없는 상태에 머물겠다고 결심하는 일입니다.

우리의 마음은 주로 바깥의 대상을 향해 있습니다. 우리의 주의력은 감각적인 경험을 따라갑니다. 또한 주로 감각적이고 관념적인 차원에 머물러 있습니다. 우리의 의식은 대개 몸으로 느끼는 감각적인 경험과 머릿속 생각들을 따라갑니다.

하지만 이 명상에서 당신이 해야 할 일은 마음을 안으로 향하게 하는 것입니다. 다시 말해 마음이 감각적인 대상을 쫓아가거나, 그것에 주의를 기울이지 않게 해야 합니다. 그렇다고 마음을 완전히 소극적으로 만들어서 둔하거나 주의력이 부족한 상태로 두어서도 안 됩니다. 가장 완벽한 상태로 깨어 있고, 민감한 마음을 유지한 채로 자기 의식의 자연스런 상태를 알려고 노력해야 합니다.

의식의 자연스런 상태란 당신의 의식이 과거의 생각들과 이미 일어난 일들, 다시 말해 기억이나 추억으로 고통받지 않는 상태입니다. 또한 미래에 대한 생각, 앞으로의 계획이나 예상, 두려움이나 희망으로 고통받지 않는 상태입니다. 당신은 자연스럽게 그 중간 상태에 있으려고 노력해야 합니다.

이런 상황은 세차게 흐르는 강물에 비유할 수 있습니다. 물결이 거센 곳에서는 강바닥을 선명하게 들여다볼 수 없습니다. 하지만 물이 들어오고 나가는 양쪽을 막아서 물의 흐름을 중단시킬 수 있다면, 물을 잔잔하게 만들 수 있을 것입니다. 그러면 당신은 강바닥을 아주 선명하게 볼 수 있습니다. 마찬가지로 당신의 마음이 감각적인 대상을 쫓아가거나 과거나 미래의 일들을 생각하지 못하도록 막을 수 있다면, 그러면서도 자신의 마음을 완전히 공허한 상태로 두지 않는다면, 당신은 어수선한 생각들 아래에 있는 어떤 것을 볼 수 있을 것입니다. 거기엔 근본이 되는 고요, 기본적인 맑음이 있습니다. 당신은 이런 마음을 지켜보고 경험해야만 합니다.

처음엔 그렇게 하기가 무척 어려울 것입니다. 따라서 지금부터 수행을 시작하십시오. 처음에 마음의 바탕에 깔린 자연 상태를 경험하기 시작할 때, 당신은 일종의 '비어 있는' 모습으로 그것을 경험할 것입니다. 그것은 바깥의 대상을 인식하는 것이 마음이라고 여기는 데 우리가 너무 익숙해져 있기 때문입니다. 우리는 우리가 가진 개념이나 이미지 등을 통해 세상을 바라보기 쉽습니다. 따라서 당신이 외부의 대상으로부터 마음을 거두어들일 때, 마치 자신의 마음을 인식하지 못하는 것처럼 느낄 것입니다. 그것은 일종의 부재, 비어 있음입니다. 하지만 서서히 수행이 진전되고 그런 상태에 익숙해지면서, 당신은 기본적인 맑음, 즉 밝게 빛나는 것이 무엇인지 알기 시작할 것입니다. 바로 그때 당신은 마음의 자연스런 상태를 이해하고 깨달을 수 있습니다.

진정으로 깊은 명상은 이렇듯 고요한 마음의 바탕 위에서 해야 합니다······. 아, 여기서 한 가지 경고할 일이 있습니다. 이런 명상에는 집중할 특정한 대상이 없기 때문에 단잠에 빠질 위험이 있다는 것입니다!"

달라이 라마는 웃으며 말했다.

"그럼 이제 명상을 시작합시다······. 먼저 세 번 심호흡을 하고, 오직 호흡에만 주의를 집중하십시오. 숨을 들이마시고, 내쉬고, 들이마시고, 내쉬는 것에만 의식하십시오. 이런 식으로 세 번을 하는 것입니다. 그리고 나서 명상을 시작하십시오."

달라이 라마는 안경을 벗고 나서, 두 손을 맞잡아 무릎 사이에 놓고 미동도 하지 않고 명상에 잠겼다. 1,500명에 이르는 청중들이 자신의 내면을 향하면서 강당은 완전한 침묵에 잠겼다. 아마도 그들은 1,500개의 개인 세계로 들어가, 생각을 고요히 가라앉히고 자기 마음의 진정한 본성을 언뜻이라도 들여다보려고 노력하고 있을 것이다. 5분 뒤에 달라이 라마가 부드러운 목소리로 찬불가를 부르기 시작하면서 침묵이 깨졌지만 정말로 침묵이 깨진 것은 아니었다. 그의 낮은 목소리는 부드러운 음정으로 오르내리며 명상에 잠긴 청중들을 조용히 인도했다.

그날의 강연이 끝나자, 언제나 그렇듯이 달라이 라마는 두 손을 합장한 채로 애정과 존경심을 갖고 청중들에게 허리를 굽혀 절했다. 그리고는 자리에서 일어나 자신을 둘러싼 청중들 사이로 걸어나갔다. 강당을 떠나면서 달라이 라마는 합장을 한 채로 계속해서 허리를 굽혀 절을 했다. 그가 빽빽이 들어찬 청중들 속을 걸어가며 너무 천천히 허리를 굽히는 바람에 몇 걸음 안 되는 곳에 서 있는 사람도 그를 보기가 어려웠다. 그는 마치 사람들 속에서 길을 잃은 것처럼 보였다. 하지만 달라이 라마가 지나가는 길옆의 청중들이 가볍게 일렁이는 것을 통해서 멀리서도 그가 가는 길을 알 수 있었다. 그는 마치 눈으로 볼 수 있는 대상이 아니라 마음으로 느끼는 존재가 된 것만 같았다.

감사의 말

많은 이들의 노력과 친절이 없었다면 이 책은 세상에 나오지 못했을 것이다. 무엇보다도 먼저 한없는 친절과 너그러움과 뛰어난 지혜, 그리고 우정을 함께 보여준 제14대 달라이 라마, 텐진 가초님에게 가슴에서 우러난 감사를 드린다. 또한 삶에서 행복을 발견하는 나의 길에 기초를 마련해준 나의 부모님 제임스 커틀러와 베티 커틀러에게 감사드린다.

더 많은 다른 이들에게도 나의 진실한 감사의 말씀을 전한다.

둡텐 징빠는 이 책에 담긴 달라이 라마의 말씀 부분을 편집하는 일을 도와주고, 달라이 라마의 대중 강연과 우리가 나눈 많은 대화에 있어서 통역이라는 중요한 역할을 해주었다. 그의 우정에 깊이 감사드린다. 롭상 조텐과 락도르는 여러 차례에 걸쳐 인도에서의 나와 달라이 라마의 대화에 통역을 맡아주었다.

텐진 게셰 테통과 린첸 달로, 그리고 다와 체링은 여러 해에 걸쳐 많은 일에 헌신적인 도움과 지원을 아끼지 않았다.

또한 1998년 달라이 라마의 아리조나 방문이 훌륭한 성과를 이루도록 많은 이들이 매우 열심히 일했다. 아리조나 교육 협회의 클라우드 데스트리와 켄 바허, 그리고 티벳을 위한 아리조나 친구들 모임의 페키 히치코크와 여러 사람들, 아리조나 주립 대학에서의 달라이 라마 강연을 기획하고 진행한 팸 월슨 박사, 그리고 달라이 라마의 가르침을 듣기 위해 모인 모든 이들을 위해 지칠 줄 모르는 노력을 해준 수십 명의 자원 봉사자들에게도 감사드린다.

나의 특별한 에이전트인 샤론 프리드먼과 랄프 비치난자, 그리고 그들의 훌륭한 직원들은 끊임없이 나를 격려해주고, 이 기획이 이뤄질 수 있도록 여러 가지 면에서 친절과 헌신과 도움을 아끼지 않았다. 의무감을 넘어 그들은 열심히 일해주었다. 나는 그들에게 큰 감사의 빚을 지고 있다.

이 글을 쓰는 긴 기간 동안 개인적인 도움을 주었을 뿐 아니라, 책의 편집에 있어서 값으로 매길 수 없는 깊은 통찰력과 전문가적인 의견을 제공한 이들이 있다. 이 원고의 초안을 편집할 때 루스 햅굿은 뛰어난 솜씨를 발휘했고, 바바라 게이츠와 로나 카바츠니크는 엄청난 양의 원고를 읽고 그것들을 일관성 있는 내용과 순서로 틀을 잡아주었다. 또한 뛰어난 재능을 가진 리버헤드 출판사의 편집자 에이미 헤르츠는 이 기획의 가치를 신뢰하고, 이 책이 최종적인 모양을 갖는 데 큰 도움을 주었다. 또한 리버헤드 출판사의 제니퍼 레포와 저작권 담당자에게도 감사드린다. 아리조나에서의 달라이 라마 강연을 받아적는 데 도움을 준 이들과, 달라이 라마와 나의 대화를 타이핑해준 이들, 그리고 원고 초고의 여러 부분들을 타이핑해준 이들에게도 따뜻한 감사의 말을 전한다.

이 책을 마치면서 나는 다음의 분들에게 다시 한 번 깊이 감사드린다.

나를 가르쳐준 교사들에게.

그리고 말로 다 할 수 없을 정도로 수많은 면에서 나의 삶을 풍요롭게 해준 나의 가족과 친구들에게.

—데이빗 와이스 박사와 다프네 에트케슨, 질리안 헤밀튼 박사와 헬렌 미치오스, 데이빗 그린발트, 데일 브로조스키, 크리스티 잉검 에스피네스, 데이빗 클레바노프, 헨리에타 번스타인, 톰 마이너, 엘렌 와트 코트, 게일 맥도널드 박사, 래리 커틀러, 랜디 커틀러, 로리 워렌, 그리고 캔디와 스코트 브리얼리에게 특별한 감사를 드린다.

또한 여기에 내가 실수로 이름을 빠뜨린 다른 친구들에게도 내 마음에서 우러난 사랑과 감사와 존경을 전한다.